Ausgabe EU

Zoë Daniela Lorek

SHINRINYOKU Achtsamkeit im Wald

Shinrinyoku – Waldbaden und achtsame Angebote professionell anleiten

Ein Praxisbuch für Kursleitende mit über 70 Übungen.
Mit der EDSE-Methode die Selbstwirksamkeit fördern
und die eigene Resilienz stärken.

Shinrinyoku – Waldbaden und achtsame Angebote professionell anleiten
Ein Praxisbuch für Kursleitende mit über 70 Übungen. Mit der EDSE-Methode die Selbstwirksamkeit fördern und die eigene Resilienz stärken.
Mit einem Vorwort von Prof. Dr. Ahmed A. Karim.
Die Abkürzung EDSE steht für *empathic dialogic self-efficacy*.

1. Auflage 2024

Herausgeberin: Zoë D. Lorek, Shinrin Yoku Schweiz
Waldbaden Institut Schweiz
Wallikerstrasse 44, CH-8330 Pfäffikon
+41 76 576 68 15
buch.achtsamkeitimwald@gmail.com
www.achtsamkeitimwald.ch

Grafik, Layout, Satz: Tom – it's fair design! www.tom-ifd.ch
Redaktion/Lektorat/Korrektorat: Ingrid Essig, www.vinegar.ch
Grafikelemente: www.canva.com, Grafiken: Zoë D. Lorek

Bibliografische Information der Deutschen Nationalbibliothek: Die Deutsche Nationalbibliothek verzeichnet diese Publikation in der Deutschen Nationalbibliografie; detaillierte bibliografische Daten sind im Internet über dnb.dnb.de abrufbar.

ISBN 978-3-347-79136-7

Link zum Kartenset:
https://achtsamkeitimwald.ch/kartenset

Inhaltsverzeichnis

Teil 3

Teil 4

Vorwort von Prof. Dr. Ahmed A. Karim

Wie Kursleitende im Wald Gesundheit und Resilienz fördern können

Heutzutage verbringen viele Menschen und zwar insbesondere Kinder und Jugendliche die meiste Zeit des Tages vor einem Bildschirm. Zunehmende Digitalisierung im Job und im Studium sowie Computerspiele und Social Media in der Freizeit prägen unseren Zeitgeist. Unsere Bildschirmzeit am Handy, Computer, Fernsehen usw. nimmt immer weiter zu. Während die Digitalisierung des Alltags mehrere Vorteile mit sich bringt, birgt sie jedoch auch Gefahren wie Handy- und Computerspielsucht, Flucht vor der Realität in eine virtuelle Scheinwelt, die Suche nach kurzfristigen Dopamin-Kicks in einer virtuellen Welt, statt langfristige Ziele zu verfolgen, Entfremdung in der Familie sowie ein Rückgang an realen menschlichen Beziehungen sowie Freizeitaktivitäten in der Natur. In der jetzigen Zeit ist daher die Sehnsucht *„zurück in die Natur"* so groß wie noch nie in der Menschheitsgeschichte. Die 2020er-Jahre sind ein Jahrzehnt, das durch die Ausbreitung der Covid-19-Pandemie mit weltweit weitreichenden Folgen für Gesellschaft und Wirtschaft gekennzeichnet ist. Durch Lockdown, Homeoffice, Homeschooling und Social Distancing erschien die Flucht in digitale Medien oder aber in die Natur die einzige Möglichkeit zu sein. Trotz der Überwindung der Pandemie bleibt der jetzige Zeitgeist davon geprägt, die meiste Zeit des Tages vor einem Bildschirm zu verbringen. Einer meiner Leitsätze, die ich in der Therapie sowie bei Präventionsseminaren vermittle, lautet daher plakativ:

„Green Time statt Screen Time."

Sobald Sie einen Wald betreten, bemerken Sie sofort, dass sich die Atmosphäre ändert. Die Fülle an Farben, Formen, Geräuschen und Düften kann überwältigend sein. Hinzukommt, dass die Umgebung des Waldes auch die Gruppenkohäsion sowie die Interaktion zwischen Menschen positiv beeinflussen kann. Eine Vielzahl empirischer Studien belegt, dass Waldaufenthalte sowie spezifische Einzel- und Gruppenübungen im Wald psychosomatische Gesundheit, kognitive Leistungsfähigkeit, soziale Kompetenz sowie psychische Widerstandsfähigkeit (Resilienz) fördern können (für einen Überblick siehe z. B. Karim et al., 2020).

In diesem Buch erhalten Kursleitende sowie jene, die es noch werden wollen, praxisnahe elaborierte Anweisungen, wie psychosomatische Gesundheit, soziale Kompetenz, Selbstwirksamkeit und Resilienz im Wald gefördert werden können. Die hier beschriebenen, hervorragenden Übungen reichen von der Förderung der Achtsamkeit im Wald, der Achtsamkeit im Umgang mit Menschen und der achtsamen

Sprache bis hin zur Förderung der eigenen ethischen Grundhaltung. Das hier vorliegende Buch mit Gastbeiträgen von ausgewiesenen Experten ist „*Best Practice*". Es geht darin um die professionelle Kursleitung, die sich der Sprache bewusst ist und diese so einsetzt, dass die Kursteilnehmenden im Wald sich rundum wohl, aufgehoben, begleitet und angeregt fühlen. Die hier vorgeschlagenen Übungen im Wald sind sehr vielfältig, kreativ, effektiv und inspirierend. Es gibt sogar eine „*Waldhandy*"-Übung, die man als Kontrast zum digitalen Handy wahrnehmen kann.

Der Kern des Buches ist die EDSE-Methode nach Lorek mit den drei Säulen *ethische Grundhaltung*, *achtsame Sprache* und *sorgfältiger Aufbau des Angebots*. Die EDSE-Methode nach Lorek (die Abkürzung EDSE steht für *empathic dialogic self-efficacy*) bezeichnet die Fähigkeit einer Person, sich anhand der achtsamen Sprache auf einen empathischen Dialog mit einem Gegenüber einzulassen sowie Übungen einfühlsam und ressourcenorientiert anzuleiten, sodass die Selbstwirksamkeit angeregt wird. Mithilfe der achtsamen Sprache wird so kommuniziert, dass das Gegenüber gestärkt aus der Begegnung hervorgeht, eine tiefe Verbindung entsteht und gleichzeitig die eigene Integrität und die Selbstbestimmung bewahrt werden. Die Autorin hat ihre bemerkenswerte, ganzheitliche Methode im Laufe von über 35 Jahren Berufspraxis erfolgreich angewandt, laufend evaluiert und stetig weiterentwickelt. In den beiden abschließenden Kapiteln werden Kontraindikationen und Vorsichtsmaßnahmen zum Thema Waldbaden besprochen sowie zentrale ethische Belange diskutiert.

Insgesamt ist dieses Buch ein sehr gutes, fundiertes und klar strukturiertes Praxisbuch zum Thema Achtsamkeit im Wald. Besonders bemerkenswert finde ich die hier geschilderten, hervorragenden Methoden zur Förderung der achtsamen Sprache.

In diesem Sinne wünsche ich Ihnen viel Freude mit dem Buch und sowie beim Anleiten der Kursteilnehmenden.

Tübingen, im Oktober 2023
Ihr Ahmed A. Karim

Prof. Dr. Ahmed A. Karim

Studium Psychologie und Neuropsychiatrie (Berlin und Oxford UK), Master- und Promotionsstudium in Neurowissenschaft (International Max Planck Research School Tübingen), Approbation in Psychotherapie und Verhaltenstherapie. Als Psychotherapeut und Gehirnforscher leitet er die Arbeitsgruppe „Neuroplastizität und Lernen“ an der Tübingen Universitätsklinik für Psychiatrie und Psychotherapie. In Kooperation mit der SRH Mobile University und der Hochschule für Forstwirtschaft in Rottenburg leitete Prof. Karim die ersten Hochschulzertifikate in Deutschland für „Waldachtsamkeitstrainer“ sowie für „Waldtherapeuten“.

„Ich seh Bäume in Grün
Rote Rosen auch
Ich seh sie blüh'n
Am kleinen Strauch
Den Himmel voller Blau
Die Wolken in Rosa
Begrüß den Morgentau
Und die Nacht mit Prosa
Ich sage dankbar zu mir selbst:
Welch wunderschöne Welt!"

Zoë D. Lorek,
inspiriert vom Lied
„What a Wonderful World"

Einleitung

Der Mensch unterscheidet sich von anderen Lebewesen vor allem durch die Sprache. Obwohl auch die Pflanzen eine Art Sprache besitzen – damit ist der Informationsaustausch beispielsweise über Duftstoffe gemeint – ist der Mensch auf dem Gebiet der Sprache besonders gut ausgerüstet. Gemäß Duden könnten deutschsprechende Menschen etwa 500 000 Wörter ihrer Sprache in Wort und Schrift beherrschen. Wir hätten also theoretisch die Möglichkeit, uns sehr differenziert auszudrücken. Wir könnten also, wenn wir wollten. Aber können wir?

Vor allem im Zusammenhang mit meiner Tätigkeit als Kursleiterin habe ich mir oft Gedanken darüber gemacht, wie ich die Sprache anwende. Meine Kursteilnehmenden forderten mich in meinen Yogalektionen heraus: Mein Körper war genetisch bedingt sehr beweglich und ich fand die Yogapositionen bequem. Die Kursteilnehmenden hingegen wiesen mit unüberhörbaren Geräuschen auf ihr Leiden hin. Zunächst war ich ratlos, mir fehlte die Empathie. Als ich aber zum ersten Mal einen Hexenschuss hatte, wurde mir vieles klar. Ich musste meinen Unterrichtsstil anpassen, sorgfältiger mit der Sprache umgehen. Meine Kursteilnehmenden sollten nach der Stunde zufrieden nachhause gehen, nicht frustriert.

Als junge Frau machte ich zudem eine eindrückliche Erfahrung mit zwei verschiedenen Lehrpersonen: Lehrer X wies uns Lernende immer wieder auf unsere Fehler hin. Es gab Moralpredigten und Beschimpfungen. Worauf ich mich selbst entwertete und schlecht fühlte, was sich entsprechend negativ auf meine Leistungen auswirkte. Da war aber auch Lehrer Y, der zur gleichen Zeit in mein Leben trat. Er hatte die Gabe, uns durch sein Charisma und seine Inspiration zu Höchstleistungen anzuspornen. Herr Y hat gezeigt, wie ich das Beste aus mir herausholen konnte.

Ein weiterer Baustein hin zu der Entwicklung der EDSE-Methode nach Lorek war meine Ausbildung zur Psychomotoriktherapeutin. Ich empfand die negativen Diagnosestellungen bei den Kindern als eine Katastrophe. Es störte mich insbesondere, dass den Ressourcen wenig Beachtung geschenkt wurde. So ging ich auf die Suche nach entsprechenden Ansätzen und stieß zum Beispiel auf Steve de Shazer, Insoo Kim Berg und Hilarion Petzold. Als Resultat schrieb ich meine Diplomarbeit über ressourcenorientierte Diagnostik. Ich hatte ja am eigenen Leib erfahren: Mit der Aktivierung persönlicher Ressourcen und mit der erworbenen Resilienz können viele schwierige Lebensphasen gemeistert werden.

Im Laufe meines Lebens drängte sich für mich eine neue Methode für die Kursleitung immer mehr auf.

Auf diesem Weg von großer Bedeutung war unter anderem das folgende Erlebnis: Eine neue Teilnehmerin im Yogakurs wollte von mir wissen, ob es bei mir üblich sei, die Augen beim Meditieren zu schließen. Das wolle sie nicht, ob das ein Problem für mich sei. Falls ich das nicht akzeptiere, müsse sie leider gleich wieder gehen. Nein, war es nicht. Es ist die Idee von vielen Menschen, nur mit geschlossenen Augen könne eine Wahrnehmung nach innen (Meditation, Kontemplation) wirklich gelingen. Dem ist jedoch nicht so, sogar bei gewissen Zen-Meditationen bleiben die Augen offen. Ich hatte inzwischen verschiedene Weiterbildungen zum Thema Trauma absolviert und war vertraut mit sensitiven therapeutischen Ansätzen, wie jene von Peter A. Levine oder David Treleaven. Ob die Augen geschlossen werden sollen oder offen bleiben dürfen, kann also ein relevanter Unterschied sein.

In über 35 Jahren Unterrichts- und Therapietätigkeit habe ich meine Sprache auf den verschiedensten Ebenen verfeinert, weiterentwickelt und angepasst. Das hier vorliegende Buch vermittelt eine professionelle Anleitungsmethode, die sich der Sprache bewusst ist und sie so einsetzt, dass die Kursteilnehmenden sich rundum wohl, aufgehoben, begleitet und angeregt fühlen: die EDSE-Methode nach Lorek.

Shinrinyoku kam in mein Leben, als ich mit der EDSE-Methode bereits unterwegs war. Und passte wunderbar in mein Konzept. Es hat mich darin unterstützt, Achtsamkeit im und mit dem Wald und gegenüber den Menschen umzusetzen. Der Wald lädt geradezu ein, sich leise und langsam zu bewegen, die Sinne wiederzubeleben und mit anderen Menschen friedvoll zu verweilen.

Die vielen positiven Rückmeldungen von Teilnehmenden an Waldbadenkursen zeugen von der Wirksamkeit der EDSE-Methode nach Lorek. Die Menschen sagen unter anderem, dass sie die Kursleitung als achtsam empfinden, dass die Stimmung schön sei. Ich kombiniere die EDSE-Methode mit Shinrinyoku und kann so die positiven Effekte des Waldbadens optimieren. Das Buch beschreibt die Grundlagen und den Aufbau der EDSE-Methode. Zudem enthält es zahlreiche Beispiele, die die Methode veranschaulichen.

Als Kursleiterin oder Kursleiter kann ich wählen, ob ich einem althergebrachten Machtanspruch dienen möchte oder achtsam moderiere. Eine achtsame Kursleitung lenkt bescheiden, in Demut und wachsam. Ich möchte etwas Gutes in diese Welt einbringen und es ist mir ein Anliegen, dass die Menschen sich friedlich und

respektvoll begegnen. Insbesondere in der Rolle der Kursleiterin habe ich es in der Hand, mich diesem Anliegen zu verpflichten.

Dieses Praxisbuch richtet sich sowohl an Kursleitende im Bereich Shinrinyoku/Waldbaden als auch an Yogalehrende und andere Lehrpersonen.

Ich wünsche Ihnen viel Spaß beim Lesen und später beim Anleiten der Kursteilnehmenden. Diese haben viel zu sagen. Ohne sie könnten wir Kursleitenden nicht das tun, was wir am liebsten tun: im Wald sein und unterrichten. Deshalb ist dieses Buch allen Kursteilnehmenden – auch zukünftigen – gewidmet.

Ihre Zoë D. Lorek

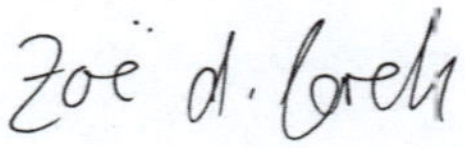

Präambel

Aufbau des Buches

Teil 1 handelt erstens von den Grundlagen des Shinrinyoku/Waldbadens. Es ist gut möglich, dass nach der Drucklegung neue Forschungsergebnisse publiziert werden. Sollten sich größere Veränderungen ergeben, werde ich die Texte baldmöglichst entsprechend anpassen. Zweitens erfahren Sie, was ich unter Achtsamkeit verstehe und wie sie im Zusammenhang mit einem Waldbadenangebot angewandt wird.

In *Teil 2* (ab Kapitel 10) ist der Kern dieses Buches enthalten, nämlich die EDSE-Methode nach Lorek mit den drei Säulen *ethische Grundhaltung*, *achtsame Sprache* und *sorgfältiger Aufbau*.

Teil 3 (ab Kapitel 14) gibt Ihnen umfangreiche Informationen über die acht Kurselemente sowie praxistaugliche Beispiele für einen sorgfältigen Aufbau der Shinrinyoku-Übungen. Besonders in diesem Teil sind die Praxisbeispiele als Einladungen an Sie gemeint. Passt Ihnen eine Formulierung nicht, ändern Sie diese für Sie stimmig ab. Damit der Rahmen dieses Buches nicht gesprengt wird, habe ich jeweils nur einzelne, typische Waldbadenübungen ausgewählt.

In *Teil 4* (ab Kapitel 16) geht es um die unabdingbaren Kompetenzen der Kursleitungsperson sowie um die unerlässlichen Vorsichtsmaßnahmen rund um ein Angebot zum Thema Achtsamkeit.

Anregungen, wie dieses Buch gelesen werden kann

Das Buch muss nicht Seite um Seite gelesen werden, Sie können auch vor- und zurückblättern. Möchten Sie zum Beispiel einen Theorie- oder einen Praxisbezug vertiefen, kann es hilfreich sein, sofort dem entsprechenden Hinweis nachzugehen. Vielleicht pendeln Sie auch zwischen dem Inspirationsbuch und diesem Buch hin und her. Fühlen Sie sich frei, dieses Buch nach Ihrem Gutdünken zu nutzen. Natürlich freue ich mich, wenn Sie es weiterempfehlen.

Ein Hinweis zu Begriffen und Abkürzungen: Grundsätzlich habe ich genderneutrale Begriffe verwendet. Häufig kommen die Abkürzungen *TN* für Teilnehmende oder teilnehmende Person und *KL* für Kursleitung oder kursleitende Person vor. Dort, wo mehr Präzision gefragt war, habe ich *jede Person* oder *der Mensch*, *die Menschen* gewählt. Ansonsten kam in sinnvollem Maße die Schreibweise mit Doppelpunkt wie zum Beispiel *Patient:innen* zum Zuge. Ich habe mich darauf geachtet, deutsche Wörter und Redewendungen zu verwenden – auch, um den kreativen und vielfältigen

Umgang mit der Sprache anzuregen und wiederzubeleben. Die Übungsbeispiele in Teil 3 sind möglichst einfach und verständlich formuliert.

Für dieses Buch habe ich die Schreibweise *Shinrinyoku* gewählt (in der sonstigen Literatur oft auch *Shinrin Yoku* geschrieben). In Zitaten, Literaturhinweisen, Berufsbezeichnungen usw. steht hingegen die Originalschreibweise.

Und nun: auf zu einem neuen, achtsamen, liebevollen und innovativen Konzept der Anleitung. Nutzen wir es, um Freundlichkeit in diese Welt zu tragen und einander mit Respekt und Interesse zu begegnen.

Download

Zu diesem Buch können Sie ein kostenloses Inspirationsbuch herunterladen, das Sie liebevoll durch die Selbstreflexion begleitet. Sie finden es unter https://achtsamkeitimwald.ch/download-inspirationsbuch/ Geben Sie folgenden Code ein: EDSE-MethodeN@chL0rek

Im Buch weist das ☆-Symbol auf das Inspirationsbuch hin.

Teil 1

Shinrinyoku – Wald wirkt

1 Waldbaden und Grünkraft

1.1 Biophilia – Grünkraft

Lange bevor die Menschen begannen, Shinrinyoku zu praktizieren, haben Gelehrte, Philosophen, Biologen, Ärzte, Psychotherapeuten und -therapeutinnen sowie Forscher und Forscherinnen Begriffe geprägt, die den Zusammenhang von Natur und Mensch be- oder umschreiben.

Hildegard von Bingen (Benediktinerin, Gelehrte, 1098–1179) nannte die Kraft, die in den Pflanzen und Lebewesen wirkt, *Viriditas*[1] (lat. viridis = grün), also Grünkraft. Diese Grundkraft ist gemäß Hildegard von Bingen die Grundlage für die Heilkraft.

Hier soll auch der Schweizer Arzt Max Bircher-Benner (1867–1939) einen Ehrenplatz erhalten: Er hat 1905 seine Ernährungslehre veröffentlicht und war zu seiner Zeit ein Pionier, denn er empfahl seinen Patienten, im Badeanzug ein so genanntes Luftbad zu nehmen. Dies sollte gemäß Kunz-Bircher (1978, S. 109) am offenen Fenster, in der freien Natur oder im Walde sein. Dass der Mensch mit der Natur in Berührung kommt, erachtete er als das beste Mittel zu Heilung. Sein Credo war, dass der Mensch sich seiner Umwelt bewusst wird und die Natur schätzen und lieben lernt.

Der Begriff *Biophilia*[2] selbst wurde von Erich Fromm (Psychotherapeut, Philosoph, 1900–1980) geprägt. Er benannte damit die „Liebe der Menschen zur Natur und zum Lebendigen" (vgl. Arvay, S. 17). Das Wort *Biophilia* stammt aus dem Altgriechischen und setzt sich zusammen aus *bios* und *philia*, was *Leben* beziehungsweise *Liebe* bedeutet.

Edward Osborne Wilson (Evolutionsbiologe, Universitätsprofessor in Harvard, 1929–2021) entwickelte in seinem Buch „Biophilia" (1984) die Idee, dass Menschen eine angeborene Verbindung zur Natur und zu anderen lebenden Organismen haben. Wilson prägte den Begriff des *Web of Life*, des *Netz des Lebens*. Kurz gefasst kann gesagt werden: Der Mensch kommt aus der Natur und ist demzufolge auch ein Teil der Natur.

1984 hat Roger Ulrich (geb. 1942) in einer Studie an Patientinnen und Patienten nachgewiesen, dass der Blick aus dem Krankenzimmer in die Natur zu einer schnelleren Genesung beiträgt. Diese Patienten hatten zudem weniger Komplikationen als jene, die an eine Mauer sahen.[3]

1.2 Shinrinyoku: Herkunft und Bedeutung

Der Begriff *Shinrinyoku* kommt aus dem Japanischen. Shinrin bedeutet *Wald* und Yoku *Bad*. Aus dieser Wortkombination entstand der Begriff *Waldbaden*. Damit ist gemeint: in die Waldatmosphäre eintauchen und sie mit allen Sinnen aufnehmen. Die japanischen Schriftzeichen setzen sich denn auch aus den entsprechenden Bildern zusammen: ein Wald, ein Gehölz/Wäldchen und ein Bad.

森	Wald
林	Gehölz, Wäldchen
浴	Bad

Miki Sakomoto (2019, S. 16) führt die Entstehungsgeschichte von Shinrinyoku auf die 1970er-Jahre in Deutschland zurück. Der japanische Forstwissenschaftler Murao Koichi erkannte bei seinen Aufenthalten in Deutschland die Bedeutung des Waldes für die Gesundherhaltung und Erholung der Menschen. Deshalb regte er bei Akiyama Tomohide (Leitung Wald- und Forstwirtschaft im japanischen Landwirtschaftsministerium) an, dass japanische Wälder als Erholungsorte und für die Rehabilitation genutzt werden sollten. Im Jahr 1981 erschien der Artikel „Rätsel des Waldes“ in der forstwirtschaftlichen Zeitschrift, verfasst von Prof. Kamiyama Keizo. In seinem Artikel wies Keizo auf die Phytonzide hin, die sich positiv auf die Gesundheit des Menschen auswirken. 1983 erschien unter dem gleichnamigen Titel das Buch. So verwendete in der Folge Tomohide den Begriff Shinrinyoku und machte diesen publik. Sakamoto (2019, S. 17) hebt hervor, dass im Wort „Bad“ auch die Bedeutung „Heilbad“ steckt. Dazu muss die japanische Kultur und Tradition verstanden werden: Baden meint in diesem Fall auch Entspannung und Gesunderhaltung. Dass Deutschland als Inspirationsquelle für Waldbaden eine Bedeutung erhält, hat auch mit Dr. Kneipp zu tun. In Bad Wörishofen wurde der Arzt Yoshinaga Tetsuo von der Wirkung der Kneippkuren inspiriert, so dass er später die beiden Methoden Kneippkur und Shinrinyoku kombinierte.

Die Nutzung des Waldes hat in Japan eine lange Tradition, so beschreibt es Prof. Dr. Qing Li (2019, S. 64) in seinem Buch „Die wertvolle Medizin des Waldes“. Japan ist zu etwa 70% von Wald bedeckt. Shinrinyoku knüpft an die innige Beziehung der Japaner und Japanerinnen zur Natur an. Schon Mitte des 17. Jahrhunderts galt der Akasawa Natural Forest mit seinen über 300 Zypressen als Erholungswald. Er wurde unter Schutz gestellt und 1970 offiziell zum Erholungswald ernannt. Die stressreduzierende und entspannende Wirkung des Waldes ist also schon seit Langem bekannt.

1982 startete in Japan ein nationales Gesundheitsprogramm zur Stressbewältigung der Arbeitnehmenden. In diesem Zusammenhang (aber nicht nur) wurden die physiologischen Auswirkungen des Waldbadens akribisch untersucht. 2012 publizierte Li sein viel beachtetes Kompendium *Forest Medicine*. Im gleichen Jahr entstand der Forschungszweig Forest Medicine. Wissenschaftliche Untersuchungen konnten nachweisen, dass Waldbaden die von vielen gespürten positiven Effekte, wie das Gefühl von Erholung und Entspannung, tatsächlich auslöst.

2015 wurde in Südkorea das National Forest Healing Center gegründet. Heute ist Shinrinyoku in Japan, Südkorea und Taiwan eine offiziell anerkannte Methode gegen Stress und zur Verbesserung von Atmung und Kreislauf.

Auch in den USA, Australien und Europa hat die Praxis des Waldbadens in den letzten Jahren massiv an Popularität gewonnen. Immer mehr Menschen suchen nach Möglichkeiten, mit den Herausforderungen des modernen Lebens umzugehen. Insbesondere aufgrund der Coronamaßnahmen hat sich das Interesse am Aufenthalt in der Natur und am Waldbaden verstärkt.

Aktuell tragen viele Untersuchungen dazu bei, Shinrinyoku als eine seriöse Präventions- und vielleicht auch Rehabilitationsmethode zu etablieren. Deshalb enthält dieses Buch auch ein Kapitel über Forschung (Kap. 3).

2 Shinrinyoku: Im Urwald der Begrifflichkeiten

Im vorliegenden Buch sind die Begriffe *Shinrinyoku* und *Waldbaden* synonym verwendet. Ich verstehe Waldbaden als Übersetzung des japanischen Begriffs *Shinrinyoku*. Gemeint ist ein Präventionsangebot zur Erhaltung der Gesundheit, zur Stressreduktion sowie zur nachhaltigen Entspannung – vorwiegend ausgeführt in einem Wald, am Waldrand oder in einem Park.

Im deutschsprachigen Gebiet werden gemäß Schuh und Immich (2019, S. 12) die Bezeichnungen *Waldtherapie* und *Waldbaden* häufig synonym behandelt. Dies sei falsch, denn die beiden Begriffe sollten ihrer Meinung nach klar voneinander unterschieden werden. Demzufolge gehöre der Begriff *Waldbaden* zu Waldaufenthalten und -aktivitäten im Rahmen der Gesundheitsförderung und Vorsorge gegen Krankheiten. Dies ist auch meine Haltung.

Forest Medicine bezieht sich im Allgemeinen auf den umfassenden Nutzen von Wäldern und Natur für die Gesundheit und das Wohlbefinden des Menschen. Dies kann sich somit zum Beispiel auch auf die Anwendung von pflanzlichen Heilmitteln aus dem Wald beziehen. Es ist also ein Begriff, der mehr umfasst als *Forest Therapy*.

Forest Therapy meint die gezielte Nutzung der Wälder und Natur, um geistige, emotionale und körperliche Gesundheit zu fördern. Es beinhaltet angeleitete oder strukturierte Übungen, die in einem Wald- oder Naturumfeld durchgeführt werden. Wissenschaftliche Studien untersuchen laufend die physiologischen Auswirkungen und überprüfen die Möglichkeit weiterer klinischer, evidenzbasierter Anwendungen. Es wäre empfehlenswert, sowohl die englische Bezeichnung *Forest Therapy* als auch die deutsche Bezeichnung *Waldtherapie* ausschließlich für therapeutische Maßnahmen und Interventionen im Wald bei bestehenden Krankheitsbildern zu benutzen. Es bedarf fundierter Kenntnisse, um im therapeutischen Umfeld tätig sein zu können. Die entsprechenden Ausbildungen dauern meist mehrere Jahre.

Englische und deutsche Begriffe werden häufig für vergleichbare Angebote verwendet, wie zum Beispiel *Forest Bathing*, *Shinrinyoku Therapy* oder auch *Naturtherapie*. Noch unübersichtlicher wird es, wenn diese Angebote die gleichen Übungen enthalten und zeitweise die gleichen Ziele anstreben, sowohl in der medizinischen wie auch der psychologischen Praxis. Das macht eine Unterscheidung beziehungsweise Abgrenzung noch schwieriger. Es gibt auch – Stand 2024 – keine mir bekannte und anerkannte Stelle im deutschsprachigen Raum, die diese Begriffe reguliert. Zudem haben weitere Naturtherapieformen ebenfalls positive Effekte auf den Menschen, wie dies Miyazaki (2018, S. 164 ff.) in seinem Buch ausführt. Es bleibt einem bislang also nichts anderes übrig, als genau zu beschreiben, was mit einem gewählten Begriff gemeint ist und was das Angebot enthält.

Weil sich die meisten Angebote auf die bestehende Forschung beziehen, wird nachfolgend diesem Thema ein Kapitel gewidmet. Auch die Rückmeldungen aus der Praxis sollen dabei nicht zu kurz kommen.

3 Waldbaden als Forschungsobjekt

Wie bereits erwähnt, sind Forschungen besonders wichtig, um die Glaubwürdigkeit und Akzeptanz von Shinrinyoku sowohl in den Gesundheitssystemen als auch in der Bevölkerung zu fördern.

Das „International Handbook of Forest Therapy" fasst erstmals umfangreich Studien und Ausführungen zu dieser neuen Wissenschaft bis 2019 zusammen. Kotte, Li, Shin und Michalsen schaffen darin einen theoretischen Rahmen für Forest Therapy und zeigen den Forschungsstand in Forest Medicine und Forest Therapy auf.

Dieter Kotte beschreibt den Stand der Forschung 2019 im Vorwort des erwähnten Handbuchs so: „Die modernen Wurzeln des Shinrinyoku wurden 1983 in Japan gelegt. Heute, fast vierzig Jahre später, haben wir genug Daten aus verschiedenen Studien und empirische Erfahrung, welche die positiven Effekte in Bezug auf die Zivilisationskrankheiten Stress, Übergewicht, Diabetes, Herzinfarkt und Schlaganfälle aufzeigen, um dieses Handbuch zu veröffentlichen. Über 120 Forscher:innen und Expert:innen arbeiteten an den Artikeln der 54 Autor:innen des Bandes mit."

Seit 2019 sind viele Studien, auch Meta-Analysen und systematische Literaturarbeiten, veröffentlicht worden. Oft ergeben sich aus diesen Studien Empfehlungen, wie in der 2023 veröffentlichten Übersichtsstudie von Siah et al.: Sie weisen darauf hin, dass vor dem Hintergrund der negativen Auswirkungen der Urbanisierung auf das psychische Wohlbefinden die potenzielle therapeutische Rolle von Wäldern (Reduktion von Depressionen und Angstzuständen) in der heutigen Welt überprüft werden müsse, und empfehlen entsprechend, den Wald zu schützen. Und die 2021 veröffentlichte Übersichtsstudie von Stier-Jarmer et al. macht darauf aufmerksam, dass zukünftig mehr Sorgfalt bei der Planung, der Umsetzung und der Veröffentlichung solcher Studien über Waldbaden aufgewendet werden sollte.

GUT ZU WISSEN: PUBMED

Wer sich detaillierter über die aktuellen und vergangenen Forschungen informieren möchte, wird unter anderem über PubMed fündig. PubMed ist eine Datenbank, die von der National Library of Medicine (NLM) an den National Institutes of Health (NIH) in den USA betrieben wird. Sie enthält eine umfangreiche Sammlung von medizinischen und biologischen Literaturdaten aus Zeitschriften, Büchern und Online-Ressourcen aus der ganzen Welt. PubMed wurde 1996 öffentlich zugänglich gemacht und hat sich seitdem zu einer wichtigen Quelle für wissenschaftliche Informationen entwickelt.

Dass bei zukünftigen Forschungen nicht mehr von *dem* Wald, also vom Wald als etwas Homogenem gesprochen werden sollte, bestätigen auch Karim et al. (2020, S. 26 f.). Er untersuchte in seiner Studie den Einfluss von Achtsamkeitsübungen in unterschiedlichen Waldtypen:

„Der Mischwald zeigte bessere Effekte auf die kardiovaskuläre Aktivität und die Aktivität des parasympathischen Nervensystems. Der Nadelwald zeigte hingegen bessere Effekte auf den Cortisolspiegel."

Gleichzeitig verglich er diese Resultate mit identischen Achtsamkeitsübungen in zwei unterschiedlichen Innenräumen – in einem neutralen Raum und in einem Raum, der mit Terpenen von Nadelblättern beduftet wurde:

„[...] so zeigte sich, dass Aufenthalte im Wald zu einem deutlich niedrige[re]n Cortisolspiegel führten als Aufenthalte im Innenraum. Nadel- und Mischwälder hatten auch positivere Effekte auf die Herzaktivität und die Hautleitfähigkeit. Allerdings wirkte der mit Terpenen beduftete Innenraum ebenfalls positiv. Er führte zu einer Verbesserung der Aktivität des parasympathischen Nervensystems, allerdings nicht zu einer Verbesserung des Cortisolspiegels. [Die beiden] Innenräume weisen hinsichtlich des Cortisolspiegels keine signifikanten Unterschiede auf."

Zahlreiche Studien belegen also die Auswirkungen des Waldbadens auf Blutdruck, Herzfrequenz, Stresshormone, Immunsystem, psychische Gesundheit und Schlafqualität. Obwohl die genauen Wirkmechanismen des Waldbadens noch nicht vollständig verstanden sind, deuten die Ergebnisse darauf hin, dass der Kontakt mit der Natur und den Bäumen eine wichtige Rolle spielt. Es soll betont werden, dass Waldbaden kein Ersatz für medizinische Behandlungen ist, sondern eine Ergänzung dazu. Waldbaden fördert die Vitalität, hilft Stress zu reduzieren und kann für die Menschen eine segensreiche Methode zur Gesunderhaltung sein.

3.1 Forschung im Fokus

Obwohl eine wachsende Anzahl von wissenschaftlichen Studien zum Thema Waldbaden veröffentlicht ist, gibt es auch einige Einwände zu diesen Studien:

- Mangel an Kontrollgruppen: Einige Studien haben keine Kontrollgruppen verwendet. Deshalb ist es schwierig, zu bestimmen, ob die beobachteten Ergebnisse auf das Waldbaden selbst oder auf andere Faktoren zurückzuführen sind.

- Kleine Stichprobengröße: Viele der Studien haben kleine Stichprobengrößen. Die Ergebnisse sind möglicherweise nicht repräsentativ für die breitere Bevölkerung.

- Uneinheitliche Durchführung: Es fehlt eine standardisierte Vorgehensweise, was vergleichende oder zusammenführende Studien erschwert.

- Möglichkeit von Placeboeffekt: Da Waldbaden eine erlebnisorientierte Praxis ist, kann der Placeboeffekt, bei dem Menschen aufgrund ihrer Erwartungen und Überzeugungen positive Veränderungen erfahren, nicht ausgeschlossen werden. Auf die Placeboeffekte geht Monika Leitner im Anschluss an das Kapitel „Achtsame Sprache" näher ein.

- Auswahlverzerrung: Es ist möglich, dass Menschen, die bereits eine starke Affinität zur Natur haben, eher an Waldbadenstudien teilnehmen, was zu einer Verzerrung der Ergebnisse führen kann. Dieses Argument ist je nach Studie nicht stichhaltig, da Li seine ersten Untersuchungen mit seinen Student:innen gemacht hat.

Diese Einwände müssen bei der Interpretation der Ergebnisse berücksichtigt und in weiteren Forschungen einbezogen werden.

Viele Menschen erleben die Natur und den Wald als einen Ort der Erholung und des Wohlbefindens. Sie vertrauen ihren eigenen Gefühlen und brauchen keine wissenschaftlichen Untersuchungen, um ihre Beobachtungen in Worte zu fassen. Um diese Erfahrungen geht es im nächsten Kapitel.

3.2 Praxis im Fokus

Nicht nur wissenschaftliche Erkenntnisse sind für eine Kursleitung (KL) wichtig. Für die KL ist es wertvoll, Meinungen der Teilnehmenden (TN) vor Ort zu erfragen, aber auch Umfragen und Feedbacks nach einem Kurs vorzunehmen. Folgende Vorteile ergeben sich sowohl für die KL als auch für die TN:

- Verbesserung der Qualität: Sammelt die KL Informationen über ihre Stärken und fragt nach Verbesserungspotenzial, kann sie entweder sofort oder im nächsten Kurs Änderungen vornehmen. Die Qualität des Kurses kann so laufend gesteigert werden.

- Entscheidungsfindung: Rückmeldungen können auch bei der Entscheidungsfindung helfen. Wenn zum Beispiel eine Mehrheit der TN ein bestimmtes Vorgehen bevorzugt, kann die KL die Übung oder den Ablauf variieren, ändern oder ersetzen. Die EDSE-Methode nach Lorek ermöglicht in diesem Bereich sehr viel Spielraum, da sie von sich aus schon viele Varianten anbietet (Kap. 11.2 *Salatbüffet – Varianten bieten*).

- Identifizierung von Schwierigkeiten: Entsprechende Rückmeldungen der TN nach dem Kurs können die KL dabei unterstützen, allfällige Schwierigkeiten im Kurs zu identifizieren, und Missverständnisse können im Gespräch sofort geklärt werden (Kap. 17 *Interventionen*).

- Motivation und Engagement: Wenn die TN die Möglichkeit haben, eine Rückmeldung zu geben, fühlen sie sich gehört und wertgeschätzt.

Zwei Studierende der ZHAW[4] evaluierten 2023 die schriftlichen Rückmeldungen eines jeweils zweitägigen Shinrinyoku-Kurses im Zeitraum eines Jahres. Die TN hatten die Möglichkeit, Bewertungen in fünf Abstufungen von „sehr gut" bis „ungenügend" anzukreuzen und auch eigene Bemerkungen hinzuschreiben. Die Evaluation durch die ZHAW ergab folgende Schwerpunkte (in kursiver Schrift):

Am meisten wurde von den TN erwähnt, dass der Kurs *Ruhe und Entspannung* ermöglichte. Interessanterweise wurden an zweiter Stelle das *Gruppenerlebnis* und die *gute Atmosphäre* genannt. Das ist deswegen bemerkenswert, weil es nicht als primäres Ziel dieses Kurses gesetzt war. An dritter Stelle kamen die *Achtsamkeit* sowie die Möglichkeit, *Zeit für sich selbst* zu haben. Bei der Achtsamkeit wurde mehrmals auch die Professionalität der KL genannt. Besonders häufig erwähnten die TN die *achtsame Sprache der Dozentin* und dass die TN jederzeit wählen konnten beziehungsweise sich in ihrer *Wahl frei fühlten*.

Bei den Bewertungen zum Kurs, zur Atmosphäre, zum Kursinhalt und zur Dozentin kreuzten 99 Prozent der TN „sehr gut" und das restliche 1 Prozent „gut" an. Niemand bewertete die genannten Bereiche als neutral oder ungenügend.

Mithilfe dieser Auswertung wurde daraufhin von der ZHAW überprüft, wie die Nachhaltigkeit des Angebotes unterstützt werden könnte. Ziel war, dass die Teilnehmenden in Zukunft Shinrinyoku für sich selbst praktizierten.

Übrigens: Oft melden sich TN aus solchen Kursen zur Ausbildung als Kursleiter:in Waldbaden an, um achtsame Methode im eigenen Umfeld anbieten zu können.

TESTIMONIAL

Schon früh habe ich mich viel und gerne im Wald aufgehalten.

Was habe ich bei Zoë D. Lorek dazugelernt? Das Entschleunigen durch Schlendern und das bewusste Wahrnehmen des Waldes mit all meinen Sinnen. Dass meine Leidenschaft, das kreative Gestalten und LandArt, auch ein Teil des Waldbadens sind, löste in mir zudem große Freude aus.

Das Highlight des Waldbaden-Wochenendes erlebte ich am Montag danach bei der Arbeit, als ich eine wunderbare innere Ruhe empfand. Dieser herrliche Zustand hielt dann tatsächlich noch gute zwei Wochen an. Zusätzlich verbesserten sich mein Schlaf und meine Konzentrationsfähigkeit.

Seither gehe ich mehr und bewusster in den Wald. Durch das achtsame Wahrnehmen des Waldes mit all meinen Sinnen bin ich ganz bei mir, entspanne mich und verlasse den Wald stets mit neuen Entdeckungen und Glücksgefühlen.

Es geht noch weiter. Meine Begeisterung fürs Waldbaden gebe ich nun gerne als zertifizierte Kursleiterin weiter.

Christine Spiri: Grundstudium Forstwirtschaft, dipl. Hotelière, Berufsbildnerin, zert. Shinrin Yoku/Waldbaden Kursleiterin Schweiz. Website: www.waldwiesewein.ch

Nebst der achtsamen Anleitung der Kursleitung trägt natürlich auch der Wald zum Wohlbefinden bei. Dass sich die Forschung mit der gesundheitsfördernden Wirkung des Waldes befasst, wurde in Kapitel 3 aufgezeigt. Welches die zurzeit bekannten Wirkfaktoren sind, erfahren Sie im nächsten Kapitel.

4 Wirkfaktoren des Waldes ...

Wer in den Wald eintritt, bemerkt sofort, dass sich die Atmosphäre ändert. Die Fülle an Farben, Formen und Düften kann überwältigend sein. Frische Luft entlockt oft einen vertieften Atemzug. Die Luft ist in der Regel kühler und etwas feuchter als außerhalb des Waldes. Manchmal sickert das Licht durch die Bäume, Äste und Blätter hindurch. Im Wald gibt es meistens etwas zu hören: Es raschelt und knistert, zirpt und pfeift, piepst und zwitschert ... Aber es gibt auch ruhigere Zeiten, in denen die Waldtiere ruhen und sich die Vögel nur ab und zu bemerkbar machen. Der Wald kann sommerlich-lieblich entgegenlächeln, aber auch unheimlich und düster wirken, je nach Ort und Zeit. Wald hat in jedem Fall eine Wirkung – sofort oder auch langfristig spürbar.

Nachfolgend sind die wichtigsten Wirkfaktoren aufgeführt.

4.1 Viel reine Luft

Der Wald ist ein Ort mit vielen Pflanzen und Bäumen, die durch die Photosynthese Sauerstoff produzieren. Der Aufenthalt im Wald ermöglicht eine höhere Sauerstoffversorgung des Körpers, was zu einer verbesserten körperlichen und geistigen Leistungsfähigkeit beitragen kann (Kap. 3.1). Laubwälder produzieren zum Beispiel pro Jahr und Hektar 15 Tonnen Sauerstoff, Nadelwälder bis zu 30 Tonnen. Eine ausgewachsene Buche liefert jeden Tag den Sauerstoff für etwa 64 Menschen[5]. Auch wenn im Sommer mehr Sauerstoff entsteht, gibt es jederzeit genügend davon in der Atmosphäre, da auch das pflanzliche Plankton und Algen Photosynthese betreiben und so Sauerstoff produzieren (je nach Angabe zwischen 50 und 70 Prozent der gesamten Sauerstoffproduktion durch Pflanzen). Wir brauchen den Wald aber nicht nur des Sauerstoffs wegen – er reinigt auch die Luft von Staub und Partikeln. Pro Hektar Wald werden jährlich bis zu 50 Tonnen Ruß- und Staubpartikel aus der Atmosphäre gefiltert (Quelle: wald.de).

4.2 Terpene und Phytonzide

Terpene sind flüchtige, organische Verbindungen (Duftstoffe), die von den Pflanzen abgegeben werden. Oftmals werden die Begriffe Terpene und Phytonzide synonym verwendet. Terpene bezeichnen die chemische Stoffklasse, zu denen auch Phytonzide gehören. Sie sind Hauptbestandteil der in Pflanzen produzierten ätherischen Öle. Besonders an warmen Tagen ist dieser Duft wahrzunehmen. Speziell das Baumharz, erwärmte Nadeln der Nadelbäume, Zapfen der Douglasie oder die Samen der Weißtanne riechen intensiv.

Der Begriff Phytonzide (griech. *phyton* = Gewächs, Pflanze; lat. *caedere* = töten) beschreibt die biologische Funktion und ist ein Sammelbegriff einer Gruppe von sekundären Pflanzenstoffen. Mit den Phytonziden kann sich eine Pflanze gegen Insekten, Bakterien und Mikroorganismen wehren. Sie haben zudem eine beruhigende Wirkung auf den menschlichen Körper, können Entzündungen reduzieren, das Immunsystem stärken und das Wohlbefinden verbessern.

GUT ZU WISSEN: TERPENE

Im Sommer gibt es die meisten Terpene im Wald.

Besonders im Waldesinnern ist ihre Konzentration sehr hoch.

Nach Regen oder Nebel gibt es ebenfalls besonders viele Terpene in der Luft.

Sie befinden sich bodennah, also dort, wo sich der Mensch bewegt, und nicht so sehr in den Wipfeln.

Bei 30 Grad Celsius ist die Konzentration am höchsten (Li, 2018, S. 99 / Arvay, 2016, S. 37)

4.3 Erdgeruch

Verschiedene Bakterien, Mikroben und Mykobakterien produzieren bei Regen einen bizyklischen Alkohol, der nach Erde riecht: Geosmin. Zusammen mit ätherischen Ölen und Mineralien aus dem Staub entsteht so der typische Erdgeruch: Petrichor. Manche sagen, sie würden den „Regen riechen"; tatsächlich nehmen sie den feuchten Erdgeruch wahr. Dennoch: Die meisten Menschen reagieren freudig auf diesen Geruch. Geosmin wird auch künstlich hergestellt und Parfüms beigemischt. Es ist allerdings günstiger, sich auf den Waldboden zu legen, um den Duft einzuatmen.

Das Mycobacterium vaccae ist ein Bakterium, das im Boden und in Kuhdung vorkommt. Studien weisen darauf hin, dass die Verabreichung dieses Bakteriums eine interessante Reaktion hervorruft: In Experimenten mit gestressten Mäusen wurde festgestellt, dass mit M. vaccae geimpfte Mäuse weniger ängstlich waren und keine Darmentzündung zeigten[6]. Daraus wird gefolgert, dass eine Immunisierung mit dem Umweltbakterium die Stress- und Traumaresilienz fördert. Li weist darauf hin, dass das Graben in der Erde zu mehr Lebenskraft führt (2018, S. 113).

☆ Inspirationsbuch

4.4 Farben und Formen der Natur

Farben und Formen in der Natur können eine beruhigende Wirkung auf den Körper haben und ebenfalls zur Stressreduktion beitragen. Studien wie in Kapitel 3 beschrieben bestätigen, dass der Anblick von Grünflächen und Bäumen zu einer Verringerung von Stress und Angstzuständen führen kann. Zudem wurde nachgewiesen, dass der Blick auf einen Baum die Heilung unterstützt (Kap. 1.1 *Biophilia – Grünkraft*).

☆ Inspirationsbuch

4.5 Natürliches Licht

Das natürliche Lichtspektrum umfasst verschiedene Farben und Intensitäten, die auf unterschiedliche Weise auf den Körper wirken. Das Abnehmen des Lichts gegen Abend, der Sonnenuntergang, das warme Licht einer Kerze oder des Feuers signalisieren dem Körper, dass es Zeit ist, sich auf den Schlaf vorzubereiten. Wer am Abend Licht mit einem hohen Blauanteil ausgesetzt ist, schläft schlechter. LED-Leuchten und Bildschirme haben in der Regel diesen hohen Blauanteil, wenn er am Gerät nicht extra ausgeschaltet wird.

Ein regelmäßiger Kontakt mit natürlichem Licht kann dazu beitragen, den Schlaf-Wach-Rhythmus zu stabilisieren und zu optimieren, was wiederum Auswirkungen auf die Stimmung, die Konzentration und die kognitive Leistungsfähigkeit haben kann.

Das Licht im Wald ist in der Regel gedämpft, variiert aber je nach Standort und Baumarten. Die Bäume im Wald bilden oft ein dichtes Blätterdach, welches das Sonnenlicht filtert und in gewissen Abschnitten eine gleichmäßige Verteilung des Lichts schafft. So entsteht eine Mischung aus direktem und diffusem Licht, die für viele Pflanzen- und Tierarten geeignet ist. Aber auch die Menschen lieben dieses gedämpfte Licht und die Lichtspiele im Blätterdach von Laubbäumen. Die japanische Sprache hat dafür einen eigenen Begriff:

GUT ZU WISSEN: KOMOREBI – ZAUBER DES LICHTS

Komorebi ist ein japanischer Begriff. Es beschreibt mit einem Wort dieses Lichtspiel, wenn Sonnenlicht durch Bäume oder andere Strukturen fällt und ein Muster aus Licht und Schatten auf dem Boden oder anderen Oberflächen erzeugt. Das Wort *komorebi* 木漏れ日 setzt sich aus den japanischen Schriftzeichen 木 für *Baum*, 漏れ für *hindurchsickern, durchscheinen* und 日 für *Sonne* zusammen. Komorebi hat eine große kulturelle Bedeutung in Japan und wird oft in Kunstwerken wie Gemälden, Gedichten oder Fotografien dargestellt. Es symbolisiert die Verbindung zwischen Mensch und Natur und die Wertschätzung für die natürliche Schönheit der Welt.

4.6 Natürliche Geräusche und Töne

Die Natur umgibt uns mit einer Fülle von Geräuschen und Tönen. Im Wald ist es selten vollständig still. Stattdessen ertönt eine einzigartige Klanglandschaft, die vom sanften Rauschen der Blätter, dem Rascheln im Laub und dem Knacken von aufspringenden Samenkapseln bis hin zu variantenreichen Liedern der Vögel reicht. Diese Tonkulisse verleiht dem Wald eine Atmosphäre von Lebendigkeit und gleichzeitiger Muße. Wir sind eingeladen, die Hektik des Alltags hinter uns zu lassen und den Moment zu genießen.

Ist es nicht erstaunlich, wie sehr die Geräusche der menschlichen Aktivitäten im Wald in den Hintergrund treten? Zivilisationsgeräusche wie Stimmen, Verkehr und Maschinen werden gedämpft. Wer sich Zeit lässt, kann das Klopfen eines Spechts oder das Summen von Bienen erhorchen.

Vogelgesang bewegt sich meistens in einer Frequenz zwischen 2500 und 3500 Hertz. Für das menschliche Ohr ist dieser Frequenzbereich genau richtig, denn er ist auch wichtig für die Wahrnehmung der Sprache.

Einige Studien haben gezeigt (siehe unten), dass das Hören von Naturgeräuschen und Vogelgesang positive Auswirkungen auf unsere Stimmung und unser Wohlbefinden hat und dazu beitragen kann, Stress zu reduzieren, die Entspannung zu fördern und die Konzentration zu verbessern.

GUT ZU WISSEN: DIE WIRKUNG NATÜRLICHER KLÄNGE

Eine Studie von Rachel T. Buxton et al. untersuchte 2021 die gesundheitlichen Vorteile von Naturgeräuschen und deren Verteilung in amerikanischen Nationalparks. Die Autor:innen stellten fest, dass Naturgeräusche wie fließendes Wasser, Vogelgezwitscher und Blätterrauschen sowohl die psychische als auch die physische Gesundheit verbessern können. Sie können Stress mindern, die Stimmung steigern, den Blutdruck regulieren und die Schlafqualität erhöhen.

Ebenfalls wurde die Verteilung von Naturgeräuschen an 221 Plätzen in 68 Nationalparks in den USA untersucht. Es wurde gemessen, dass viele Parks durch menschliche Aktivitäten wie Straßenverkehr und Fluglärm beeinträchtigt sind. Die Studie empfiehlt daher, Maßnahmen zu ergreifen, um die Auswirkungen menschlicher Aktivitäten auf die akustische Umwelt in Nationalparks zu reduzieren und die positiven Effekte von Naturgeräuschen auf die menschliche Gesundheit zu nutzen.

Eine Studie von Medvedev et al. untersuchte 2015 das Potenzial von Klanglandschaften auf die körperliche Erholung. Die Ergebnisse zeigten, dass die natürlichen Klanglandschaften – im Vergleich zu jenen in den Städten und zur Stille – die stärkste erholende Wirkung auf den Körper hatten. Die natürlichen Klanglandschaften führten zu einer signifikanten Reduktion der Herzfrequenz und des Hautleitwerts, die als Indikatoren für Entspannung und Stressabbau gelten.

Die Autoren bestätigen, dass das Anhören von natürlichen Klängen eine einfache und effektive Methode sein kann, um die körperliche Erholung und Entspannung zu fördern. Sie betonen jedoch, dass weitere Forschung notwendig ist, um die spezifischen Merkmale von Klanglandschaften zu identifizieren, die die erholende Wirkung maximieren.

TIPP: VOGEL-FAHRPLAN

Wer wissen will, wann welcher Vogel singt, kann im Internet zahlreiche Vogeluhren finden. Dazu gibt es einen besonders interessanten Link auf der Website des NABU Deutschland[7]. Birdlife Schweiz[8] hat einen Anflug- und Abflugplan publiziert, der vom Fahrplan der Schweizerischen Bundesbahnen SBB inspiriert ist.

5 … und dessen Effekte auf den Menschen

Die gesundheitlichen Vorteile des Waldes wurden in zahlreichen Studien in verschiedenen Ländern nachgewiesen (zum Überblick: Hansen et al., 2017). Gemäß einer aktuellen Studie von Li (2022, S. 43) führt Waldbaden zu den folgenden Effekten:

- Stärkung des Immunsystems: Die Aktivität der natürlichen Killerzellen (NK) des Menschen wird angeregt; die Anzahl der NK-Zellen und der intrazelluläre Spiegel von Anti-Krebs-Proteinen werden erhöht, was auf eine präventive Wirkung bezüglich Krebserkrankungen hindeuten könnte. Der evidenzbasierte Nachweis muss von den Forschenden noch erbracht werden.

- Stressabbau: Blutdruck und Herzfrequenz werden gesenkt beziehungsweise reguliert, was auf eine vorbeugende Wirkung gegen Bluthochdruck und Herzkrankheiten hindeutet.

- Entspannung: Stresshormone wie Adrenalin, Noradrenalin und Cortisol werden abgebaut, was zur Stressbewältigung beiträgt.

- Gelassenheit: Durch das Waldbaden erhöht sich die Aktivität des Parasympathikus und die des Sympathikus reduziert sich, so dass sich das Gleichgewicht des autonomen Nervensystems stabilisiert.

- Verbesserung der Schlafqualität: Indem sich der Tag-Nacht-Rhythmus reguliert, wird der Schlaf insgesamt erholsamer.

- Senkung von Gesundheitsrisiken: Ein entspannender Aufenthalt im Wald kann dazu beitragen, das Risiko für verschiedene Stoffwechselstörungen wie Insulinresistenz, Typ-2-Diabetes und Fettleibigkeit, für Herz-Kreislauf- und kardiovaskuläre Erkrankungen sowie für bestimmte Krebsarten zu reduzieren. Weitere positive Effekte zeigen sich in einer Erhöhung der Muskelmasse bei gleichzeitiger Reduktion des Körperfettanteils.

- Die kognitiven Fähigkeiten können sich verbessern.

- Die Stimmung verbessert sich und die Vitalität steigt, was auf eine vorbeugende Wirkung gegen Depressionen hinweist. Im POMS-Test (Profile of Mood States) wurde nachgewiesen, dass ein achtsamer Waldaufenthalt Angst, Depression, Wut, Müdigkeit sowie Verwirrung reduziert.

Außerdem:

- Waldbaden kann in der Rehabilitationsmedizin eingesetzt werden.
- In einem Podcast mit Sjanett de Geus empfiehlt Li Shinrinyoku als präventive Methode gegen COVID-19, weil Shinrinyoku die Immunfunktion stärkt und mentalen Stress reduziert[9].
- Waldbaden in Stadtparks hat ebenfalls positive Auswirkungen auf die Gesundheit der Menschen.

6 Gesundheit, Stress und mögliche Folgen

6.1 Gesundheit: Eine Kurzdefinition

Die Weltgesundheitsorganisation (WHO), Stand am 6. Juli 2020, definiert Gesundheit in ihrer Verfassung, die 1946 in New York unterzeichnet wurde, wie folgt:

„Die Gesundheit ist ein Zustand des vollständigen körperlichen, geistigen und sozialen Wohlergehens und nicht nur das Fehlen von Krankheit oder Gebrechen."

In der Ottawa-Charta ergänzt die WHO 1986 den Passus zur Gesundheitsförderung:

„Gesundheitsförderung zielt auf einen Prozess, allen Menschen ein höheres Maß an Selbstbestimmung über ihre Gesundheit zu ermöglichen und sie damit zur Stärkung ihrer Gesundheit zu befähigen. [...] In diesem Sinne ist die Gesundheit als ein wesentlicher Bestandteil des alltäglichen Lebens zu verstehen und nicht als vorrangiges Lebensziel. [...]"

Dies bedeutet, dass Gesundheit als ganzheitlicher Zustand betrachtet wird. Es ist gut möglich, dass keine offensichtlichen Beschwerden vorliegen und sich dennoch das Gefühl von Krankheit einstellt. Denn sich gesund zu fühlen, bedeutet nicht nur die Abwesenheit von Krankheit oder Beschwerden, sondern vor allem das Wohlbefinden auf physischer, mentaler und sozialer Ebene.
☆ Inspirationsbuch

Eine Krankheit kann Menschen stark in ihrer Lebensqualität einschränken. Ursachen gibt es viele und diese sind abhängig von der Lebenssituation und häufig eine Folge der Umstände. Auch Umwelt- und soziale Faktoren haben auf das Wohlbefinden einen Einfluss. In der westlichen Welt kommen Zivilisationskrankheiten gehäuft vor. Dazu gehören Diabetes, Herz-Kreislauf-Erkrankungen, Fettleibigkeit, Krebs, Depressionen und Alzheimer. Viele dieser Erkrankungen könnten mit einem gesunden Lebensstil vermieden oder zumindest reduziert werden, wie zum Beispiel mit regelmäßiger körperlicher Aktivität, einer ausgewogenen Ernährung und der Reduktion von Stress.

Die steigende Zahl von Zivilisationskrankheiten ist zu einem globalen Problem geworden und eine große Belastung für die Gesundheitssysteme und die Wirtschaft. Im nachfolgenden Kapitel wird auf die Entstehung und die Auswirkungen von Stress eingegangen, weil inzwischen eine große Anzahl von Menschen davon betroffen ist. Shinrinyoku kann hier helfen, aber davon später ...

6.2 Entstehung von Stress

Was unterscheidet den modernen Menschen vom Steinzeitmenschen? Neurologisch gesehen wenig bis gar nichts. Die Reaktion des Körpers auf eine Bedrohung ist heute wie damals gleich.

Stressfaktoren können eine äußere oder innere Ursache haben. Hingegen kann sich die Bedeutung der Stressfaktoren ändern. So waren früher Hunger, Kälte und Verletzungen stressauslösende Faktoren. Heute werden häufiger der Arbeitsplatz, die (fehlende) Gesundheit, Beziehungen oder der Lebensstil genannt.

GUT ZU WISSEN: STRESS

Stress ist ein englisches Wort und bedeutet *Anspannung, Druck, Beanspruchung.*

Hans Selye prägte den Begriff *Stress* in den 1930er-Jahren. Bekannt wurden durch ihn zwei Arten von Stress: Eustress (positiver Stress) und Distress (negativer Stress). Diese Begrifflichkeiten wurden von Richard S. Lazarus und Susan Folkman 1984 in einem weiteren Stressmodell differenziert. Sie erklären in ihrem „Transactional Model of Stress and Coping“, dass Stress vielmehr ein dynamischer Prozess ist, der durch die Wechselwirkung zwischen Umwelt und Person entsteht. Das bedeutet: Bereits die individuellen Voraussetzungen einer Person beeinflussen die Wahrnehmung, ob ein Ereignis als Stressor wahrgenommen wird oder nicht. Hinzu kommen verschiedene Stufen der Bewertung:

1. Ist das Ereignis relevant, positiv oder belastend? Wird das Ereignis als Herausforderung, Bedrohung oder als Verlust bewertet?

2. Hat die vom Ereignis betroffene Person Ressourcen und Strategien? Wenn ja, welche sind das?

Wird das Ereignis negativ bewertet, mangelt es an Ressourcen oder Strategien. Ist die Bewältigungsstrategie problemorientiert, reagiert der Körper nach dem Muster der Steinzeitmenschen: Fight (Aggression) oder Flight (Flucht) und häufig Freeze (Erstarrung). Diese Reaktion hat das Überleben des Menschen seit der Urzeit gesichert und ob wir es wollen oder nicht: Das menschliche Gehirn hat sich seither nicht verändert. Levine (2022, S. 51) beschreibt in seinem Buch „Trauma-Heilung": „Bedrohungen mobilisieren unsere innersten Kräfte. Sie ermöglichen uns, das menschliche Potential in seinem ganzen Umfang zu erfahren, wodurch wiederum unser emotionales und physisches Wohlbefinden verbessert wird." Er geht auch darauf ein, wie durch die Beobachtung von Tieren Erkenntnisse für den Menschen gezogen werden können. So sind die Tiere in einem permanenten Wechsel zwischen erhöhter Wachsamkeit beziehungsweise Bereitschaft zu Kampf oder Flucht und normaler, entspannter Aktivität. Dieses Verhalten ist auch beim Menschen zu beobachten.

6.3 Stressfaktoren

AUSPROBIEREN: WOHLFÜHLORT IN DER NATUR

Ich lade Sie ein, sich in Gedanken einen Ort in der Natur vorzustellen, an dem Sie sich wohl und sicher fühlen. Richten Sie diesen Ort ein, so dass es im Moment gerade stimmig ist. Erlauben Sie sich, großzügig zu sein, wenn Sie Platz brauchen. Genauso ist es okay, sich eine Ecke einzurichten. Setzen Sie sich keine Grenzen und lassen Sie Ihrer Fantasie wenn möglich freien Lauf. Wenn Sie möchten, nehmen Sie eine beobachtende Haltung ein. Schauen Sie sich um: Welche Pflanzen umgeben Sie? Gibt es Blumen, Gräser, Moose, Büsche oder Bäume und wenn ja, welche? Was für Farben sehen Sie? Gibt es Steine und Felsen? Wasser? Vielleicht ist der Weg breit oder verschlungen? Wie klingt dieser Ort? Welche Tiere leben da und können Sie diese sehen oder hören? Was können Sie da tun? Gehen, stehen, sitzen, liegen oder vielleicht auch baden? Wie ist das Wetter gerade an Ihrem Naturort?

Lassen Sie sich Zeit, um wieder zurückzukommen. Verabschieden Sie sich auf Ihre Art von dem Ort. Vielleicht möchten Sie einen vertieften Atemzug nehmen, sich etwas bewegen oder ein Glas Wasser trinken? Vielleicht möchten Sie den Ort malen?

Meine Frage an Sie: Was hat es ausgemacht, dass Sie sich an Ihrem Naturort wohlgefühlt haben? Gab es da auch Verkehrslärm und viele Menschen? Waren Sie gestresst? Darf ich davon ausgehen, dass Sie in dieser kurzen Zeit keinen Stress empfunden haben? Dass die Natur einen stressreduzierenden Effekt hat, wurde bereits in Kapitel 5 ... *und dessen Effekte auf den Menschen* beschrieben.

☆ Inspirationsbuch

Weltweit lebten im Jahre 1800 drei Prozent der Menschen in Städten. Diese Zahl stieg stetig an: 1900 waren es 14 Prozent und 2016 bereits 54 Prozent. Prognostiziert ist ein Anstieg auf 66 Prozent im Jahr 2050. Der sogenannte Dichtestress ist ein neueres Phänomen. Aber es gibt noch weitere „moderne" Stressoren: Lärm, Luftverschmutzung, Hektik, Leistungsdruck, psychosozialer Druck, Digitalisierung, Social Media und viele mehr.

Wie im vorherigen Kapitel erwähnt, wird gemäß dem Modell nach Lazarus/Folkman und nach Levine nicht jedes Stressereignis als negativ wahrgenommen und nicht jedes negativ bewertete Ereignis löst Stress aus. Falls doch Stress im Spiel ist, wird eine Folge von Reaktionen ausgelöst. Diese werden im nachfolgenden Kapitel genauer beschrieben.

Hinweis: Falls Ihnen das Thema im Moment unangenehm ist, können Sie es auch überspringen. Denn bereits das Wort *Stress* kann eine Körperreaktion auslösen.

6.4 Reaktionen des Körpers auf Stressoren

Der Körper reagiert auf Stressoren mehrheitlich mit einem Chemiecocktail, der vor allem aus Adrenalin, Noradrenalin und Cortisol besteht. Der Vorgang der Ausschüttung der Hormone ist sehr komplex. In den Videos von Prof. Dr. Ahmed A. Karim wird die Sachlage gut verständlich dargelegt.

TIPP: ERKLÄRVIDEOS ZUM THEMA PSYCHISCHE GESUNDHEIT

Die Erklärvideos „Faszination Gesundheitspsychologie" von Prof. Dr. Ahmed A. Karim sind in englischer und arabischer Sprache und wurden von der Stadt Reutlingen (DE) gefördert. Ziel dieser Webinarreihe ist es, die psychische und psychosomatische Gesundheit von Flüchtlingen in Deutschland zu verbessern.

Nachfolgend eine Zusammenfassung der Reaktionen des Körpers bei einem aufregenden Ereignis:

Die Herzfrequenz erhöht sich. Die Atmung wird flacher und schneller. Der Blutdruck steigt. Die Sauerstoffzufuhr in die Muskeln wird erhöht, diese spannen sich an, besonders die Nacken- und Schultermuskulatur. Die Blutgerinnung ist schneller. Die Schmerzreaktionen werden gehemmt. Alle gerade nicht dringend benötigten Körperfunktionen wie zum Beispiel die Verdauung und die Nierenfunktion werden unterdrückt oder mindestens herabgesetzt. Die Konzentration wird erhöht – es stellt sich ein eingeschränkter Fokus auf die Situation (Tunnelblick) ein. Die Pupillen sind erweitert. Zucker wird aus der Leber freigesetzt, das heißt, Energie für Flucht oder Kampf wird bereitgestellt.

Lässt die Belastung oder Bedrohung nach, kehrt der Körper nach einer gewissen Zeit wieder in den Ruhezustand zurück. Die Botenstoffe werden nach und nach abgebaut. Dies kann zwischen 20 und 40 Minuten dauern. Kurzfristige Stressreaktionen unterscheiden sich von langfristigen Stressantworten des Körpers.

Ist eine Rückkehr in den Ruhezustand nicht möglich, können sich Stressfolgeerkrankungen etablieren.

6.5 Folgen von Stress

Bei langanhaltendem Stress können der schnellere Puls und Bluthochdruck die Funktionen des Herzes beeinträchtigen. Das Herzinfarktrisiko steigt durch die permanente Ausschüttung von Noradrenalin. Ein erhöhter Blutzucker fördert die Erkrankung an Diabetes. Ebenso kann das Immunsystem geschwächt werden. Dies kann Schmerzen, häufiges Kranksein, Tinnitus oder gar Taubheit begünstigen. Auch das Verdauungssystem reagiert auf Stress und kann Probleme verursachen. Das Gehirn wird gegebenenfalls so geschädigt, dass sich negative Bewertungen und Depressionen einstellen können[10]. Die permanente Anspannung der Augen erhöht den Augendruck und grüner Star kann sich ausbilden[11].

Chronischer Stress, Dauerbelastungen des Körpers (z. B. übertriebenes körperliches Training), negative Grundhaltungen oder eine Mischung daraus können zu einem Burn-out führen. Es entsteht aus dem Ungleichgewicht zwischen den äußeren Anforderungen und den Bewältigungsmöglichkeiten einer Person.

Mit dem Begriff Burn-out wird der Zustand tiefer emotionaler, körperlicher und geistiger Erschöpfung unter verringerter Leistungsfähigkeit und bei negativen bis gleichgültigen Gefühlen bezeichnet. Sind Beschwerden über eine längere Zeit vorhanden, können sie zudem zu einer Depression führen.[12]

Es gibt keine klare Definition von Burn-out, denn es ist keine Diagnose und/oder Krankheit, sondern ein Zustand, weshalb auch oft von einem Burn-out-Syndrom gesprochen wird. Die Ärzteschaft behilft sich mit dem ICD-10-Code Z73, der „Probleme mit Bezug auf Schwierigkeiten bei der Lebensbewältigung“ aufführt, oder aber mit der Diagnose Depression.

GUT ZU WISSEN: ICD-10

ICD steht für *International Statistical Classification of Diseases and Related Health Problems,* zu Deutsch: internationale statistische Klassifikation der Krankheiten und verwandter Gesundheitsprobleme. 10 steht dabei für die 10. Revision. Es handelt sich um ein diagnostisches Klassifikationssystem, das zur besseren internationalen Vergleichbarkeit erweitert und verfeinert wurde und regelmäßig angepasst wird. Inzwischen ist bereits ICD-11 veröffentlicht.

Christina Maslach ist eine emeritierte Professorin für Psychologie an der University of California in Berkeley (USA). Sie hat maßgeblich zur Erforschung des Burn-out-Syndroms beigetragen und das Maslach Burnout Inventory entwickelt, das zur Diagnostik genutzt wird. Burn-out-Selbsttests finden Sie im Internet.

6.6 Traumata

Gemäß den Angaben auf der Patient:innen-Website der Charité Berlin erlebt die Mehrheit der Bevölkerung in ihrem Leben mindestens ein traumatisches Ereignis. Davon entwickeln 25 Prozent eine Posttraumatische Belastungsstörung (PTBS). Die Wahrscheinlichkeit, irgendwann im Leben an einer PTBS zu leiden, wird bei Frauen auf 10–12 Prozent geschätzt, bei Männern auf 5–6 Prozent.

GUT ZU WISSEN: PTBS

Eine Posttraumatische Belastungsstörung kann noch Jahre nach einem belastenden Ereignis auftreten. Stimuli, welche die Erinnerung auslösen, werden (oft unbewusst) vermieden. Ebenso unbewusst folgen auch die Reaktionen auf gewisse Auslöser. Häufig leiden Menschen mit einer PTBS an Depressionen und Angststörungen oder zeigen Suchtverhalten (Missbrauch von Substanzen)[13].

„Das Phänomen Trauma ist im modernen Leben allgegenwärtig. Wir sind fast alle irgendwann einmal traumatisiert worden," beschreibt Levine (2011, S. 28), und an anderer Stelle: „Die Ursachen von Traumata sind ebenso vielfältig wie ihre Folgen, und oft bleiben sie unserem Bewusstsein gleichermaßen verborgen." Als mögliche Gründe erwähnt er eine Vielzahl von Bedrohungssituationen, inklusive starker Stresserlebnisse, Krankheit, Operationen und Verlusterfahrungen. Inwieweit ein traumatisches Ereignis ein Individuum belastet, hängt von verschiedenen Faktoren beziehungsweise den Voraussetzungen der Person ab (Kap. 7.1 *Innere und äußere Schutzfaktoren gegen Krisen*). Wiederholt sich ein bedrohliches Ereignis und kann die Situation nicht aufgelöst werden, erlebt sich der Mensch als hilflos und es kann ein Trauma entstehen, wie Levine (S. 106) beschreibt. Er erwähnt insbesondere die komprimierte Situation, in welcher Wut, Schrecken oder das Gefühl der Hilflosigkeit die normale Funktionsweise des Nervensystems außer Kraft setzen können. Traumata und Stress können deshalb dieselben Symptome zeigen.

Die Posttraumatische Belastungsstörung ist eine in ICD-11 beschriebene Diagnose und dürfte der Mehrheit der Menschen inzwischen bekannt sein. Wichtig zu wissen: Nicht jedes psychische oder physische Symptom, das auch bei einer PTBS vorkommt, weist auch auf ein Trauma hin, und nicht jede traumatisierte Person entwickelt ein Trauma.

Dennoch: Manche Menschen, die traumatisiert sind, wissen dies nicht oder wollen es nicht wissen. Auch wenn achtsame Kurse und Waldbaden keine therapeutischen Angebote sind, muss sich die KL bewusst sein, dass TN unlogisch und unerwartet reagieren können. Es ist gut möglich, dass eine Erfahrung reaktiviert wird und die Betroffenen über ihre Reaktion selbst überrascht sind. Levine spricht von „Energierückständen", die im Nervensystem gebunden sind (S. 29) und die bizarre Symptome auslösen können. Er erwähnt auch, dass die Symptome von Traumata gegebenenfalls schwer zu erkennen sind und manchmal subtile und nicht nachvollziehbare Gefühle bewirken. Es ist unter anderem Levine zu verdanken, dass manche fortschrittliche Psychologinnen und aufgeschlossene Psychologen sowie auch ein Teil der Ärzteschaft die Behandlung von Traumabetroffenen angepasst haben beziehungsweise laufend aktualisieren.

GUT ZU WISSEN: AUSLÖSER FÜR TRAUMAREAKTIVIERUNG

Einige Beispiele von möglichen Auslösern einer Traumareaktivierung sind hier erwähnt. Die Liste ist nicht abschließend, sie soll aber zeigen, was für eine KL wichtig sein kann:

Situationen oder Positionen, die Menschen in die Bewegungslosigkeit führen und so Ohnmachtsgefühle hervorrufen können (z. B. Entspannungsübungen in Rückenlage mit geschlossenen Augen oder auch rein nur das Schließen der Augen)

Strikte Vorgaben bei Übungen

Bewertung der Ausführung

Gerüche, die mit einer traumatischen Situation in Verbindung stehen (dazu gehören auch Parfüms)

Situationen, die jener des Traumas gleichen, wenn auch nur entfernt

Scheinbar nicht relevante Details einer Umgebung, eines Ablaufs, einer Wortwahl usw.

Bei der EDSE-Methode nach Lorek (siehe Teil 2) nimmt die Achtsamkeit eine zentrale Rolle ein, deshalb integriert sie die traumasensitive Achtsamkeit nach Treleaven (Kap. 9.3 *Traumasensitive Achtsamkeit*). Auswirkungen hat dies vor allem auf die Art der Anleitung.

Wichtig ist das Bewusstsein der KL, dass Worte die Empfindung beeinflussen. Je nachdem, wie etwas gesagt oder angeleitet wird, kann sich eine Person verletzt oder in ihrer Integrität beeinträchtigt fühlen. Die KL kann nicht wissen, welche Vorgeschichte eine Person mitbringt. Aus diesem Grunde muss die Sprache akribisch überprüft und laufend angepasst werden. Zwar ist die KL nicht therapeutisch tätig, dennoch ist es unabdingbar für eine kompetente KL, dass sie sich ihrer Sprache bewusst ist.

Die gute Nachricht nach diesem schwer verdaulichen Thema ist: Ist eine Krise überstanden und wird die Strategie zu ihrer Bewältigung als erfolgreich empfunden, kann der Mensch gestärkt durch das Leben gehen. Und so kommt der Begriff der Resilienz ins Spiel.

7 Resilienz entwickeln

Der Begriff *Resilienz* wird besonders mit der US-amerikanischen Forscherin Emmy Werner in Verbindung gebracht. Werner hat 1971 eine Längsschnittstudie über Kinder auf der Insel Kaua'i gemacht. In dieser Pionierstudie hat sie über 40 Jahre lang 698 Kinder des Jahrgangs 1955 aus schwierigen Verhältnissen von ihrer Geburt an beobachtet. Dabei zeigte sich, dass ein Drittel der Kinder „lebenstüchtig" heranwuchs. Wie ist das möglich?

Haben Menschen Schwierigkeiten, das Leben zu meistern, finden sich sehr viele mögliche Ursachen in belastenden Verhältnissen während der Kindheit. Dabei wird davon ausgegangen: Eine belastete Kindheit bringt Konflikte mit dem Gesetz und lässt asoziales Verhalten entstehen. Emmy Werner hat mit ihrer Studie einen anderen Ansatz verfolgt, nämlich denjenigen der Resilienz.

GUT ZU WISSEN: RESILIENZ

Resilienz hat den Ursprung im lat. *resilire* = zurückspringen oder abprallen. Der Begriff bezeichnet die Fähigkeit, Krisen zu bewältigen und auf eigene Ressourcen zurückzugreifen. Dadurch kann bei Belastung die psychische Gesundheit beibehalten oder rasch wieder hergestellt werden.

Mit Resilienz gehen die Entstehung von Gesundheit (Salutogenese), Widerstandsfähigkeit (Hardiness), Bewältigungsstrategien (Coping) und Selbsterhaltung (Autopoesis) einher. Der Begriff der Salutogenese geht auf Aaron Antonovsky zurück und stellt einen gegensätzlichen Fokus zur Pathogenese dar.

Die Fähigkeit eines Menschen, schwierige Situationen zu bewältigen und gestärkt daraus hervorzugehen, heißt also Resilienz. Resilienz ist ein Prozess, der durch unterschiedliche Faktoren beeinflusst wird, zum Beispiel durch persönliche Erfahrungen, die Herkunft oder die genetische Veranlagung. Gefördert wird Resilienz durch die Entwicklung von Selbstwirksamkeit, Selbstbewusstsein, sozialen Kompetenzen und Problemlösefähigkeiten. Dadurch lässt sich das Leben trotz Veränderungen und widriger Umstände meistern.

Gemäß Prof. Dr. Kalisch vom Leibniz-Institut für Resilienzforschung[14] ist Resilienz nicht ein Prozess oder Mechanismus, der zu einem bestimmten Ergebnis führt (*Resilienzprozess/-mechanismus*), nicht eine Vorhersagevariable, ein Biomarker, eine Prädisposition (*Resilienzfaktor*) und nicht das Gegenteil von Risiko, Anfälligkeit oder Vulnerabilität, sondern ein dynamischer Prozess.

In der Psychologie gibt es verschiedene Resilienzmodelle. Die Arbeiten über Resilienz füllen inzwischen ganze Bibliotheken, und es würde den Rahmen dieses Buches sprengen, das Thema im Detail abzuhandeln. Wichtig zu wissen ist: Der Grad der Resilienz kann je nach Lebensphase und Lebensbereich variieren. In Bezug auf die Waldbesuche ist deshalb die Tatsache, dass Resilienz geübt werden kann, von besonderem Interesse.

7.1 Innere und äußere Schutzfaktoren gegen Krisen

Innere und äußere Schutzfaktoren bezeichnen die Eigenschaften und Verhaltensweisen, die in der Person selbst liegen (innere Schutzfaktoren) beziehungsweise die Person (von außen) unterstützen können. In Anlehnung an das Konzept von Ella Gabriela Amman (zitiert aus Brüstle[15]) zähle ich hier jene Faktoren auf, die ich als besonders relevant einschätze.

7.1.1 Innere Schutzfaktoren

Es besteht immer die Möglichkeit, die eigene Haltung und die bisherigen Einstellungen zu einem Thema zu ändern.

Kennen Sie die Geschichte der zwei Wölfe? Der eine Wolf will mit Missgunst, Neid, Wut, Aggression gefüttert werden. Der andere Wolf möchte Liebe, Freude, Gelassenheit, Dankbarkeit und Mitgefühl. Beide Wölfe kämpfen um ihr „Futter". Die Frage ist: Welchen Wolf möchten Sie füttern? Der Wolf symbolisiert Ihre Einstellung und Ihre Gedanken. Welchem Gedanken möchten Sie sich zuwenden? Welchem Gedanken erlauben Sie, sich bei Ihnen einzunisten?

Oftmals sind es auch Glaubenssätze, die ungefragt übernommen wurden. So singt der Schweizer Sänger/Songwriter Müslüm in seinem Lied „Glaub nicht alles" neu formulierte Glaubenssätze, zum Beispiel anstelle von „Du sollst den Tag nicht vor dem Abend loben" singt er: „Lobe den Tag schon vor dem Abend." Ja warum eigentlich nicht? Finden Sie weitere Glaubenssätze, die sie gelernt haben und ändern wollen?
☆ Inspirationsbuch

Zu den inneren Schutzfaktoren gehören auch die Überzeugungen, die jemand etabliert hat. Sind diese Überzeugungen negativer Art, braucht es die Bereitschaft der Person, hilfreiche Verhaltensstrategien zu entwickeln, damit positive Erfahrungen gemacht werden können. Zu diesen positiven Erfahrungen gehört die Selbstwirksamkeit. Diese ist eines der Ziele der EDSE-Methode nach Lorek.

7.1.2 Äußere Schutzfaktoren

Auch das Umfeld einer Person kann unterstützend wirken. Gleichzeitig bedingen sich die inneren und äußeren Schutzfaktoren gegenseitig. Zum Bespiel eine Freundschaft pflegen erfordert auch, dass eine Freundschaft gewünscht ist – und dies ist eine (innere) Haltungsfrage. Eine verlässliche und stabile Beziehung zu einer engeren Bezugsperson kann eine gute Ressource sein. Nach Hilarion Petzold kann auch ein Tier diese Rolle übernehmen. Eine Umgebung, die Resilienz fördert, sowohl im Arbeitsleben wie auch im engeren persönlichen Umfeld, stärkt das Vorhaben, die eigene Resilienz zu festigen. Es ist sehr destruktiv, wenn die eigene Entwicklung vom nahen Umfeld torpediert wird, und es ist unsäglich anstrengend, sich dagegenzustellen. Deshalb sind auch positive Vorbilder so wichtig. „Wissen ist Macht" sagt ein Sprichwort. Deshalb ist auch die Schulbildung eine Ressource. Aber auch Alter, Geschlecht, Gesundheitszustand und Arbeitsfähigkeit können sich auf das Wohlbefinden und die Widerstandsfähigkeit auswirken.

Die seelische Widerstandskraft kann durch folgende Faktoren gestärkt werden (in Anlehnung an die *10 Impulse für psychische Gesundheit*)[16]:

1. Soziale Beziehungen und Netzwerke: Gute Beziehungen sind wichtig. Freundschaft, Kollegialität, Familie oder Gemeinschaften können helfend und unterstützend sein.

2. Krise als Chance: Wenn wir genau hinsehen, werden wir feststellen, dass Krisen zum Leben gehören. Eine Krise kann als Chance wahrgenommen werden. Was kann/muss geändert werden? Ein prominentes Vorbild aus der Wirtschaft, Politik oder dem persönlichen Umfeld zu suchen, das eine Krise gemeistert hat, fördert eine positive Haltung.

3. Leben ist Veränderung: In der Natur beziehungsweise im Wald sehen wir viel Veränderung. Wir können es auch Metamorphose oder Verwandlung nennen. Eine innere Haltung der Akzeptanz hilft, diese Veränderungen anzunehmen.

4. Kleine Schritte: Wer einen Berg besteigen will, beginnt ganz unten, geht Schritt für Schritt und legt Pausen ein. Die Ziele sollten so gesetzt werden, dass sie auch erreicht werden können, denn dann entsteht innere Kraft und Freude.

5. Selbstfürsorge: Sich selbst Gutes zu tun, wird oft als egoistisch bezeichnet. Aber wer sich selbst achtet, die eigenen Bedürfnisse wahrnehmen kann, sich pflegt und für sich sorgt, füllt den eigenen Ressourcentank auf. Sich eine Pause zu gönnen, Spaß zu haben und viel zu lachen, regeneriert Körper, Seele und Geist.

6. Monky Mind: Ich kann entscheiden, welchem Gedanken ich mehr Zuwendung gebe. Das Fokussieren auf ein Ziel kann dabei helfen. Einen Schritt aus dem Gedankenkarussell zu machen und sich auf das Wesentliche zu besinnen, ist wichtig. Die Achtsamkeitspraxis dient als gute Unterstützung.

7. Ins Handeln kommen: Dies bedeutet, dass ich mich zur Wehr setze oder mir Unterstützung hole, wenn es notwendig ist. Damit ist auch gemeint, dass ich einen konkreten ersten Schritt mache.

GUT ZU WISSEN: UMFRAGE PSYCHISCHE GESUNDHEIT

Die Stiftung Pro Mente Sana Schweiz[17] hat 2018 über 5500 Menschen über ihre psychische Befindlichkeit befragt. Heraus gekommen sind folgende Ergebnisse:

Ein Fünftel der Befragten gab an, sich in einem längeren psychischen Tief zu befinden.

Ein Drittel ist der Meinung, noch nie eine Tiefphase erlebt zu haben.

Überlastung, Konflikte und Stress gehören zu den meistgenannten Belastungen, aber auch das Gefühl von Hoffnungslosigkeit, Depression, Ängste und/oder seelische Erschöpfung.

Als hilfreich wird angegeben: darüber sprechen, ernst genommen werden, genügend Schlaf, jemand, der zuhört.

Bei spezifischen Belastungen wie zum Beispiel Arbeitslosigkeit oder IV-Bezug sowie auch in gewissen Altersgruppen ist das Gefühl des psychischen Tiefs stärker ausgeprägt.

Auch Sorgen, Ängste sowie körperliche oder seelische Leiden wirken sich auf die Befindlichkeit aus.

59 Prozent der Befragten kennen jemanden aus dem Umfeld, der/die ein psychisches Tief hat. 29 Prozent Personen kennen jemanden am Arbeitsplatz. Nur 12 Prozent gaben an, niemanden zu kennen.

Bei einem Viertel der Befragten wirkt sich das Wetter stark auf die Gemütslage aus. November, Januar und Februar werden diesbezüglich als besonders negativ wahrgenommen.

In der Studie wurden u. a. folgende Tabuthemen benannt: Einkommen, psychische Erkrankung, Alkoholabhängigkeit, Konflikte in Beziehung und Familie, persönliches Wohlbefinden.

☆ Inspirationsbuch

7.2. Selbstfürsorge

„Bäume könnten uns lehren,
uns dem Wind des Lebens hinzugeben.“

Anke Maggauer-Kische
(mit freundlicher Genehmigung)

Selbstfürsorge (auch häufig Selfcare genannt) meint den sorgfältigen Umgang mit sich selbst und den eigenen Ressourcen. Dies ist keinesfalls egoistisch, denn leicht und kraftvoll geben kann nur, wer auch der eigenen Person genügend Aufmerksamkeit schenkt. In pädagogischen Berufen ist es besonders wichtig, sich die notwendige liebevolle Zuwendung zu geben. Oft wird dies unterschätzt, denn die Tätigkeit gibt durch den Kontakt zu den vielen Menschen viel zurück. Die KL ist einerseits Projektionsfläche und damit dem Urteil und den Bewertungen von TN ausgesetzt, muss aber andererseits auch vielen (berechtigten) Ansprüchen genügen. Besonders Kursleitenden, die im Bereich der Achtsamkeitsangebote tätig sind, ist die Selbstfürsorge ans Herz zu legen. Selfcare ist eine Voraussetzung zur Stärkung der Resilienz.

In der Selbstfürsorge geht es darum, in sich hineinzuspüren und wahrzunehmen, was einen unterstützt. Manchmal ist es wichtig, sich aktiv die Erlaubnis zu geben, sich selbst etwas Gutes zu tun. Vielleicht braucht es gerade Abgrenzung oder ein Gespräch? Wer die eigenen Bedürfnisse erspürt und formuliert, kann sich für sich selbst einsetzen. Die Methode der gewaltfreien Kommunikation von Marshall B. Rosenberg bietet eine gute Basis, um die Selbstfürsorge zu üben (Kap. 11 *Achtsame Sprache*).

☆ Inspirationsbuch

Das Inspirationsbuch unterstützt Sie dabei, Ihre eigenen Ressourcen und Stärken wie Bäume wachsen zu lassen.

Selbstreflexion kann die KL darin unterstützen, die eigenen Kompetenzen, Stärken und Potenziale zu finden und zu bekräftigen. Sich auf die Stärken zu fokussieren hilft, dem „Haifisch ins Auge zu sehen“, denn negatives Feedback oder negative Gefühle überwiegen in der eigenen Wahrnehmung häufig so stark, dass sie als Haifisch daherkommen. Wird der Haifisch als Veränderungspotenzial wahrgenommen, zeigen sich plötzlich die Ressourcen.

GUT ZU WISSEN: WALDBADEN, SELFCARE UND RESILIENZ

Shinrinyoku kann Selfcare und Resilienz sowohl der TN als auch der KL unterstützen:

Bewegung hilft, sich besser zu fühlen. Beim Waldbaden überwiegen zwar eher langsame Bewegungen, aber es gibt Bewegung. Das ist in jedem Fall besser, als zu sitzen.

Im Wald kann sich die Atmung vertiefen. Atemübungen verstärken diesen Effekt. Der Körper erhält mehr Sauerstoff.

Das Schweigen und die Ruhe können die Entspannung unterstützen.

Durch Achtsamkeitsübungen kann das Gedankenkarussell angehalten werden. Der Fokus wird von den negativen Gedanken weggelenkt.

Der Wald unterstützt die Abwehrkräfte des Körpers, da sich durch die spezielle Zusammensetzung der Waldluft die NK-Zellen erhöhen (Kap. 4.2 *Terpene und Phytonzide*).

Der Aufenthalt in der Natur ist von November bis Februar besonders wichtig, weil die eher kurzen Tage dazu verleiten, drinnen zu bleiben. Grund: Das UVB-Licht aktiviert die Bildung von Vitamin D. Dieses Vitamin ist wichtig für den Knochenstoffwechsel, aber auch hilfreich bei Erschöpfung und Müdigkeit.

Die Natur bietet viele Möglichkeiten, Veränderung, Verwandlung, Metamorphose und deren Sinn wahrzunehmen. Das Ich relativiert sich dadurch.

Übrigens: Die persönlichen Ressourcen können auch die Basis für den Angebotsschwerpunkt sein. Haben Sie schon mal darüber nachgedacht, worin Sie besonders viele Erfahrungen gesammelt haben? Gemeint sind nicht nur berufliche Erfahrungen, sondern auch im Privatleben. Je nach Kenntnisstand und Vorlieben können so themenspezifische Waldbadenangebote geplant werden.

☆ Inspirationsbuch

Damit die Selbstfürsorge gelingt, braucht es Achtsamkeit. Shinrinyoku, Achtsamkeit im Wald und in Naturlandschaften ist aus meiner Sicht die beste Kombination zur Erhaltung der Gesundheit und des Wohlbefindens. Aber was ist Achtsamkeit im Wald? Davon handelt das nächste Kapitel.

8 Achtsamkeit im Wald

„Achtsamkeit ist ein Weg,
sich mit sich selbst
und der eigenen Erfahrung anzufreunden."
Jon Kabat-Zinn

Ist Achtsamkeit gemeint, wenn das Verb *achten* verwendet wird? In der Schweiz gibt es jedes Jahr eine Kampagne für den Schutz der Igel. Auf den Plakaten steht: „Achten Sie bitte auf Igel." Ist hier nicht eher gemeint, aufmerksam oder wachsam zu sein? Und wie steht es mit der Aussage: „Ich achte auf eine gute Ernährung?" Könnte damit das Bewusstsein gemeint sein, im Sinne von: „Ich bin mir meiner Ernährung bewusst?" Oft wird Achtsamkeit gesagt, aber etwas anderes ist gemeint.

Der Begriff der Achtsamkeit wurde von Jon Kabat-Zinn (2019, S. 18) geprägt. Er sagt Folgendes dazu:

„Achtsamkeit bedeutet, auf eine bestimmte Weise aufmerksam zu sein: bewusst, im gegenwärtigen Augenblick und ohne zu urteilen. Diese Art der Aufmerksamkeit steigert das Gewahrsein und fördert die Klarheit sowie die Fähigkeit, die Realität des gegenwärtigen Augenblicks zu akzeptieren. Sie macht uns die Tatsache bewusst, dass unser Leben aus einer Folge von Augenblicken besteht. Wenn wir in vielen dieser Augenblicke nicht völlig gegenwärtig sind, so übersehen wir nicht nur das, was in unserem Leben am wertvollsten ist, sondern wir erkennen auch nicht den Reichtum und die Tiefe unserer Möglichkeiten, zu wachsen und uns zu verändern. […]

Achtsamkeit ist eine einfache und zugleich hochwirksame Methode, uns wieder in den Fluss des Lebens zu integrieren, uns wieder mit unserer Weisheit und Vitalität in Berührung zu bringen."

In seinen Worten widerspiegeln sich viele Aspekte, die in Waldbaden- und ähnlich ausgerichteten Kursen relevant sind. Besonders die Umgebung im Wald kann Menschen darin unterstützen, den gegenwärtigen Moment wahrzunehmen. Anders als in einem (Wohn-)Raum, wird im Wald Achtsamkeit vermehrt durch äußere Eindrücke angeregt. Auch unter dem Aspekt der traumasensitiven Achtsamkeit ist es sinnvoll, sich in der Natur zu bewegen (Kap. 9.3).

Die Grafik symbolisiert das Pendeln zwischen innen und außen. Die Wahrnehmung des Außen mit allen Sinnen („es ist") ist unabdingbar für die Wahrnehmung des Ich („ich bin"), und umgekehrt. Zwischen den beiden Polen besteht eine permanente Verbindung. Die Mitte, also der Knotenpunkt, zeigt den jetzigen Moment auf.

Aus Sicht des Shinrinyoku ist die Achtsamkeitspraxis eine notwendige Basis, um das Erleben im Wald zu vertiefen. Ein erster Schritt dazu ist die Entschleunigung.

8.1 Langsamkeit und Entschleunigung

Unsere moderne und industrialisierte Gesellschaft wird häufig durch Schnelligkeit und Effizienz definiert. Das Credo lautet „schneller, höher, weiter". Dies kann zu einem der vielen Stressoren (Kap. 6.3) führen, die in diesem Optimierungswettlauf viel zu wenig berücksichtigt werden. Nicht nur Kinder, auch Erwachsene brauchen Zeit zum Trödeln und Innehalten. Das Kind in uns existiert zum Glück auch dann noch, wenn wir längst keine Kinder mehr sind, und es braucht Momente der Unbeschwertheit, wenn möglich draußen in der freien Natur, damit sich die Ressourcen entfalten können. So kann sich der Mensch mit sich selbst und mit der Natur verbinden und sich als Teil von ihr erfahren, was stärkend wirkt. Denn die Trennung von der Natur – so bin ich überzeugt – trägt viel zum Leid in der westlichen Welt bei. Die Temporeduktion ist ein Schlüssel zur Achtsamkeit und zu einem vertieften Erleben.

Deshalb ist das wortwörtlich schrittweise Reduzieren des Tempos hin zu langsamem Gehen – auch liebevoll Schlendern genannt – eine wichtige Technik. Verglichen mit einem „normalen" Spaziergang ist das Schlendern beim Shinrinyoku wirklich sehr, sehr langsam (Kap. 14.2). Im Akasawa-Wald beträgt ein Shinrinyoku-Weg zwischen 1,5 und 3,5 Kilometern. Li empfiehlt (2018, S. 235), in zwei Stunden oder mehr Zeit etwa 2,5 Kilometer zurückzulegen.

GUT ZU WISSEN: DIE ERFORSCHUNG DER LANGSAMKEIT

Langsamkeit wird in der Forschung auf unterschiedliche Weise untersucht. Einige Expert:innen im Bereich der Gesundheitspsychologie und Medizin beschäftigen sich mit der Rolle von Langsamkeit bei der Reduzierung von Stress und der Verbesserung des Wohlbefindens. Dazu gehören zum Beispiel Jon Kabat-Zinn, der Gründer des MBSR-Programms (Mindfulness-Based Stress Reduction), und Dr. Herbert Benson, der Begründer der Relaxation-Response-Technik.

Auch in der Philosophie und Psychologie wird das Thema Langsamkeit untersucht. Der deutsche Philosoph Friedrich Nietzsche beschäftigte sich in seinem Werk „Die fröhliche Wissenschaft" mit der Bedeutung der Langsamkeit und der Muße für das menschliche Leben. In der Psychologie wurden Konzepte wie *Slow Psychology* und *Slow Therapy* entwickelt, die auf die Rolle der Langsamkeit und der Achtsamkeit in der Psychotherapie eingehen.

Auch die Soziologie und die Anthropologie rücken die Bedeutung der Langsamkeit im Kontext unserer modernen Gesellschaft in den Fokus. Zum Beispiel behandelt der deutsche Soziologe Hartmut Rosa in seinem Buch „Beschleunigung und Entfremdung" den Zusammenhang zwischen der schnelllebigen modernen Zeit und der zunehmenden Entfremdung des Individuums von sich selbst, der Gesellschaft und der Natur.

Rosa hält fest, dass die Beschleunigung unseres Lebens sowohl auf technologischer als auch auf sozialer und kultureller Ebene stattfindet; das heißt, die Beschleunigung wird nicht nur durch den technologischen Fortschritt vorangetrieben, sondern auch durch soziale und kulturelle Faktoren wie Konkurrenz-, Effizienz- und Leistungsdenken. Bei all dieser Schnelligkeit verlieren wir die Fähigkeit zur Muße, zur Kontemplation und zur Reflexion, was zu einem Verlust an Lebensqualität führt.

Als Lösung schlägt Rosa vor, dass wir eine *resonante* Beziehung zur Welt aufbauen. Dies tun wir, indem wir uns bewusst Zeit und Raum nehmen, um uns mit uns selbst, anderen Menschen und der Natur zu verbinden. Er argumentiert, dass die Erhöhung dieser Resonanz, das heißt die positiven Wechselwirkungen zwischen Individuen und ihrer Umwelt, zu einer höheren Lebensqualität und einem besseren Wohlbefinden führt.

AUS DER PRAXIS

Bei einem meiner frühen, privaten Waldbadenausflüge ertönte beim Schlendern in meinem Innern plötzlich eine mahnende Stimme, die mir sagte, nicht zu trödeln. Trödeln! Dieser innere Mahnruf katapultierte mich direkt zurück in meine Kindheit. Als Kind habe ich oft getrödelt und wurde immer wieder zu mehr Tempo angetrieben. Auch heute noch werden manche Kinder angetrieben, weil sie aus Erwachsenensicht als „zu langsam“ gelten.

Der kontemplative Zustand[18], in dem sich Kinder immer wieder befinden, wird in der Regel zu wenig wertgeschätzt. Die negative Bewertung der Langsamkeit ist tief in uns verankert. Aber wir brauchen eindeutig mehr Langsamkeit und wir täten gut daran, sie als etwas Wertvolles wahrzunehmen.

Die Langsamkeit beim Waldbaden kann für manche Menschen zu Beginn eine Herausforderung sein. Denn Langsamkeit wird häufig mit einem Mangel an Leistungsfähigkeit assoziiert. Leistungsfähigkeit wiederum wird mit Stärke, Überlegenheit und Überlebensfähigkeit verbunden. Dass auch Langsamkeit eine gute Strategie sein kann, zeigen uns die (langsamen) Pflanzen eindrücklich. Und Hand aufs Herz: Können Sie beim schnellen Unterwegssein auch mit allen Sinnen wahrnehmen?

Gerade durch die Entschleunigung beim Waldbaden kann der Fokus auf die innere und äußere Wahrnehmung gerichtet werden. Die Stärke der Langsamkeit ist, dass den Sinnen Zeit geschenkt wird, zu sehen, zu riechen, zu schmecken, zu hören und zu tasten (Kap. 14.4).

TESTIMONIAL

„Die Entschleunigung und die Achtsamkeit waren wertvoll für mich. Vielen herzlichen Dank für diese zwei schönen Tage im Wald. Ich habe mich sehr wohl und verbunden gefühlt.“

F. B.

8.2 Bewusst sein

Wenn sich der Mensch bewusst ist, ist er in einem wachen Zustand. Huppertz & Schatanek (2021) unterscheiden den wachen Zustand in ihrem Konzept „Bewusstseinskompetenz“ von anderen Zuständen wie zum Beispiel der Konzentration, der Meditation oder der Entspannung.

Trancezustände sind in der Achtsamkeitspraxis unpassend. Somit grenzt sich diese Praxis auch gegenüber Imaginationsübungen und Fantasiereisen (Kap. 12.2.11) ab. Allerdings schließt dies nicht kategorisch aus, beim Waldbaden einmal eine Imaginationsübung zu machen. Es geht lediglich darum, dass das Waldbaden in der Grundhaltung des wachen und präsenten Zustandes ausgeübt wird. Der Aufenthalt in der Natur hilft, wacher und präsenter zu werden, wie dies viele Teilnehmende am Ende eines Kurses als Rückmeldung geben.

8.3 Präsenz

Wo bewegen sich Ihre Gedanken gerade jetzt? In der Vergangenheit, im Jetzt oder in der Zukunft?

Wer einer Libelle bei ihren Luftkapriolen zuschaut, ist meistens ganz im Hier und Jetzt. Diese Gegenwärtigkeit wird oft bei Kindern beobachtet, die sich in eine Tätigkeit so sehr vertiefen können, dass sie alles rundherum vergessen. Gegenwärtigkeit basiert auf dem Zustand der Wachheit und der Präsenz.

Diese Gegenwärtigkeit haben auch andere Forscher und Gelehrte beschrieben, wie zum Beispiel Maria Montessori, welche die „Polarisation der Aufmerksamkeit“ erklärte, oder der Glücksforscher Mihály Csíkszentmihályi, der als Schöpfer der Flowtheorie gilt. Dieses „In-den-Flow-Kommen“ entsteht beim Waldbaden immer wieder bei fokussierten und gestalterischen Übungen (Kap. 14.6 und 14.7).
☆ Inspirationsbuch

Im Hier und Jetzt anwesend zu sein, braucht etwas Übung. Es bedeutet auch, mal zu schweigen und in Stille zu sein.

8.4 Schweigen

Schweigen kann für einige Menschen eine Herausforderung sein. Warum? Manchmal berichten TN, dass Schweigen mit dem Gefühl von Verlegenheit verbunden sei. Beim Ausführen von Übungen in der Stille geht es darum, die „Aufgabe“ fokussiert auszuführen, um sie intensiver zu erleben.

Es ist unbestritten, dass ein Gespräch mit einer lieben Person ein wunderbares Erlebnis ist. Doch in einem Gespräch gibt es allerlei Ablenkung und diese beeinflussen die Wahrnehmung. Worte können schnell eine Gedankenspirale in Gang setzen. Sich im Schweigen üben kann helfen, Stille als Chance für unbelastete Wahrnehmungen zu erkennen. Schweigen hilft, das Bewusstsein zu klären und einen inneren Zustand der Ruhe und Konzentration zu erreichen. Für die KL ist es hilfreich, wenn sie sich darüber bereits Gedanken gemacht hat und wohlwollend anerkennt, dass nicht alle Menschen das Schweigen als positiv erleben. Mit unterschiedlichen Angeboten und dem Shinrinyoku-Trick (Kap. 11.5.2) kann sie die TN darin unterstützen, das Schweigen neu zu erfahren.

8.5 Atmen

Der Atem begleitet den Menschen überall hin. Er ist immer aktiv. Wird der Atem bewusst wahrgenommen, kann er der Schlüssel zur Präsenz sein. Denn der Fokus auf den Atem kann jederzeit und überall praktiziert werden und bietet sich besonders im Wald aufgrund der reinen Luft an (Kap. 4.1).

In östlichen Meditationspraktiken gehört der Atem zur spirituellen oder religiösen Praxis. Aber auch gesundheitsorientierte Ansätze wie zum Beispiel jene von Ilse Middendorf oder neuere Ansätze wie die Integrative Atemtherapie fokussieren sich auf das Erlernen eines natürlichen Atemgeschehens.

GUT ZU WISSEN: ILSE MIDDENDORF

Ilse Middendorf lebte von 1910 bis 2009 und hat die Atemtherapie nach Middendorf® begründet. Sie hat sich ausführlich mit dem Atem auseinandergesetzt und entwickelte eine der wichtigen Methoden der Atemarbeit. Diese wird bis zum heutigen Tag an den Ilse-Middendorf-Instituten in Berlin und Oberzent gelehrt. Beim Erfahrbaren Atem und der Atemtherapie nach Middendorf® geht es darum, den natürlichen Atem zu entdecken und den ursprünglichen Rhythmus kennenzulernen.

In ihrer Atemlehre liegt der Fokus auf dem „Atem geschehen lassen". Middendorf spricht in diesem Zusammenhang von *hingebender Achtsamkeit* (2009, S. 28), indem die Einatmung empfangen wird und die Ausatmung entlassen wird. Es geht nicht darum, den Atem zu kontrollieren oder zu verändern, sondern ihn in seiner natürlichen Bewegung geschehen zu lassen.

Atem und Psyche sind über das vegetative Nervensystem eng miteinander verbunden. Durch bewusstes Atmen können die Körperreaktionen verändert werden. Gleichzeitig passt sich die Atmung an Erlebnisse, Tätigkeiten, Emotionen und Gedanken sofort an.

Atemübungen sind zwar gerade im Wald sehr sinnvoll, aber überfordern manche Menschen. Deshalb soll beim Waldbaden der eigene Atem einfach wahrgenommen werden, so wie es Ilse Middendorf (1990, S. 27) lehrte.
Atemübungen finden Sie in Kapitel 14.3.

8.6 Die Sinne einbeziehen

Tagtäglich nehmen wir unzählige Informationen über den Sehsinn auf, auch unabhängig davon, ob wir in einen Bildschirm schauen oder nicht. Die vielen Bildschirme wirken sich dennoch auf unser Sehverhalten und unsere Sehfähigkeiten aus – grundsätzlich ist der Weitblick eingeschränkt. Auch in den Schulen haben die Tablets längst Einzug gehalten, wodurch der Sehsinn bei den Menschen heutzutage schon in jungen Jahren eine Einschränkung (Verarmung) erfährt.

Viele Menschen sind aufgrund der vielen visuellen Reize stark auf ihren Sehsinn konzentriert. Bewegte Bilder ziehen die Aufmerksamkeit auf sich und werden von der Werbung bewusst als Blickfang eingesetzt. Evolutionsgeschichtlich ist aber der Geruchsinn viel älter als der Sehsinn und hat einen oft stärkeren Einfluss auf die Wahrnehmung.

In der Achtsamkeitspraxis wird die Wahrnehmung *aller Sinne* als Zugang zur Präsenz genutzt. Beim Waldbaden können verschiedene Übungen praktiziert werden, um den Fokus auf einen oder mehrere Sinne einzuschränken beziehungsweise auszuweiten. Dadurch kann der Kontakt zur Natur gestärkt und das Bewusstsein für die eigene Wahrnehmung unterstützt werden. Die Wirkfaktoren des Waldes bieten dazu viele Möglichkeiten (Kap. 4) und der Wald ist ein optimaler Ort für Sinnes- und Wahrnehmungsübungen.

8.7 Der Weg als Ziel

Das Zitat von Konfuzius „Der Weg ist das Ziel" wäre der Werbeslogan für das Waldbaden schlechthin! Auch wenn beim Waldbaden oft von „Absichtslosigkeit" gesprochen wird, ist Waldbaden keinesfalls frei von jeglicher Absicht. Waldbadende halten sich schließlich nicht planlos im Wald auf. Es gibt durchaus Absichten: das Weglassen von Leistung und das Üben der Präsenz im Hier und Jetzt.

Der Unterschied zu zielgerichteten und leistungsorientierten Tätigkeiten, wie zum Beispiel Joggen, einen Gipfel zu besteigen, innerhalb einer bestimmten Zeit eine Runde zu drehen oder einen bestimmten Weg zu gehen, ist, dass kein im Voraus festgelegtes Resultat erreicht werden soll. Die meisten Übungen haben einen Fokus, aber kein leistungsorientiertes Ziel. Der Fokus liegt immer auf der Präsenz.

8.8 Innehalten

Das Wort *chillen* (von engl. *to chill*) hat in der deutschen Sprache einen festen Platz gefunden und bedeutet *abkühlen, entspannen*. Was beim sogenannten Chillen gemacht wird, hat aber meist wenig mit Entspannung zu tun, weil in der Regel Ablenkung gesucht wird, wie zum Beispiel Musik hören, Videos schauen, Videogames spielen, TV sehen. Sich mit Alkohol oder anderen Suchtmitteln zudröhnen bietet auch keine echte Entspannung. Genau betrachtet pausiert beim Chillen nicht einmal der Körper, denn durch die passiv konsumierten Reize laufen das Gehirn und dadurch auch der Körper weiterhin auf Hochtouren.

Der natürliche Umgang mit Pausen kann gut veranschaulicht werden mit den vielen Bänken, die am Wegrand und auf Aussichtspunkten stehen und an denen wir vorbeikommen. Dort ist es möglich, innezuhalten und sich durch das Betrachten der Umgebung einen Moment der Regeneration und der Entspannung zu gönnen.

Eine Pause sollte als solche bewusst gelebt werden: Ablenkungen fernhalten und den Moment genießen. In einer Pause kann der Fokus sowohl nach innen als auch nach außen gerichtet sein.

Geht die Wahrnehmung nach außen, liegt der Fokus auf der Umgebung, der Natur. Dadurch kann eine Verbindung zur Natur entstehen und so wiederum ein Gefühl von Frieden und Ausgeglichenheit. Beim Fokus nach innen können Gedanken und Emotionen betrachtet werden. Am besten geschieht dies wertfrei und mit einem Atemzug Distanz, so als würde ein Bild betrachtet. Insgesamt trägt das Pausieren und Innehalten dazu bei, dass die eigenen Bedürfnisse besser wahrgenommen, die „Batterien" wieder aufgeladen werden. Anschließend fällt es leichter, sich wieder zu konzentrieren. Deshalb ist es wichtig, im Tagesablauf regelmäßig Pausen einzubauen, am besten mit Blick auf die Natur, etwas Grünes oder Wasser.

Achtsamkeit im Wald mit Shinrinyoku bietet eine solche Pause vom Alltag. Wer sich alleine im Wald aufhält, kann die in Kapitel 8 beschriebenen Elemente praktizieren. Sobald weitere Menschen dazukommen, gilt die Aufmerksamkeit auch dem Umgang mit den anwesenden Personen. Wie dies gelingt, beschreibt das nächste Kapitel.

9 Achtsamkeit im Umgang mit Menschen

„Wir sehen Dinge nicht, wie sie sind,
wir sehen sie so, wie wir sind."
Anaïs Nin

Wer auf das Weltgeschehen schaut, muss sich anstrengen, eine wertfreie Grundhaltung sowie Wertschätzung und Wohlwollen zu finden. Ich versichere Ihnen aber, dass Sie mit diesen Tugenden besser fahren. Warum? Weil Sie immer auch sich selbst und Ihr eigenes Wohlbefinden durch Ihre Gedanken und Ihr Verhalten trainieren. Ihre psychische Gesundheit hängt auch davon ab, was Sie denken und tun (Kap. 7, *Resilienz entwickeln*).

9.1 Wertfreie Grundhaltung und Wertschätzung

Das permanente Bewerten von sich selbst, anderen Menschen und Situationen ist schon fast zur Normalität geworden und wird teilweise angefeuert durch die Social

Media, Stichwort „Daumen hoch/runter". Bewertung kann helfen, einen inneren Kompass zu entwickeln. Die Wertvorstellungen einer Gemeinschaft, Gesellschaft oder eines Landes bilden die Grundlage des Zusammenlebens und der Gesetzgebung. Die Bewertungsfähigkeit ist in vielen Situationen also sehr wichtig, ist aber nicht in jedem Fall hilfreich und kann viel Kummer und Belastung bringen.

In der Achtsamkeitspraxis wird auf eine wertfreie Grundhaltung geachtet. Eine wertfreie Grundhaltung einzunehmen, bedeutet jedoch nicht, gleichgültig oder desinteressiert zu sein. Es bedeutet auch nicht, dass Gefühle nicht ernst genommen werden. Es geht vielmehr darum, einen Moment innezuhalten und die eigenen Wahrnehmungen möglichst neutral, vielleicht aus etwas Distanz, wertfrei zu betrachten. Dabei kann eine sachliche Sprache helfen. Bevorzugt sollten neutrale Begriffe gewählt werden wie *warm, kalt, kühl, hoch, tief, neu, bekannt, Druck, Zug* und *Gewicht* oder die Namen von Farben und Formen. Werden Gefühle in Ich-Botschaften formuliert, können Beobachtungen in einen neuen Kontext gestellt werden. Farbnuancen zu erkennen anstatt das Schwarz-Weiß-Sehen zu zementieren oder das Sowohl-als-Auch zu entdecken anstatt das Entweder-Oder zu zelebrieren, bietet eine große Entlastung. Durch eine wertfreie Sprache können auch solche Wahrnehmungen relativiert werden, die emotionale Schwierigkeiten verursachen.

Eine wertschätzende Haltung akzeptiert die Wahrnehmungen anderer, ohne dass die eigene Haltung gerechtfertigt werden muss. Jeder Mensch empfindet anders und es ist wichtig, dies zu respektieren. Diese Haltung ist besonders gefragt bei unterschiedlichen Auffassungen. Und sie ist unverzichtbar für die professionelle KL, wie dies im Kapitel über die ethischen Grundsätze (Kap. 10) weiter beschrieben wird. Die Akzeptanz und Wertschätzung gegenüber anderen Menschen beginnt aber immer bei sich selbst. Um dieses Thema geht es im nächsten Kapitel.

9.2 Wohlwollende Akzeptanz

„Ich bin mein größter Kritiker", sagte Helge Schneider einmal. Der Satz bedeutet, dass wir mit uns selbst oft (zu) hart ins Gericht gehen.

Das hat sowohl Vor- als auch Nachteile. Auf der einen Seite kann eine kritische Selbstbetrachtung dazu führen, dass wir uns verbessern wollen und hart arbeiten, um die gesteckten Ziele zu erreichen. Auf der anderen Seite kann eine zu kritische Haltung hemmen und Menschen daran hindern, sich selbst anzunehmen und sich auf ihre Stärken zu konzentrieren. Permanente Kritik und Bewertung blockieren einen gelassenen, interessierten und neugierigen Zugang zum Erleben.

Eine ausgewogene Perspektive auf sich selbst zu haben und sowohl die eigenen Stärken als auch die unvermeidlichen Schwächen annehmen zu können, basiert auf einem wohlwollenden Umgang mit sich selbst. Und es bringt Entspannung.

Wie schon im Kapitel über Präsenz (Kap. 8.3) erwähnt, sind sich viele Menschen oft nicht bewusst, in welcher Zeit sie gedanklich (gerade) leben: in der Vergangenheit verharrend oder von der Zukunft träumend? Festhalten und Verstärken verursacht oft Leid, ebenso das Kämpfen gegen unveränderbare Umstände. Wer etwas ändern möchte, kann jederzeit die eigene Haltung und Einstellung revidieren.

Wohlwollendes Akzeptieren bedeutet, eine freundliche und annehmende Haltung gegenüber sich selbst und anderen zu haben. Dieses Wohlwollen beinhaltet die Erkenntnis, dass alle Menschen Stärken und Schwächen haben. Wie bereits in Kapitel *Innere und äußere Schutzfaktoren gegen Krisen* (7.1) erwähnt, kann jede Person jederzeit entscheiden, welchen Wolf sie füttern möchte. Haltung und Einstellung können in jedem Moment geübt werden. Dies kann ein langer Weg sein, auf dem manchmal sehr große Steine liegen. Und dennoch: Sich selbst und andere so anzunehmen, wie wir sind, Fehler machen zu dürfen sowie mit Mitgefühl und Verständnis auf sich selbst und die anderen Menschen zuzugehen, das erhöht die Lebensfreude massiv. Das Verurteilen, das Schlechtmachen und das Fixieren der Schwächen geschehen schließlich immer im eigenen Kopf. Bestimmte Gehirnareale werden dabei „trainiert", die Schlechtwetter-Gehirnautobahn wird breit geteert und häufig setzt sich dabei zusätzlich eine negative Gedankenspirale in Gang. Diese Zeit und Energie könnten Sie genauso gut nutzen, um Wohlwollen und Mitgefühl gegenüber sich selbst und anderen zu üben.

Wohlwollende Akzeptanz und Mitgefühl sind elementare Voraussetzungen für ein gesundes und erfülltes Leben.

Im Wald gibt es viele eindrucksvollen Naturformen. Keine ist gleich wie die andere. Diese Vielfalt zeigt symbolhaft auf, dass jedes Lebewesen, jeder Stein sein darf, egal in welchem Zustand: ob alt oder jung, kurz oder lang, breit oder schmal, groß oder winzig, statisch oder dynamisch ... Im Wald erfahren die Menschen, dass jede Lebensform ihre Berechtigung, ihren Platz und ihren Zweck hat. Deshalb nimmt in Waldbadenkursen die Beobachtung der Vielfalt in der Natur einen wichtigen Stellenwert ein. Das bewusste, konzentrierte Wahrnehmen der Reichhaltigkeit des Lebens kann Dankbarkeit und Glücksgefühle auslösen oder verstärken.
☆ Inspirationsbuch

9.3 Traumasensitive Achtsamkeit

Das Kapitel 6.6 *Traumata* weist bezüglich Achtsamkeitsangeboten darauf hin, dass mit manchen Übungen bei Menschen traumatisierende Erlebnisse in Erinnerung gerufen werden können. Hier nun wird erörtert, wieso und wie die EDSE-Methode nach Lorek die traumasensitive Achtsamkeit nach Treleaven integriert. Treleaven hat sich in seinem Buch „Traumasensitive Achtsamkeit" intensiv damit befasst, wie Traumabetroffene von der positiven Wirkung eines traumasensitiven Achtsamkeitstrainings profitieren können. Aufgrund von Fallbeispielen beschreibt er, was nicht entsprechend angepasste Kurse in Achtsamkeit bei Traumabetroffenen auslösen können: „Dadurch, dass sie ihrer Augenblickserfahrung bewusste Aufmerksamkeit schenken, bringen sie sich natürlich mit Traumastimuli in Berührung – also Bildern, Erinnerungen oder Gefühlen wie etwa Immobilität und Rage." (S. 79) Er verweist auf eine hohe Wahrscheinlichkeit, durch die ausdauernde Aufmerksamkeit auf Körper und Geist einem Trauma zu begegnen. „Achtsamkeitsmeditation kann dazu führen, dass traumatische Symptome ausgelöst werden, die Menschen in ihren Alltag verfolgen. Wenn dies geschieht, ist es sehr wahrscheinlich, dass Traumaüberlebende sich entmutigt und eingeschüchtert fühlen werden." Weil sich solche TN für ihre Not oft selbst verantwortlich machen und sich selbst die Schuld für die Gefühle zuweisen, werden sie wenig von Achtsamkeitsübungen profitieren können. Es ist deshalb geradezu unabdingbar, dass sich KL, die Kurse mit dem Fokus Achtsamkeit anbieten, dessen absolut bewusst sind.

Nicht alle Menschen mit traumatisierenden Erfahrungen reagieren so, wie Treleaven beschreibt. Beim Thema Achtsamkeit geht es aber so oder so um einen sensiblen und sorgfältigen Umgang mit den Menschen (und der Umwelt). Mit einem Verweis auf das Kapitel *Achtsame Sprache* (Kap. 11) möchte ich hier Rosenberg erwähnen, der darlegte, dass moralisches Urteilen, Schuldzuweisungen, Vorurteile, Vergleiche, Verurteilung, Leugnen der Verantwortung für sich selbst und für die eigenen Gefühle, das Erteilen von Ratschlägen, Bewertungen sowie auch wertendes Loben eine gewaltfreie Kommunikation verhindern. Dies gilt auch bei Waldbadenangeboten mit Fokus auf Achtsamkeit. Diese Erkenntnis ist eminent wichtig, weil die KL in besonderem Maße mit zum Teil auch schwierigen Geschichten und mit vertraulichen Informationen von TN konfrontiert ist. Es ist sehr entscheidend, wie die KL damit umgeht. Lösen solche Situationen Gefühle der Ohnmacht aus, ist die KL möglicherweise dazu verleitet, dies mit Floskeln zu überspielen.

HINWEIS: UNANGEMESSENE REAKTIONEN

Kennen Sie solche Reaktionen auch?

„Das ist doch nicht so schlimm", „Komm, reiß dich zusammen", „Ich hatte auch eine schwierige Kindheit", „Ja, das ist wirklich tragisch, aber jetzt geht es dir ja wieder besser", usw.

Fragen Sie sich selbst: Was hätten Sie stattdessen gerne gehört? Welche Frage wäre für Sie hilfreich und angemessen gewesen?

Es ist anzuerkennen, dass je nach Herkunft, Lebensweg und Kultur gewisse Erfahrungen nie gemacht werden und deshalb auch eine scheinbar empathische Haltung kein Gefühl von Verstandenwerden auslöst. Ist die KL mit einer solchen Situation konfrontiert, können Elemente des achtsamen Reagierens hilfreich sein (Kap. 11.4 *Achtsam reagieren*).

Möchte die KL vulnerablen Personen einfühlsam begegnen, darf sie nie die eigenen Lösungen als Angebot unterbreiten. Ganz nach dem Motto „Das Gleiche ist nicht dasselbe" sollten Sie sich als KL in Bescheidenheit zurücknehmen. Die Kapitel *Methodeninkompatible Anleitungen* (Kap. 12.1) und *Ungeeignete Anleitungen* (Kap. 12.2) enthalten Hinweise auf Worte oder Sätze, die es im Sinne der traumasensitiven Achtsamkeit unbedingt zu vermeiden gilt.

Wir sind Gäste und der Wald ist unser Gastgeber. Bei Angeboten im Wald spielt Achtsamkeit auch gegenüber der Natur eine wichtige Rolle. Daniela Lackner geht auf den folgenden Seiten in ihrem Gastartikel näher darauf ein.

Gastartikel Daniela Lackner

Was bedeutet Achtsamkeit im Umgang mit dem Wald?

Willkommen in der Waldgesellschaft

Wenn wir von Respekt und Empathie sprechen, ist es wichtig, den Wald selbst als Lebensraum abertausender Lebewesen zu verstehen, die respektvoll behandelt werden müssen. Von vielen wissen wir nicht einmal, dass sie existieren und welche Aufgabe sie in diesem hochkomplexen System erfüllen. Allein auf einem Quadratmeter Waldboden finden sich 2000 Arten oder 100 000 Individuen. Die größten und für uns Menschen am auffälligsten sind die Pflanzen. Pflanzen haben sich in ihrer langen Erfolgsgeschichte mehrfach bewiesen, denn schließlich sind die ersten Landpflanzen bereits vor 475 Millionen Jahren aufgetaucht. Heute machen sie mindestens 80 Prozent der Masse allen Lebens auf der Erde aus.

Die Menschen benennen und beschreiben den Wald als Ökosystem. Ein Ökosystem setzt sich aus all seinen belebten und unbelebten Komponenten zusammen. Die belebten Organismen wie Tiere, Pflanzen, Pilze und Bakterien leben in einer Lebensgemeinschaft zusammen. Diese wiederum lebt in einem Biotop, das definiert wird aus Gestein, Boden, Luft und Klima. Im Laufe der Entwicklung stellt sich unter den miteinander vernetzten Stoffkreisläufen ein ökologisches Gleichgewicht her.

Eigentlich müsste uns der Wald doch sehr vertraut sein, denn die Gesellschaft der Menschen zeigt viele Parallelen zum System Wald auf. Warum wissen wir dennoch so wenig über das Zusammenleben im Wald?

Ein neuer Blick auf die Pflanzen

Was viele als wissenschaftliche Revolution im Ausmaß der „kopernikanischen Wende“ sehen, löst bei manchen Wissenschaftlern große Empörung und Widerstand aus. Eine Reihe von Biologen, Ökologen und Forstwissenschaftlern bringen unser bisheriges Wissen und Verständnis über Pflanzen ganz schön durcheinander. Sie beweisen, dass Pflanzen keineswegs nur dahinvegetierende Lebewesen sind, sondern ihre Umwelt aktiv wahrnehmen, situativ reagieren und Entscheidungen treffen. Pflanzen sind lernfähig, ohne Nerven zu besitzen, wie tierische Organismen sie haben, und Erinnerungen können folglich nicht nur im Gehirn, sondern auch im Körper gespeichert werden.

Stefano Mancuso beschränkt sich nicht auf den Begriff *Pflanzenbewusstsein*, sondern spricht allgemein von *Pflanzenintelligenz*.

Jede Pflanze ist wie eine Kolonie aufgebaut und funktioniert wie ein dezentrales Netzwerk. Wir Menschen funktionieren vereinfacht gesagt mit einer zentralen Steuerung, nämlich mit unserem Gehirn, und den Organen. Pflanzen allerdings sind mannigfach zusammengesetzt und haben ihre „Organe" auf die ganze Pflanze verteilt. Manche Pflanzen können auf bis zu 95 Prozent ihrer Bestandteile verzichten und trotzdem überleben und neu anfangen.

Die Kommunikation der Pflanzen

Wood Wide Web

Pflanzen sind über ihre Wurzeln miteinander verbunden. Jeder Baum ist durchschnittlich mit 26 anderen Bäumen in direktem Kontakt. Darüber hinaus bilden Pilze, deren Wurzeln weitaus feiner und dichter sind als jene der Pflanzen, mit den Baumwurzeln ein Geflecht, das Mykorrhiza genannt wird. Suzanne Simard untersuchte die Beziehungen innerhalb dieses Netzwerkes und fand in einem Experiment heraus, dass auf einer 30 Quadratmeter großen Waldfläche jeder Baum mit jedem verbunden war.

Für die Nutzung dieses Netzwerkes gibt der Baum dem Pilz, was Letzterer selbst nicht produzieren kann, nämlich Zucker. Bis zu einem Drittel der gesamten Zuckerproduktion des Baumes bekommt der Pilz, der dafür das dichte, lückenlose Transportnetz im Waldboden sichert. Das nächste Mal, wenn Sie einen Pilz sehen, wissen Sie, dass dieser nur mithilfe des Baumzuckers wachsen konnte und das sichtbare Ergebnis der Symbiose zwischen ihm und dem Baum darstellt.

Die Bäume nutzen das Wood Wide Web für die Übertragung von Nahrung und Wasser, um schwächeren oder erkrankten Bäumen zu helfen. Besonders jedoch werden eigene Sprösslinge unterstützt. Auch Baumstumpfe werden so versorgt, wahrscheinlich um Wurzeln und Wissen alter Bäume am Leben zu erhalten. Simard ist überzeugt, dass den älteren Bäumen im Wald eine äußerst wichtige Rolle in Erziehung und Ernährung von Jungbäumen zukommt. Es kann somit von einem sozialen Verhalten gesprochen werden. Simard konnte in ihrem Experiment sogar Hilfe zwischen unterschiedlichen Arten, nämlich Kiefern und Birken, nachweisen. Je mehr Kooperation untereinander besteht, desto widerstandsfähiger ist das einzelne Individuum und desto grösser ist die Stabilität des Waldökosystems, so Simard.

Duftstoffe

Bäume könne auch über Duftstoffe, also flüchtige organische Verbindungen, kommunizieren. Und das nicht nur mit anderen Bäumen, sondern auch mit Tieren. Jede Baumart verfügt über eine spezifische Zusammensetzung dieser organischen Verbindungen. Die Duftstoffe warnen zum Beispiel vor dem Befall durch Pflanzenfresser, wobei sie bei Wind kilometerweit getragen werden. Andere Bäume, die die Duftstoffe aufnehmen und in der Lage sind, diese zu interpretieren, können sich so gegen den Befall wappnen.

Duftstoffe dienen auch dazu, Vögel oder räuberische Insekten anzulocken, die bei der Schädlingsbekämpfung helfen. Dabei gewinnen beide Seiten, denn wenn die Tiere lernen, diese Duftstoffe zu deuten, finden sie ihre Beute wesentlich leichter.

Duftstoffe sind oft Signalstoff und Wirkstoff in einem. Zum Beispiel schlagen Tabakpflanzen mittels Nikotin Alarm und setzen diesen Stoff gleichzeitig zur Schädlingsabwehr ein.

Mastjahr

Gewisse Bäume haben in speziellen Jahren besonders viel Früchte. Die wenigsten Waldbäume in Europa haben jährlich ein Mastjahr. Das Besondere an diesem Phänomen ist, dass sich Bäume einer Art und Region gleichzeitig im Mastjahr befinden, denn damit erhöhen sie ihre Überlebensstrategie bedeutend. Bei Buchen kann das alle drei bis sechs Jahre beobachtet werden, bei Eichen sogar seltener. Doch woher sollen Bäume wissen, wann es losgeht? Spannend zu wissen wäre, ob die Bäume sich gemeinsam auf ein Mastjahr vorbereiten und hierfür miteinander kommunizieren.

Lernverhalten und Gedächtnis von Pflanzen

Pflanzen sind definitiv lernfähig. Ebenso wie Tiere lernen Pflanzen aus Erfahrung und müssen folglich ein Erinnerungsvermögen besitzen. Ich möchte zwei Beispiele anbringen, die dies verdeutlichen.

Krisenmanagement will gelernt sein

Wie wir bereits wissen, können sich Bäume durch Stresssituationen wie eine langandauernde Trockenheit retten, indem sie Anatomie und Stoffwechsel verändern. Sind dieselben Bäume wiederholter Trockenheit ausgesetzt, so reagieren sie immer effizienter und präziser auf die Problematik, ist Mancuso überzeugt. Es wird sogar angenommen, dass Bäume ihren Nachkommen Wissen weitervererben können.

Das Mimosen-Experiment

Das spannende Mimosen-Experiment von Monica Gagliano (2018, S. 56 ff.) darf an dieser Stelle natürlich nicht fehlen: Mimosen sind Pflanzen, die bei drohender Gefahr ihre Blätter schließen. Dies hat sich Gagliano zunutze gemacht. Sie wollte herausfinden, ob die Blätter sich auch schließen, wenn eine Mimose immer wieder dem gleichen Reiz ausgesetzt wird, nämlich einem kurzen, aber ungefährlichen Fall im Topf. Und siehe da, nach der siebten oder achten Wiederholung hatte die Pflanze gelernt, und die Blätter schlossen sich nicht mehr. Der Reiz wurde als ungefährlich eingestuft. Mehr als vierzig Tage lang konnte die Mimose diese Erinnerung speichern (Mancuso, 2018, S. 26). Diese Gedächtnisleistung übertrifft jene von vielen Insekten.

Die Sinne der Pflanzen

Pflanzen sind demnach aktive Lebewesen und reagieren auf die Umwelt, doch wie können Pflanzen ihre Umwelt überhaupt wahrnehmen? Sie haben doch gar keine Sinnesorgane, oder vielleicht doch? Stefano Mancuso hat sich eingehend mit dieser Materie auseinandergesetzt.

Sehen

Pflanzen sind autotrophe Organismen, das heißt, sie können sich selbstständig durch Photosynthese ernähren, sind aber von Licht abhängig. *Sehen* bedeutet für Pflanzen also, auf Lichtunterschiede sinnvoll zu reagieren, damit sie sich optimal ernähren können. Sie können nicht nur Licht absorbieren und nutzen, sondern auch Lichtquantität und Lichtqualität beurteilen. Laut Daniel Chamovitz (3) haben Pflanzen elf verschiede Lichtsensoren, sieben mehr als das menschliche Auge.

Riechen

Auch Riechen ist eine wichtige Eigenschaft, um als Pflanze überleben zu können. Pflanzen riechen mit ihrem ganzen Körper, so als wären sie mit Millionen von Näschen übersät. An den Oberflächen der Zellen befinden sich Geruchsrezeptoren, die Geruchsinformationen an den gesamten Organismus weiterleiten. Die Rezeptoren muss man sich wie Schlösser vorstellen und die Düfte wie Schlüssel. Sie dienen der Kommunikation zu anderen Pflanzen oder zu Tieren.

Schmecken

Die Geschmacksorgane von Pflanzen bestehen aus verschiedenen chemischen Rezeptoren, mit deren Hilfe die Wurzeln im Boden nach Nährstoffen suchen. Das Wurzelwerk eines Baumes ist mindestens so groß wie seine Krone. Am Ende der Wurzeln sitzen Millionen haarfeiner Spitzen, die unerlässlich in Bewegung sind und nach Nahrung und Wasser suchen. Jede Wurzelspitze arbeitet und entscheidet dabei selbstständig. Sie erkennt nicht nur Nahrung, sondern auch Wurzeln von jungen Pflanzen, die ihrem eigenen Baumkörper entstammen, und sie können diese mit Zucker nähren, erklärt Frantisek Baluska. Schon Darwin vermutete, in den Wurzelspitzen sitze das Gehirn der Pflanzen und jede einzelne Wurzelspitze hätte ein Gehirn vergleichbar mit jenem der Regenwürmer.

Des Weiteren geht man davon aus, dass die Wurzeln untereinander kommunizieren (= Informationen austauschen) und sich abstimmen können, um den Boden möglichst effizient zu erkunden. Dies erinnert an das Schwarmverhalten von Vögeln und Fischen.

Fühlen und Hören

In der Welt der Pflanzen ist der Tastsinn eng mit dem Gehör verbunden. Auf der ganzen Pflanze verteilt, jedoch besonders in den Epidermiszellen (Zellen mit direktem Kontakt zur Außenwelt), befinden sich winzige Organe, sogenannte mechanosensible Kanäle, die als Rezeptoren fungieren. Wenn die Pflanze etwas berührt oder Schwingungen ausgesetzt ist, werden diese Organe aktiviert und die jeweilige Information wird übertragen. Während der Mensch als Schallträger die Luft verwendet, machen sich Pflanzen den Boden als Schallträger zunutze.

Pflanzen haben also vergleichbare Sinne wie wir Menschen. Sie können wie wir sehen, riechen, schmecken, hören und fühlen. Aber sie sind empfindsamer als wir, denn sie haben noch mindestens 15 weitere „Sinne". Unter anderem können sie den Feuchtigkeitsgehalt im Boden messen, haben einen Sinn für Schwerkraft und elektromagnetische Felder und vermögen, den Gehalt zahlreicher Stoffe in Luft und Boden zu bestimmen.

Denken wir zum Schluss wieder an die menschliche Gesellschaft.

> *Laut soziologischer Definition ist eine Gesellschaft eine durch unterschiedliche Merkmale zusammengefasste und abgegrenzte Anzahl von Personen, die als handelnde Akteure miteinander verknüpft leben und direkt oder indirekt interagieren. Sie leben unter bestimmten politischen, wirtschaftlichen und sozialen Verhältnissen zusammen.*

Langsam, aber sicher erkennen wir Menschen, dass die Waldgesellschaft von unserer Gesellschaft gar nicht so verschieden ist. Die Lebewesen im Wald agieren miteinander, halten sich an Regeln und gehen soziale und wirtschaftliche Beziehungen ein. Sie kennen Fürsorge für Schwache und Junge ihrer Art, in Krisenfällen zum Schutz der gesamten Gesellschaft sogar für andere Arten. Symbiosen kommen menschlichen wirtschaftlichen Abkommen gleich. Wissen wird in der Gemeinschaft bewahrt, untereinander geteilt und vielleicht sogar innerhalb der Art vererbt.

Der Gedanke, zwischen Mensch und Wald mehr das Verbindende als das Trennende zu sehen, stimmt mich versöhnlich. Denn am Ende ist der Mensch auch nur Teil der Natur.

Daniela Lackner ist Naturbloggerin. Website: www.baumgesellschaft.ch

Weiterführende Literatur
Stefano Mancuso: Pflanzenrevolution. Wie die Pflanzen unsere Zukunft erfinden, Antje Kunstmann Verlag GmbH, München, 2018

Stefano Mancuso: Die Intelligenz der Pflanzen, Antje Kunstmann Verlag GmbH, München, 2015

Daniel Chamovitz: Was Pflanzen wissen. Wie sie hören, schmecken und sich erinnern, Goldmann Verlag, 2019

Frantisek Baluska, Monica Gagliano, Guenther Witzany: Memory and Learning in Plants, Springer Verlag, 2018

Monica Gagliano: Thus Spoke The Plant. A remarkable journey of groundbreaking scientific discoveries and personal encounters with plants, North Atlantic Books, Berkeley, 2018

Suzanne Simard: Finding The Mother Tree. Discovering the Wisdom of the Forest, Alfred A. Knopf, New York, 2021

Peter Wohlleben: Das geheime Leben der Bäume. Was sie fühlen, wie sie kommunizieren – die Entdeckung einer verborgenen Welt, Ludwig Verlag, München, 2015

Aus der Achtsamkeit im Umgang mit den Menschen und dem Wald kann ein neues Verständnis für Mensch und Natur entstehen. Die EDSE-Methode nach Lorek zeigt im anschließenden Kapitel auf, welche Elemente für die Umsetzung der Achtsamkeit in eine professionelle Anleitung wichtig sind. Sie basiert auf drei Säulen: ethische Grundhaltung, achtsame Sprache und sorgfältiger Aufbau der Übungen und demzufolge auch des Angebotes.

Teil 2

Die EDSE-Methode nach Lorek

Shinrinyoku achtsam und professionell anleiten

Wie in Teil 1 erörtert, können die Umstände in unserer Umwelt eine Herausforderung für den einzelnen Menschen sein. Jede Person ist zusätzlich mit individuellen Herausforderungen konfrontiert. Deshalb ist es bei Kursangeboten wie Shinrinyoku und anderen Achtsamkeitsangeboten besonders wichtig, Entlastung zu bieten, weg von Bewertungen zu kommen und einen heilsamen Umgang miteinander zu pflegen.

Die hier beschriebene Methode ist im Laufe von über 35 Jahren Praxis herangereift. Sie wird von ausgebildeten Kursleitenden erfolgreich angewandt, laufend evaluiert und stetig weiterentwickelt. Sie ist einzigartig im Umfeld der Pädagogik und Erwachsenenbildung und bietet ein erprobtes und vielseitiges Instrument für Kursleitende. Die EDSE-Methode nach Lorek (die Abkürzung EDSE steht für *empathic dialogic self-efficacy*) bezeichnet die Fähigkeit einer Person, sich anhand der achtsamen Sprache auf einen empathischen Dialog mit einem Gegenüber einzulassen sowie Übungen einfühlsam, liebevoll und ressourcenorientiert anzuleiten, sodass die Selbstwirksamkeit angeregt wird. Mithilfe der achtsamen Sprache wird so kommuniziert, dass das Gegenüber gestärkt aus der Begegnung hervorgeht, eine tiefe Verbindung entsteht und gleichzeitig die Integrität und die Selbstbestimmung aller Beteiligten bewahrt werden – für ausgebildete oder zukünftige Kursleitende eine hilfreiche Art und Weise, erfolgreich und nachhaltig ihre Angebote anzuleiten.

Die EDSE-Methode nach Lorek beruht auf drei Säulen:

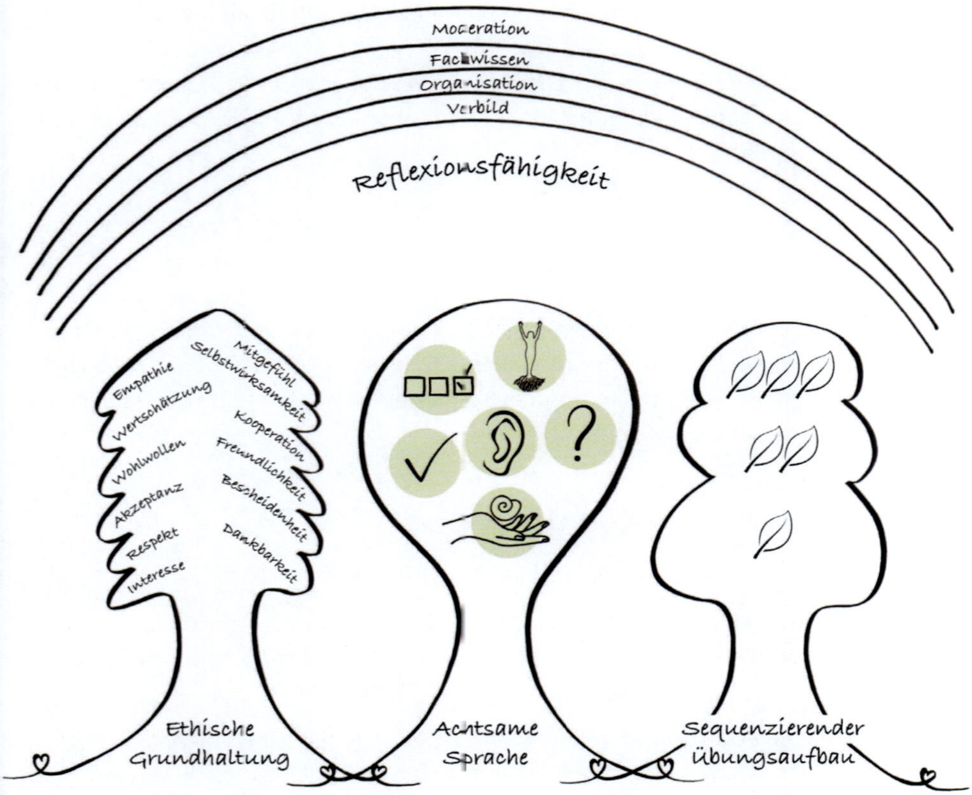

1. Ethische Grundhaltung
2. Achtsame Sprache
3. Sequenzierender Übungsaufbau

In dieser Grafik werden die für eine professionelle Anleitung von Shinrinyoku notwendigen fünf Kompetenzen in einem Regenbogen dargestellt, der wie ein Dach über den drei Säulen der EDSE-Methode steht. Dabei sind alle fünf Kompetenzen gleichermaßen wichtig. Nur wenn Säulen und Dach wie aus einem Guss zusammen funktionieren, können gelungene Waldbadenangebote entstehen.

In Teil 4 wird das Kompetenzmodell im Detail beleuchtet. Auf Seite 221 sind die fünf Bereiche Moderation, Fachwissen, Organisation, Vorbild und Reflexionsfähigkeit grafisch in einer fünfblättrigen Blume zusammengefasst – dies verdeutlicht die Einheit, die die verschiedenen Kompetenzen zusammen bilden. Mit einer Blume lässt sich dies übersichtlicher darstellen, deswegen der Wechsel vom Regenbogen zur Blume.

Wie die KL den TN begegnet, hängt von ihrer ethischen Grundhaltung ab.

Durch die achtsame Sprache schafft sie eine vertrauensvolle Atmosphäre, in der sich die TN den nötigen Raum für ihre persönlichen Erfahrungen nehmen und reflektieren können.

Der sequenzierende Aufbau der Übungen ermöglicht es den TN, sich leicht und selbstbestimmt einzulassen.

Nachfolgend werden die einzelnen Begriffe näher erläutert und Vorschläge für die Anwendung in der Praxis gemacht. Sollten Sie dieses Buch aus reiner Neugierde lesen und nicht als KL tätig sein, können Sie für den persönlichen Umgang mit ihren Mitmenschen ebenso profitieren.

EIN KURSLEITER BERICHTET

„Im November 2020 schloss ich die Ausbildung zum Shinrin Yoku / Waldbaden Kursleiter beim Waldbaden Institut Schweiz, unter der Leitung von Frau Zoë D. Lorek, ab.

Die dort vermittelte und erlernte Methode der achtsamen, wertschätzenden und ressourcenstärkenden Anleitung ist mir als selbstständiger Kursleiter eine große Hilfe bei meinen zahlreichen Kursen und individuellen Angeboten. Meine Teilnehmerinnen und Teilnehmer profitieren nachhaltig von dieser Methode. Es freut mich, dass die Rückmeldungen, die ich diesbezüglich erhalten darf, sehr positiv sind."

Jochen Keiber, zert. Shinrin Yoku / Waldbaden Kursleiter Schweiz.
Website: www.jochen-keiber.com

10 Ethische Grundhaltung

„Ich weiß,
dass ich nicht(s) weiß.“
Sokrates

Die erste hier beschriebene Säule der EDSE-Methode nach Lorek ist die ethische Grundhaltung. Die Auseinandersetzung mit der eigenen Grundhaltung ist die Voraussetzung für eine erfolgreiche Begegnung mit anderen Menschen. Der Begriff *Grundhaltung* bezieht sich auf die Anleitungskompetenz einer KL im Ethik-Kodex (Kap. 19) hingegen ist die Haltung der KL als Vorbild und Organisator:in enthalten.

Die beiden Begriffe *Ethik* und *Moral* werden häufig synonym verwendet. Der Begriff *Moral* wird im allgemeinen Sprachgebrauch oft in einem bewertenden und verurteilenden Kontext gebraucht. In diesem Buch verwende ich den Begriff *Ethik*, weil er breiter gefasst ist und sich deswegen eher eignet. Mit Ethik ist hier gemeint, dass sich die KL an humanistischen Grundwerten orientiert: Der Mensch steht mit seinem einzigartigen Wesen und seiner Würde im Mittelpunkt. Die Anerkennung der Ebenbürtigkeit und der Rechte aller Menschen, unabhängig von Geschlecht, Rasse, Religion oder anderen Eigenschaften, ist der Grundpfeiler der humanistischen Haltung. Die Entfaltung und die Entwicklung des individuellen Potenzials stehen genauso im Mittelpunkt wie das kritische Denken.

Für eine KL ist es wichtig zu ergründen, was sie über sich selbst und über die Menschen um sie herum denkt. Die entsprechende Grundhaltung fließt in alle Handlungen der KL ein.

Die ethische Grundhaltung einer kompetenten KL im Setting von achtsamen Angeboten basiert auf folgenden definierten Werten:

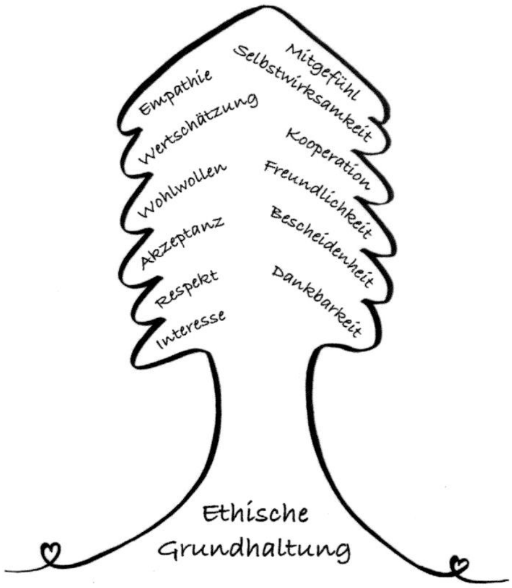

10.1 Interesse zeigen

Jeder Mensch ist einzigartig und bringt unabhängig von Alter und Herkunft eigene Erfahrungen und spezielles Wissen mit. Für eine kompetente KL ist das Gegenüber immer wieder aufs Neue interessant. Damit ist nicht invasive Neugierde gemeint, sondern offenes, wahrhaftiges und zugleich zurückhaltendes Interesse für den Mitmenschen. Wenn sich TN offenbaren, sei dies subtil oder auch direkter, ist dies auch immer ein Vertrauensbeweis. Sie geben etwas von sich persönlich preis und exponieren sich. Diesem Vertrauen gilt es Sorge zu tragen.

10.2 Respekt erweisen

Unabhängig von Herkunft, Alter, Geschlecht und Aussehen begegnet die KL jedem Menschen mit Respekt. Das Wort *Respekt* bedeutet auch Achtung. Nicht gemeint ist damit die übersteigerte Form, wie sie gegenüber hohen Würdeträgern gezeigt wird. Was unter Respekt verstanden wird, ist von Kultur zu Kultur verschieden. Dessen muss sich die KL bewusst sein. Respekt beinhaltet meiner Meinung nach aber immer das achtsame Verhalten gegenüber allen Wesen und Arten. Tiere, Bäume und andere Pflanzen, aber auch der Boden und die Erde, das Wasser und die Steine verdienen gleichermaßen Respekt.

10.3 Akzeptanz leben

Akzeptanz entsteht dadurch, dass die Aussagen und Wahrnehmungen des Gegenübers interpretationslos, wertfrei und vor allem kommentarlos anzuerkennen sind. In Gesprächen ist die Versuchung groß, nach einer Erzählung des Gegenübers noch einen Kommentar zu platzieren oder assoziativ eine Geschichte aus dem eigenen Repertoire zu erzählen. Wenn sich die KL darüber im Klaren ist, dass dies gar nicht notwendig ist, wird sie auch entlastet. Akzeptanz meint auch, dass die KL eine gewisse Spannung aushalten kann, wenn sie nicht derselben Ansicht ist.

10.4 Wohlwollen und Wertschätzung entgegenbringen

„Behandle die Menschen so, als wären sie,
was sie sein sollten, und du hilfst ihnen zu werden,
was sie sein können."

Johann Wolfgang von Goethe

Die wohlwollende Grundhaltung ist eine Grundvoraussetzung für positive Begegnungen. Wer von der guten Absicht des Gegenübers ausgeht, aktiviert zudem die selbsterfüllende Prophezeiung – bei sich selbst und beim Gegenüber. In der Begegnung mit Menschen bleibt manches vie leicht unverstanden, weil jede Person eine andere Befindlichkeit und Sensibilität mitbringt. Dennoch kann mit Aussagen und Befindlichkeiten wertschätzend umgegangen werden.

10.5 Empathie und Mitgefühl praktizieren

Auf den ersten Blick scheinen die beiden Begriffe dasselbe auszudrücken. Es gibt zwischen Empathie und Mitgefühl aber einen kleinen, feinen Unterschied, der in den nachfolgenden Kapiteln erläutert wird.

10.5.1 Empathie

Um sich in eine Person hineinfühlen zu können, müssen die Bedürfnisse des Gegenübers erkannt werden. Auch wenn die KL ganz andere Bedürfnisse hat und etwas nicht nachvollziehen kann, versucht sie dennoch, sich in die andere Person hineinzuversetzen. Empathie bedarf keiner Aktivität und kann den Willen zu einer Grundhaltung ausdrücken.

GUT ZU WISSEN: EMPATHIE

Das Lexikon der Psychologie (Dorsch, 2017, S. 474) definiert Empathie als die Fähigkeit und Bereitschaft eines Menschen, Empfindungen, Emotionen, Gedanken, Motive und Persönlichkeitsmerkmale einer anderen Person zu erkennen, zu respektieren und nachzuempfinden.

Wie kann Empathie entwickelt werden? An erster Stelle durch gutes Zuhören und Nachfragen. Wer sich darin übt, kann erkennen, dass Realität von jeder Person anders wahrgenommen wird. Die nachfolgende Grafik illustriert, was mit der Wahrnehmung unterschiedlicher Realitäten gemeint ist.

Die Abbildung zeigt sechs Personen, die einen Elefanten an verschiedenen Stellen berühren. Die Person, die das Ohr des Elefanten in der Hand hält, nimmt etwas ganz anderes wahr als die Person bei den Stoßzähnen. Das Bein fühlt sich nicht gleich an wie der Schwanz und der Rüssel nicht gleich wie der Bauch. Jede Person würde von einer anderen Wahrnehmung erzählen und doch berühren alle denselben Elefanten. Das Bild verdeutlicht, wie unterschiedlich die Realität von den Menschen wahrgenommen wird. Jeder Standpunkt und jede Wahrnehmung ist individuell und entspricht der eigenen Wahrheit. Würden die Personen ihre Plätze tauschen, könnten sie beginnen, die anderen zu verstehen. Im Zusammenhang mit der EDSE-Methode nach Lorek ergibt sich daraus die Erkenntnis, dass die KL ihre eigenen Wahrnehmungen und Erfahrungen nicht als die einzig richtigen verstehen darf und sich vielmehr in die unterschiedlichen Positionen, Meinungen und Wahrnehmungen einfühlen soll. Oder zumindest versucht, sich einzufühlen.

☆ Inspirationsbuch

Das nächste Kapitel geht genauer auf den Begriff *Mitgefühl* ein.

10.5.2 Mitgefühl und Selbstmitgefühl

> *„Einfühlsamkeit ist ein Fluss zwischen mir und anderen, der auf gegenseitigem Geben von Herzen beruht.“*
> Marshall B. Rosenberg

Mitgefühl beinhaltet den Wunsch, etwas für das Wohlbefinden des anderen zu tun. Natürlich ist das nicht immer möglich. Wichtig ist aber, dass die KL den Raum (manchmal auch Schweigen) halten kann, ohne dass sie sich selbst in den Vordergrund stellt. Sich ganz auf das Gegenüber einzulassen, ohne zu manipulieren oder die eigene Meinung aufzudrängen, ohne direktiv einzugreifen oder die andere Person beeinflussen zu wollen, das ist eine echte Herausforderung. Anfangen können Sie bei sich selbst.

Denn: Das tiefe Verständnis für ein Gefühl kann die KL auch sich selbst gegenüber, also mit dem Selbstmitgefühl, praktizieren. Sich in Selbstmitgefühl zu üben, erleichtert es einem wiederum, sich in die Lage anderer zu versetzen. Der Begriff *Selbstmitgefühl* kommt einem in letzter Zeit eher mal zu Ohren, und er wird aus meiner Sicht zukünftig in Zusammenhang mit einem wohlwollenden Umgang mit sich selbst und anderen an Bedeutung gewinnen. So hat beispielsweise das Max-Planck-Institut für Kognitions- und Neurowissenschaften in Leipzig ein multimediales E-Book erstellt, das sich diesem Thema widmet und kostenlos bezogen werden kann.

10.6 Selbstwirksamkeit umsetzen

Eine erwachsene Person weiß selbst am besten, was für sie gut ist; davon geht auch die Kursleitung aus. Als außenstehende Person kann nur erahnt werden, wie sich etwas bei einer anderen Person anfühlt. Das Bestreben einer KL ist es immer, die TN in ihre Selbstwirksamkeit zu führen oder sie darin zu bestärken. Es geht ganz und gar nicht darum, die TN zu bestimmten Gefühlen, Gedanken oder Haltungen zu verleiten. Somit ist die KL auch ein Stück weit davon entlastet, Verantwortung für die Gefühle der TN übernehmen zu müssen, sofern sie alles für eine wertschätzende Atmosphäre getan hat. Die KL nimmt jede Person als für sich selbst verantwortlich wahr und gestaltet die Anleitungen auf Basis der achtsamen Sprache (Kap. 11).

10.7 Kooperation ermöglichen

Die KL hat zweifelsfrei die Leitung inne. Dennoch ist der Einbezug des Wissens und der Kompetenzen der TN wichtig. Nur wenn sich die Menschen einer Gruppe gegenseitig unterstützen, können positive und nachhaltige (Lern-)Erfahrungen gemacht werden.

10.8 Freundlichkeit vorleben

„Der kürzeste Weg zwischen zwei Menschen ist ein Lächeln."
aus China

Ein Lächeln sorgt sowohl beim Gegenüber wie auch bei sich selbst für gute Laune und ist ansteckend. Es ist die einfachste Art, mit einem Menschen in Verbindung zu treten. Zudem wirkt sich ehrliches Lächeln und Lachen stärkend auf das Immunsystem aus.

10.9 Bescheidenheit üben

Der Umgang mit Menschen braucht (nebst anderem) Neugierde, Klarheit und eine gewisse Bescheidenheit. Dass Klarheit und Neugierde gefragt sind, ist nachvollziehbar. Aber Bescheidenheit? Diese erscheint im Zeitalter des Präsentationszwangs und Hervorhebens der eigenen Superkräfte nicht gerade allzu attraktiv. Warum also sollte sich die KL im Umgang mit Menschen in Bescheidenheit üben? Die Grundlage der Bescheidenheit ist die realistische Einschätzung des eigenen Selbst. Sind wir in der Haltung der Bescheidenheit, dann überhöhen wir unsere eigenen Stärken nicht, wir leugnen sie aber auch nicht. Sich in Bescheidenheit zu üben, bedeutet auch, sich gleichzeitig auf die Selbstfürsorge (Kap. 7.2) zu achten.

Bescheidenheit kann zudem auch zu Dankbarkeit führen.

10.10 Dankbarkeit ausdrücken

Erwiesenermaßen verbessert Dankbarkeit das Lebensgefühl und die Zufriedenheit. Sie ist Teil der Achtsamkeitspraxis und ist eine Frage der Einstellung. Dankbarkeit kann einfach umgesetzt werden, indem Sie zum Beispiel aktiv jeden Morgen mit einem *Danke* aufstehen. Sie haben es selbst in der Hand, ob Sie sich auf die Misserfolge konzentrieren oder sich die positiven Lebensereignisse vor Augen führen. Ein morgendliches (oder auch abendliches) Dankesagen unterstützt die Empathie, das Wohlwollen und die Freundlichkeit für sich selbst und andere. Lebt die KL Dankbarkeit in ihrer Rolle als Vorbild vor (Kap. 16.4 *Vorbild*), können auch die TN davon profitieren.

☆ Inspirationsbuch

11 Achtsame Sprache

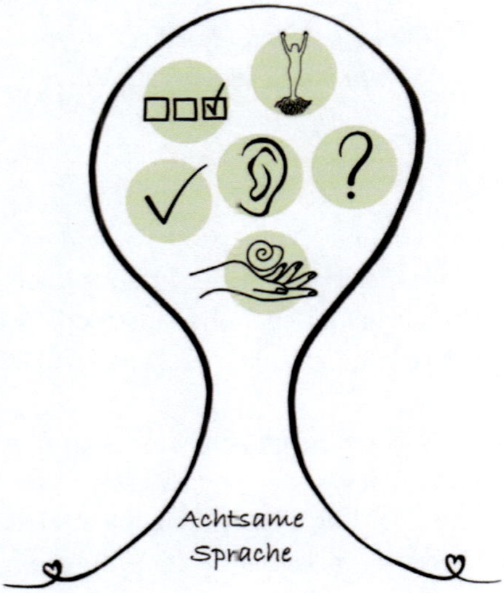

Die zweite Säule der EDSE-Methode nach Lorek ist die achtsame Sprache. Doch was ist das genau? Und wie wird sie von der KL im Kontext von Waldbaden- und anderen Achtsamkeitskursen eingesetzt?

Der wichtigste Akt der achtsamen Sprache ist das aktive Zuhören. Deshalb ist in der obigen Grafik das Ohr im Mittelpunkt platziert. Aktives Zuhören beinhaltet, dem Gegenüber genügend Raum zu geben, so dass es sein Anliegen, seine Gedanken und seine Gefühle ausformulieren kann. Das aktive Zuhören basiert auf fünf Prinzipien (im Uhrzeigersinn der Grafik):

- Fokus auf die Stärken und Ressourcen des Gegenübers
- Fragen stellen, nachfragen, Interesse am Menschen und seinen Anliegen zeigen
- Bedürfnisse des Gegenübers wahr- und ernst nehmen sowie ansprechen
- Akzeptanz und Respekt gegenüber der Selbstverantwortung des Gegenübers – das Prinzip der Selbstwirksamkeit beachten
- Angebote machen und Auswahlmöglichkeiten bieten; dabei kann auch etwas *nicht* gewollt und *nicht* gespürt werden – nach dem Prinzip der Freiwilligkeit. Angebote werden in der Möglichkeitsform formuliert.

„Wer nicht einen Mond lang
in den Mokassins des anderen gegangen ist,
kennt ihn nicht wirklich."
Indianische Weisheit

Manche Menschen sprechen intuitiv. Damit ist gemeint, dass sie sich nicht bewusst überlegen, welche Worte sie wählen, um etwas auszudrücken. Demnach überlegen sie auch nicht, was diese Worte beim Gegenüber auslösen. Eine schnell dahingesagte Bemerkung kann aber tiefere Spuren hinterlassen als eine längere Diskussion.

Die Tendenz, Sprache in Kurzform und im konträren Sinn zu benutzen, ist in gewissen Gruppierungen üblich und ein Modetrend. Wie zum Beispiel der Ausdruck „he Dicker". Wer nicht weiß, dass der Begriff *Dicker* eigentlich *Freund* meint, könnte von einer diskriminierenden Aussage ausgehen. Es gibt durchaus Menschen, die eine Aussage wörtlich nehmen. Dazu gehören auch Menschen mit Störungen aus dem Autismus-Spektrum. Sie möchten diesen Teil ihrer Persönlichkeit vielleicht nicht offenbaren oder wissen nicht, dass sie betroffen sind.

So sind Missverständnisse, Konflikte, Verletzungen und somit Stress vorprogrammiert. Was bedeutet dies im Kontext der Waldbadenkurse? Die KL muss besonders auf ihre eigene Sprache achten und diese immer wieder überprüfen. Dabei helfen die ethische Grundhaltung, Kenntnisse der gewaltfreien Kommunikation (GFK) nach Rosenberg (vgl. unten) sowie der traumasensitiven Achtsamkeit nach Treleaven (Kap. 9.3), die konsequente Anwendung der achtsamen Sprache und die Fähigkeit zur Selbstreflexion (Kap. 16.5).

Das wichtigste Ziel eines Waldbadenkurses ist das Ermöglichen von Entspannung. Entspannung wiederum ist Voraussetzung für Regeneration. Aufgrund der individuellen Befindlichkeiten der TN bedarf es besonderer Sorgfalt im Umgang mit der Sprache. Unvorsichtig formulierte Sätze wühlen möglicherweise unnötig auf. Auch wenn sich die TN gesund fühlen, bedeutet dies nicht, dass durch die Art der Anleitung keine negativen Erlebnisse aktiviert werden, denn Worte wirken. Monika Leitner geht in ihrem Gastartikel *Worte wirken* zum Schluss dieses Kapitels ebenfalls näher auf die Macht der Sprache ein.

GUT ZU WISSEN: GEWALTFREIE KOMMUNIKATION

Marshall B. Rosenberg hat das Modell der gewaltfreien Kommunikation (GFK) entwickelt, dessen Anwendung ermöglichen soll, eine empathische Haltung der Wertschätzung sich selbst und anderen gegenüber zu entfalten. Er geht davon aus, dass wir uns durch bestimmtes Kommunikationsverhalten von unserer Einfühlsamkeit entfremden. Dies passiert aufgrund von moralischen Urteilen, Schuldzuweisungen, Vorurteilen, Vergleichen, Verurteilung, Leugnen der Verantwortung für sich selbst und für die eigenen Gefühle, das Erteilen von Ratschlägen, Bewertungen sowie auch wertendes Loben. Er ermuntert uns dazu, unsere Gefühle zu überdenken und unseren Gefühlswortschatz durch Benennung der Gefühle zu erweitern. Dazu hat er Listen mit entsprechenden Ausdrücken erstellt.

Rosenberg lädt in seinem Grundmodell dazu auf, eine Situation nach einem bestimmten Ablauf zu analysieren: Beobachtung, Gefühl, Bedürfnis und Wunsch/Bitte. Er weist darauf hin, dass die Gefühle eine Brücke zu den Bedürfnissen und Bedürfnisse nicht verhandelbar sind.

Die GFK wird häufig bei Konflikten, in der Mediation oder beim Lösen von Unstimmigkeiten eingesetzt. Beim Waldbaden hilft die GFK, die Bedürfnisse des Gegenübers wahrzunehmen und wohlwollend zu reagieren. Hilfreich ist dies bei Missverständnissen oder in anderen schwierigen Situationen.

Oft werden die Begriffe *Gefühl* und *Emotion* synonym verwendet, siehe dazu auch Kapitel 11.5.4.

☆ Inspirationsbuch

Bedient sich die KL der achtsamen Sprache, die sie immer wieder auf Zurückhaltung und entspannende Wirkung überprüft, sorgt sie dafür, dass sich die TN ungeachtet ihres mitgebrachten Gemütszustandes und ihrer vergangenen Erfahrungen bestmöglich erholen können.

HINWEIS: ACHTSAMES SPRECHEN ÜBEN

Das Sich-Hineinfühlen in die TN wird also durch die Art und Weise, wie die KL die Sprache benutzt, spür- und hörbar. Es empfiehlt sich, dass die KL eigene Worte und Anleitungen findet, um die Achtsamkeit in der Sprache zu üben und zu praktizieren. Es kann Sicherheit geben, sich gut vorzubereiten: die Anleitung notieren und sich selbst laut vorlesen, eventuell eine Tonaufnahme machen und diese auch von anderen kommentieren lassen.

Wichtig in der Anleitung ist, dass sich die KL an ihrer Grundhaltung orientiert. Deshalb werden die TN selten direktiv angesprochen. Die KL wählt neutrale, wertungsfreie Formulierungen. Die Anregungen können der Gruppe als Information vermittelt werden, auch Fragen sind möglich.

Auf Basis der ethischen Grundhaltung der KL kann ein empathischer Dialog entstehen. Dies bedeutet, dass sowohl die KL als auch die TN einander aussprechen lassen und zuhören. Zudem kann die einzelne Person von den Aussagen anderer oft eigene Erkenntnisse gewinnen.

Wie die achtsame Sprache konkret umgesetzt wird und welche Formulierungen damit gemeint sind, zeigen die nächsten Kapitel detailliert auf. Wenn Sie diese Art der achtsamen Sprache noch weiter vertiefen wollen, empfehle ich eine entsprechende Ausbildung, in der Sie von Ihren Mentor:innen – hoffentlich achtsam und ressourcenorientiert – begleitet und gespiegelt werden. Denn etwas gehört zum Lernprozess dazu: üben, üben, üben. Und natürlich Ihre Selbstreflexion (Kap. 16.5.1).

Sie werden nun im nachfolgenden Praxisteil viele Anwendungen lesen, die auf der Basis der ethischen Grundhaltung und der achtsamen Sprache aufbauen. Fühlen Sie sich frei, die Formulierungen für sich selbst zu ändern. Das Wichtigste ist, dass Sie sich einen Wortschatz der achtsamen Sprache zulegen und diesen auch immer wieder überdenken und anpassen.

AUS DER PRAXIS

„Muss ich jetzt immer so sprechen?“, fragte mich eine Waldbaden-Berufskollegin, der ich das Konzept der achtsamen Sprache vorgestellt habe.

Die empathische Sprechweise kann die KL zu Beginn verunsichern, weil sie nicht gewohnt ist, auf diese Weise zu kommunizieren. Dies ist gut nachvollziehbar, denn es braucht Wissen und Vorarbeit. Die Sätze werden bei der achtsamen Sprache in der Regel auch etwas länger. Die KL muss sich selbst sehr zurücknehmen und befürchtet vielleicht, inkompetent zu wirken.

Als KL stehe ich unter besonderer Beobachtung. Immer wieder erhalte ich Rückmeldungen zu meiner Art und Weise des Unterrichtens. Dabei haben mir die TN schon häufiger gesagt, ich sei die ruhigste Person, die sie kennen. Allerdings stimmt dies nur situationsbedingt: Ich bin auch eine sehr temperamentvolle und manchmal laute Person, denn meine Stimme ist kräftig und trainiert durch Stimmtraining. Wie kommt es also zu diesen Rückmeldungen?

In den Waldbadenkursen praktiziere ich die achtsame Sprache – dies tue ich sehr bewusst aus Erkenntnis und Erfahrung heraus und zum Wohle aller TN. Bei den Waldbadenerlebnissen geht es nicht um mich, sondern um die TN. Sie sollen sich entspannen und ein erfüllendes Walderlebnis erfahren. Mir fällt der Rollenwechsel von der dynamischen Privatperson zur ruhigen KL leicht, weil er für die TN enorm gewinnbringend ist.

Meine Antwort an meine Kollegin war: „Ich empfehle den KL, in den Waldbadenkursen immer in achtsamer Sprache sprechen und auf einen empathischen Dialog Wert zu legen. Weil erst dann Achtsamkeit im Wald eine Bedeutung erhält.“

11.1 Einladungen aussprechen

Einladungen sind die freundlichste Art, etwas anzubieten. Die eingeladene Person kann das Angebot annehmen oder höflich ablehnen. Deshalb haben Einladungen immer den Aspekt der Freiwilligkeit. Die hier empfohlenen Sätze sind zurückhaltend und in der Möglichkeitsform formuliert, um die freiwillige und selbstbestimmte Teilnahme von Seiten der TN zu gewährleisten.

Zu Beginn eines Kurses muss die KL abklären, ob die TN mit du oder mit Sie angesprochen werden möchten. Ich habe mich hier für die Du-Version entschieden, weil meiner Erfahrung nach die TN diese Anrede in der Regel bevorzugen.

AUSPROBIEREN: EINLADUNG AUSSPRECHEN

Ich lade dich ein ... Vielleicht möchtest du ... Vielleicht magst du ... Wenn du magst ... Wenn dir danach ist ... Ich schlage vor ... Wenn du Lust hast ...

Oder:
Du entscheidest ... Du kannst wählen ... Du bestimmst ...
Es gibt kein Richtig oder Falsch ...

11.2 *Salatbüffet* – Varianten bieten

Stellen Sie sich vor, Sie sind in einem wunderbaren Hotel an Ihrem Lieblingsort. Das Servicepersonal bringt Ihnen einen Kohlsalat. Das Hotel hat entschieden, dass Kohlsalat am besten passt, weil er günstig und gesund ist. Schließlich wurde das Thema kürzlich von den Medien aufgegriffen und die Küche möchte mit der Zeit gehen. Es gibt nur ein Problem: Sie haben eine Unverträglichkeit und mögen Kohl nicht mal riechen. Tja, was machen Sie nun? Lehnen Sie dankend ab? Essen Sie den Kohlsalat trotzdem und nehmen einen ruinierten Abend in Kauf? Verlangen Sie einen anderen Salat?

Wie wäre es, wenn Ihr Hotel ein Salatbüffet anbietet, bei dem Sie ganz eigenständig auswählen können, welchen Salat Sie essen wollen? Ganz ohne sich schlecht zu fühlen und einen „Minuspunkt" wegen Ihrer Sensibilität einzuholen – ob real oder nur in Ihrer Vorstellung.

Das Salatbüffet steht symbolisch für die Anleitung einer Übung. Auswahlmöglichkeiten und Varianten unterstützen die Selbstverantwortung, Selbstbestimmung und Selbstwirksamkeit der TN. Die Tatsache, dass etwas auf ganz verschiedene Arten ausgeführt werden kann, beruht in der unbestreitbaren Individualität der Menschen.

Wahlmöglichkeiten können sich zum Beispiel auf Variationen im Rhythmus und Tempo, in der Intensität und der Zeitdauer beziehen. Eine Anleitung, die dies berücksichtigt, integriert die traumasensitive Achtsamkeit, was eine große Entlastung für sensible und hochsensible Menschen schaffen kann.

AUSPROBIEREN: AUSWAHLMÖGLICHKEITEN ANBIETEN

Beispiel: „Vielleicht möchtest du die Bewegung langsamer ausführen, vielleicht aber auch schneller. Beobachte, welches Tempo im Moment das Passende ist."

Auch mögliche Veränderungen können angesprochen werden: „Vielleicht spürst du eine Veränderung in dieser Übung/Position? Es ist möglich, ein Kribbeln, Wärme oder Kälte, etwas anderes oder auch gar nichts zu spüren."

Wichtig: Das Nicht-Spüren ist als Variante einzubeziehen: „Es ist auch möglich, dass du gerade nichts oder wenig spürst, und das ist okay." Diesen Satz bezeichne ich als *Zaubersatz*, denn er bringt für manche TN sehr viel Entlastung.

Damit Varianten überhaupt mit einer achtsamen Anleitung integriert werden können, ist es unabdingbar, dass die KL eine Waldbadenübung vorgängig ausprobiert. Eine Inspirationsquelle für Varianten sind auch TN, die eine Übung von sich aus anders als vorgesehen machen. Die KL kann dies in ihr Variantenrepertoire aufnehmen und in der Anleitung als weitere Möglichkeit integrieren.

11.3 Achtsame Sprache beim Austausch anwenden

Das Potenzial des Waldbadens hängt im Wesentlichen davon ab, wie die KL die Begegnung und den Austausch unter den Menschen im Kurs gestaltet. Die EDSE-Methode nach Lorek sieht vor, dass nach einer Übung – falls passend – ein Austausch im Plenum stattfindet. Bei diesem Austausch geht es darum, dass die Anwesenden die anderen TN an den eigenen Erlebnissen teilhaben lassen können. Die wertvollen Erkenntnisse der Einzelnen bereichern die Begegnung der TN mit den zu Beginn fremden Menschen und ergänzen das eigene Erleben. Somit wird ein achtsamer und empathischer Dialog möglich.

GUT ZU WISSEN: UNTERSCHIED ZWISCHEN SHARING UND AUSTAUSCH

In einigen Büchern mit dem Thema Waldbaden wird der Begriff Sharing (z. B. Schatanek, 2015) genannt. Sharing (engl.) wird hauptsächlich mit *teilen* übersetzt[19]. In Waldbadenkursen ist mit Sharing gemeint, dass die TN nach einer Übung im Plenum ihr Erleben mitteilen.

Ich selbst bevorzuge den Begriff *Austausch*. Das Wort gibt meiner Meinung nach wieder, dass es sich um einen Dialog handelt. Im Waldbadenkurs tauschen die TN dabei ihre Eindrücke aus. Dieser Austausch ist jeweils ein sehr wichtiger Moment, da während den Übungen häufig geschwiegen wird. Er ermöglicht den TN, sich auf unverbindliche Art und Weise auf fremde Menschen einzulassen.

Ein Austausch findet durch aktives Zuhören sowie eine empathische, wertfreie und wohlwollend interessierte Haltung von Seiten der KL statt. Deshalb ist er ein wichtiges Element der EDSE-Methode nach Lorek.

Ein Austausch unter den TN kann Folgendes bewirken:

- Die eigenen Gedanken klären sich, wenn das Erlebte formuliert und ausgesprochen wird.
- Die Wahrnehmung schärft sich beim Prozess des Bewusstwerdens.
- Die TN bekommen Sicherheit in Bezug auf ihre eigene Wahrnehmung, denn oft gibt es in der Gruppe Gemeinsamkeiten. Sie können eine Form des Verständnisses und der Empathie erfahren.
- Es entsteht das Gefühl der Verbundenheit, dabei müssen die TN gar nicht viel von sich persönlich erzählen. Der gemeinsame Fokus ist die Erfahrung im Wald und in der Natur.
- Die TN erleben Anteilnahme, Teilnahme und ein Teilhaben, was sie meistens als bereichernd erleben.
- Die TN erleben (vielleicht zum ersten Mal), dass ihnen zugehört wird.

Ein Austausch muss nicht nach jeder Übung stattfinden. Die KL entscheidet, wann und wie dies sinnvoll ist: im Plenum, paarweise oder in Kleingruppen. Die KL kann auch vorgeben, worüber sich die TN austauschen sollen. Es darf durchaus der Hinweis gegeben werden, sich auf das Thema zu fokussieren, wertfrei zu bleiben oder auch einmal zu schweigen (Kap. 8.4 *Schweigen*).

Wichtig ist, dass die KL bereits vor der Übung klar kommuniziert, dass anschließend ein Austausch vorgesehen ist, falls dies so ist. Um den TN den Übergang von der Übung zum Austausch zu erleichtern, kann die KL vorab den Ort des Austauschs bekannt geben und die TN dann mit einem akustischen Signal zum Austausch bitten.

Sind alle TN zum Austausch eingetroffen, wählt die KL zur Moderation diejenige Formulierung, die sich für sie am besten anfühlt. Nachfolgend sind einige Formulierungshilfen aufgeführt. Beachten Sie, dass alle etwas ähnlich klingen und doch verschieden sind.

AUSPROBIEREN: EINLEITUNG ZUM AUSTAUSCH

„Gibt es eine Erfahrung, die du gerne mit der Gruppe / den anderen teilen möchtest?“

„Wer möchte die eigene Erfahrung mit der Gruppe teilen?“

„Wer möchte die Gruppe an der eigenen Erfahrung teilhaben lassen?“

„Wer möchte die eigene Erfahrung mit den anderen teilen?“

„Wer möchte etwas zur vorherigen Übung und zum eigenen Erleben sagen?“

„Vielleicht möchtest du die anderen daran teilhaben lassen an dem, was du erlebt hast.“

„Ich lade dich ein, dich jetzt mit einer Person / zwei weiteren Personen zusammenzutun. Untereinander könnt ihr euch über das Erlebte austauschen.“

„Hast du vielleicht eine besondere Erfahrung gemacht, die du gerne teilen möchtest?“

„Wie geht es dir gerade jetzt?“

Und die wichtigste Aussage:

„Wenn du nichts sagen möchtest, darfst du gerne schweigen, und das ist okay. Ich werde jede Person kurz anblicken, um sicher zu sein, dass alle etwas sagen konnten, die etwas erzählen wollten. Ich bitte dich, mir mit einem Kopfschütteln zu signalisieren, wenn du schweigen möchtest.“

Aussagen der TN dürfen nie interpretiert werden. Die achtsame Sprache lässt es nicht zu, die Wahrnehmung der TN anzuzweifeln oder zu beurteilen. Von den möglichen achtsamen Reaktionen handelt dann das nächste Kapitel.

Nachfolgend ein paar Aussagen, die zu vermeiden sind:

TIPP: SO NICHT

Diese Bemerkungen sind Beurteilungen und sollen so **nicht** ausgesprochen werden:

„Sehr schön!"

„Das hast du großartig gemacht."

„Ja, das ist wirklich traurig."

„Das ist übrigens keine Buche, sondern eine Eiche."

„Schade, dass du dich nicht einlassen konntest."

Und Ähnliches.

11.4 Achtsam reagieren

Wie soll die KL auf Aussagen von TN reagieren? Es gibt hierzu ein einfaches Rezept: so wenig wie möglich, so viel wie notwendig. Nicht immer muss etwas kommentiert werden, nicht jede Aussage braucht eine Antwort. Die KL hat die Wahl, je nach Situation. Die nachfolgenden Vorschläge beinhalten die ganze Bandbreite, von einfachen bis komplexen Antwortmöglichkeiten.

Für mich selbst ist es dienlich, dass ich mir ein Repertoire an Antwortvarianten erarbeitet habe. Der Fokus bleibt auf der ethischen Grundhaltung. Mit der Selbstreflexion lässt sich überprüfen, wo Verbesserungspotenzial besteht.

„Danke."

Mit einem einfachen *„Danke"* kann die KL ein geteiltes Erlebnis annehmen. Dieses Wort weist auf Dankbarkeit hin. Dankbarkeit entsteht aus der Erkenntnis, dass gerade ein Geschenk überreicht wurde, nämlich das Geschenk des Einblicks in die Gedanken einer (mir unbekannten) Person. Das ist niemals selbstverständlich – auch wenn die KL über das Gesagte anderer Meinung ist als die TN – und deshalb darf Dankbarkeit entstehen. Das Dankesagen ist eine Form der Anerkennung für das Teilen einer Wahrnehmung. Das vorurteilsfreie Annehmen einer Aussage kann anderen, eher zurückhaltenden und scheuen TN Mut machen, sich auch mitzuteilen.

Aussage wiederholen

Indem die KL die Aussage der TN wiederholt, kann sie sich besser in die Person hineinversetzen. Es ist eine mögliche Form, Empathie zu pflegen. Durch die Wiederholung der Worte fühlen sich die TN eher verstanden und aufgehoben.

AUSPROBIEREN: PASSENDE EINLEITUNGSSÄTZE ZUM WIEDERHOLEN EINER AUSSAGE

„Habe ich richtig verstanden, dass …?“

„Ich habe gehört, dass …“

„Ist es richtig, dass …?“

Die Wiederholung signalisiert Wertschätzung und meint: „Ich habe verstanden, was du gesagt hast.“ Dies schafft Vertrauen. Ist die Person mit der Wiederholung ihrer Aussage nicht einverstanden, kann sie das Gesagte präzisieren oder korrigieren.

Paraphrasieren

Im Gegensatz zur Wiederholung, bei der etwas Wort für Wort wiedergegeben wird, ist das Paraphrasieren eine Umschreibung des Gehörten. Eine Aussage mit den eigenen Worten zu umschreiben, erfordert besondere Vorsicht. Manchmal kann ein einziges unpassendes Wort den Ausschlag dazu geben, dass sich eine Person unverstanden fühlt. Paraphrasieren ist aber vor allem dann sinnvoll, wenn gemeinsam nach den richtigen Worten gesucht wird. Entsteht ein Konsens, kann eine Verbundenheit entstehen, auch wenn KL und TN nicht gleicher Meinung sind.

Bedürfnis erkennen und ansprechen

Diese Technik basiert auf der GFK und erfordert Fingerspitzengefühl. Denn die KL weiß letztendlich nicht, ob ein Bedürfnis und welches hinter einer Aussage steht. Beim aktiven Zuhören achtet die KL speziell auf ein mögliches dahinterstehendes Bedürfnis der TN. Wenn eine teilnehmende Person zum Beispiel ein Gefühl des Unwohlseins beschreibt, kann gezielt nach dem aktuellen Bedürfnis gefragt oder eine Vermutung geäußert werden.

AUSPROBIEREN: SORGFÄLTIGES ERFRAGEN VON BEDÜRFNISSEN

„Ich meine gehört zu haben, dass du das Bedürfnis nach … (Bedürfnis) in dir spürst/gespürt hast. Trifft das zu?“

„Was wünschst du dir gerade in diesem Moment?“

„Möchtest du vielleicht … (Bedürfnis ansprechen, z. B. Wasser trinken, ein Taschentuch, einen Moment sitzen, kurz alleine sein, anderes)?“

„Könnte es sein, dass du das Bedürfnis nach … hast/hattest?“

11.5 Zur Präsenz einladen

Wer von sich erzählt, kann ab und zu in Assoziationen hängenbleiben. Es braucht ein wenig Übung, sich auf die Gegenwart zu fokussieren und präsent zu bleiben. Gewöhnlich bewegen sich die Gedanken zwischen Vergangenheit und Zukunft und eher selten im Hier und Jetzt. Gefühle von Unsicherheit, Trauer, Wut und Ohnmacht beziehen sich eher auf die Vergangenheit, während Ängste, Sorgen oder Pläne in die Zukunft gerichtet sind. Gedankenschlaufen sind schon fast vorprogrammiert. Dies zeigt sich möglicherweise auch beim Austausch.

Wie bereits in Kapitel *Achtsamkeit im Wald* (Kap. 8) erwähnt, ist die Wahrnehmung der Präsenz eine wichtige Voraussetzung für die erfolgreiche Stressreduktion. Immer wieder kommt mir der Satz zu Ohren: „Ich finde Waldspaziergänge immer toll.“ Diese Aussage bezieht sich auf die Vergangenheit, auch wenn er im Präsens formuliert ist. Präsenz würde sich etwa so anhören: „Jetzt gerade löst der Wald Glücksgefühle in mir aus.“ Wie also können Menschen sanft in die Präsenz eingeladen werden?

HINWEIS: SELBSTERFAHRUNG HILFT

Alle hier aufgeführten Strategien eignen sich auch für die KL im Umgang mit sich selbst. Denn auch die KL kann emotional an ihre Grenzen kommen. Es ist glaubwürdiger, wenn die KL das, was sie den TN weitergibt, selbst erlebt und erfahren hat.
Aber Achtung: Die nachfolgenden Methoden sollen nicht im Sinne einer Belehrung der TN angewandt werden. Damit dies nicht geschieht, vergewissern Sie sich nochmals, was Ihre ethische Grundhaltung ist und was Sie über Menschen denken.

In Kapitel 17 *Interventionen* finden Sie noch weitere Beispiele.

11.5.1 Präsenz unterstützen

Mit der folgenden einfachen Frage kann die KL die TN in die Gegenwart einladen. Dabei ist entscheidend, dass die Frage keinen belehrenden oder vorwurfsvollen Unterton hat. Um dies zu vermeiden, kann die KL in die tiefsten Winkel ihres Herzens hineinspüren und mit Selbstreflexion erkunden. Denn: Belehrung schleicht sich immer in Tonalität, Körperhaltung und Mimik ein und wird von sensiblen Mitmenschen sofort wahrgenommen.

AUSPROBIEREN: EINLADUNG ZUR PRÄSENZ

„Habe ich richtig verstanden, dass ...?"

„Wie ist es jetzt?"

„Wie fühlt es sich jetzt gerade an?"

„Wie geht es dir gerade jetzt?"

„Magst du dich kurz auf das Hier und Jetzt einlassen und mitteilen, was du wahrnimmst?"

☆ Inspirationsbuch

11.5.2 Shinrinyoku-Trick vorschlagen

Eine weitere Möglichkeit ist der sogenannte Shinrinyoku-Trick. Er ermöglicht der KL, die TN mit einer Frage sanft wieder in die Präsenz zu bringen. Hier ein Beispiel.

AUSPROBIEREN: SHINRINYOKU-TRICK

„Du siehst einen umgesägten Baum und du merkst, wie Wut und Trauer in dir hochkommen.

Ich lade dich ein, die Frage ‚Was nehme ich sonst noch wahr?' (oder: ‚Was hörst du, siehst du, riechst du, spürst du sonst noch?') auf den Weg mitzunehmen:

Aha, ich nehme Wut in mir wahr. Da kommen vielleicht auch Tränen. Da sind meine Füße, die das Laub zum Rascheln bringen. Ich sehe das Sonnenlicht im Blätterdach. Ich höre einen Vogel. Ich merke, dass ich mit einem Schritt vorwärts plötzlich das Sonnenlicht auf meinem Gesicht spüre ..."

Der Shinrinyoku-Trick kann mit einer ganzen Gruppe ausprobiert werden. Er eignet sich aber auch beim bilateralen Gespräch oder wenn jemand von einem Gefühl überwältigt wird.

Wichtig: Die KL kommentiert Gefühle nicht! Weil negativ bewertete Gefühle wie Trauer, Angst, Sorgen und Wut sofort nach einer Lösung schreien, ist es wichtig, einen Atemzug dazu in Distanz zu gehen und eine neutrale, beobachtende Haltung einzunehmen. Diese wertfreie Haltung sich selbst gegenüber anzuwenden, kann für die KL in vielerlei Situationen unterstützend sein.

11.5.3 Direkt zur Präsenz auffordern

Eine direkte Aufforderung? Steht dies nicht im Widerspruch zur nichtdirektiven, achtsamen und wertfreien Haltung? Ja und nein. Es kommt auf die Tonalität der Aussage an. Wird sie als Bitte formuliert, kann es die Person unterstützen, im Hier und Jetzt zu bleiben.

AUSPROBIEREN:
AUFFORDERUNG ZUR PRÄSENZ

„Ich lade dich ein, für einen Moment ganz bei dir zu bleiben."

„Ich habe eine Bitte an dich: Bleibe jetzt mal ganz bei dir."

„Magst du erzählen, wie es gerade jetzt ist?"

Ich lade Sie ein, Ihre eigenen Formulierungen zu finden, und diese für sich zu notieren.
☆ Inspirationsbuch

Wenn sich Gefühle so richtig penetrant und wiederholt zeigen, hilft es vielleicht, ihnen eine Sitzbank anzubieten, auf der sie Platz nehmen können:

11.5.4 Sitzbank der Emotionen anbieten

Wer mag Wut, Trauer, Angst oder Gefühle der Frustration? Verständlicherweise werden diese Gefühle abgelehnt, verdrängt und negativ bewertet, weil sie unangenehm sind. Meistens werden sie dadurch aber verstärkt. Gelingt es jedoch, diese Gefühle aus Distanz zu betrachten, sind sie, ob positiv oder negativ, einfach das, was sie sind: Gefühle. Stress entsteht schließlich durch die negative Bewertung eines Zustandes und der wahrgenommenen Gefühle und wäre von daher vermeidbar.

Mit der Frage „Wozu verhilft mir dieses Gefühl?" oder auch „Woran hindert mich dieses Gefühl?" kann versucht werden, die negativ bewerteten Gefühle neu zu betrachten. Wut kann zum Beispiel dazu verhelfen, in Aktion zu kommen. Trauer kann unterstützen, das Tempo zu verlangsamen. Angst leitet vielleicht zur Vorsicht an.

Positive Gefühle wie Freude und Glück hingegen sind in der Regel erwünscht und wollen wiederholt werden. Aber wie groß ist dann die Enttäuschung, wenn sich die positiven Gefühle nicht ohne Weiteres wieder einstellen. Auch positive Gefühle können auf Bewertung basieren.

AUS DER PRAXIS

In einem meiner Waldbaden-Einführungskurse (Dauer: 3 Std.) hatte eine Teilnehmerin ein extrem starkes Glücksempfinden. Es war ihr erster Kurs und sie war überwältigt von der Wirkung. Daraufhin buchte sie einen Zwei-Tages-Workshop. Nach dem ersten Schlendern sagte sie beim Austausch, dass sie etwas enttäuscht sei. Sie hätte dieses Glücksempfinden nicht mehr gleich stark wie beim letzten Mal. Der Wald sei immer noch großartig und schön, aber eben, das Gefühl sei nicht mehr dasselbe.

Erinnern Sie sich? Vergleiche können Auslöser für Stress sein. Deshalb sollten Vergleiche wenn immer möglich abgefedert und die Wahrnehmung liebevoll wieder in die Präsenz geleitet beziehungsweise begleitet werden.

Wertfreiheit ist bei Shinrinyoku ein wichtiges Element, denn es führt in die Präsenz und nimmt sehr viel Druck weg. Sowohl positiv wie auch negativ bewertete Gefühle sollen einen Ort erhalten dürfen, wo sie sein können: nämlich auf der Sitzbank der Emotionen. Diese imaginäre Aufbewahrungsstelle für Gefühle platziert jede und jeder für sich an einer beliebigen Stelle: Vielleicht im Wald oder im Dorfrestaurant an der Bar. Es gilt, der Emotion eine Gestalt zu geben. Dies kann eine Farbe, eine Form oder ein Wesen sein. Hilfreich ist, sich bei der Emotion erst für den Sinn zu bedanken, den sie geschenkt hat, und sie dann auf die Bank zu setzen und ruhen zu lassen. So versammeln sich auf dieser Sitzbank bald alle Stänkerer, Hilfsbereiten, Richter:innen, Clowns und weitere Wesen bunt durcheinander und unterhalten sich, während sich die TN, aber auch die KL, ganz dem Hier und Jetzt zuwenden können.

GUT ZU WISSEN:
KLEINER EXKURS ZUM BEGRIFF EMOTION

Als Emotion werden komplexe psychophysiologische Reaktionen auf bestimmte Reize oder Ereignisse beschrieben. Beispiele für Emotionen sind Angst, Freude, Traurigkeit, Wut und Ekel.

Gefühle sind die bewussten Wahrnehmungen oder Erlebnisse, die aus Emotionen resultieren. Wenn eine Emotion entsteht, wird sie zu einem bewussten Gefühl, das wir in unserem Inneren erleben. Gefühle werden durch individuelle Erfahrungen, Überzeugungen und Gedanken beeinflusst.

Paul Ekman hat 1972 die Theorie der Grundemotionen entwickelt. Er hat ursprünglich sechs Grundemotionen benannt. Diese werden als universell und kulturübergreifend angesehen, da sie durch spezifische Mimik ausgedrückt werden, die über verschiedene Kulturen hinweg ähnlich interpretiert wird. Die sechs von Ekman identifizierten Grundemotionen sind Freude, Traurigkeit, Wut, Angst, Ekel, Überraschung. Später fügte er die Verachtung noch hinzu. Diese Grundemotionen sind gemäß seiner Theorie in allen menschlichen Kulturen vorhanden und die dazugehörigen Gesichtsausdrücke sind angeboren und nicht erlernt. Die Theorie der universellen Gesichtsausdrücke und Grundemotionen von Ekman wurde in zahlreichen wissenschaftlichen Studien und Veröffentlichungen unterstützt und weiterentwickelt, aber auch stark kritisiert.

Susanne Bloch hat die Alba-Emoting-Methode entwickelt. Sie besagt im Wesentlichen, dass es sechs Grundemotionen, nämlich Freude, Angst, Wut, Trauer, Zärtlichkeit und erotische Lust, gibt. Jeder Emotion liegen ein spezifisches körperliches Ausdrucksmuster, ein eigenes Atmungsmuster, eine eigene Körperhaltung und ein eigener Gesichtsausdruck zugrunde.[20] Alba Emoting gilt als eine wissenschaftlich fundierte Methode zur Regulation von Emotionen über den Körper.

Dies sind nur einige Beispiele für Konzepte zu Emotion. Verschiedene in diesem Buch zitierte Autoren unterscheiden nicht zwischen *Emotion* und *Gefühl* – vielleicht aufgrund der Übersetzung aus dem Englischen. So hat Marshall B. Rosenberg ein Wörterverzeichnis erstellt, um Gefühle zu artikulieren (S. 54 ff.). Dort kommen auch *Emotionen* vor, die er aber als *Gefühl* aufführt.

HINWEIS:
DIE BEWERTUNG DER BEWERTUNG

Es kann passieren, dass sich TN dabei ertappen, bewertenden Gedanken nachzuhängen. Sogleich folgt dann die innere Schelte: „Ich sollte doch nicht bewerten." Aber:

Die Bewertung der Bewertung ist auch eine Bewertung.

Also locker bleiben und die Bewertung auch gleich auf die Sitzbank der Emotionen dazusetzen.

☆ Inspirationsbuch

Wer die Sitzbank der Emotionen einmal für sich entdeckt hat, dem macht es viel Freude, seine Emotionen und Gefühle dort zu platzieren. Einfach einmal ausprobieren.

11.5.5 Blick schweifen lassen

Die Redewendung *den Blick schweifen lassen* bezeichnet das Betrachten der Umgebung mit weichem Blick. Der Blick gleitet sozusagen über die Dinge hinweg: über Bäume, Äste, Moos und Blätter, Himmel, Wolken, Vögel im Flug usw., ohne etwas festzuhalten oder zu fokussieren.

Diese Übung aus dem Somatic Experiencing nach Levine (2011) ist hilfreich, um sich in der Präsenz einzufinden und das Nervensystem zu beruhigen. Sie kann immer angewandt werden, um das neuronale Netzwerk zu entlasten und neu auszurichten. Gerade in schwierigen emotionalen Momenten kann die Übung eine Unterstützung sein, da sie schnell und einfach wirkt.

AUSPROBIEREN: AUFFORDERUNG ZUR PRÄSENZ

Mit den folgenden oder ähnlichen Worten motiviert die KL, den Blick schweifen zu lassen:

„Ich lade dich ein, den Wald und die Umgebung wie ein Gemälde zu betrachten, ohne etwas Bestimmtes mit den Augen zu greifen oder festzuhalten."

Die Übung bietet sich insbesondere an, wenn jemand geweint oder ein schwieriges Thema angesprochen hat, und sie kann jederzeit mit der ganzen Gruppe durchgeführt werden. Sie eignet sich auch zur Wiederholung.

Dr. Urs Honauer erläutert im nächsten Abschnitt den Hintergrund dieser Übung aus Sicht des Somatic Experiencing (SE) und warum sie eine wertvolle Bedeutung hat.

Gastartikel Dr. Urs Honauer

Sicherheit im Nervensystem und innere Selbstregulation

Orientierung im Hier und Jetzt

Den Blick schweifen lassen ist zu einer Übung geworden, die im Waldbaden Institut Schweiz mit Bezug zu wichtigen Grundlagen im Somatic Experiencing (SE, Traumalösung nach Peter A. Levine) sehr gepflegt wird. Hinter dieser ebenso einfachen wie wirksamen Übung verbirgt sich eine ganze Schatzkiste von Abläufen im menschlichen Organismus.

Sinneswahrnehmungen sind in unserem Leben Schlüssel für unsere Vitalität und Lebendigkeit. Der Geruch einer Blüte, der Geschmack dunkler Schokolade, das Rauschen des Bergbachs, die Berührung sanfter Babyhaut oder der Blick in die Abendröte nähren unser Wohlbefinden in tiefsten Schichten und nehmen – verbunden mit der dazugehörenden genüsslichen Langsamkeit – den Stress aus unserem Organismus. Das ist wohl auch der Grund, wieso es so viele Menschen immer wieder in die Natur zieht, wo das Leben besonders sinnvoll ist.

Sinneswahrnehmungen sind aber auch häufig an frühere negative Erlebnisse gekoppelt. Brandgerüche, schlimme Bilder, ohrenbetäubender Knall, der Geschmack von etwas Toxischem im Mund oder im Verdauungstrakt oder bedrohliche Berührungen sind Beispiele dafür. Obwohl sie sich manchmal weit in der Vergangenheit abgespielt haben, sind sie in unserem Körpergedächtnis aktuell vorhanden wie damals, als diese überwältigenden Eindrücke geschahen. In der Sprache des Somatic Experiencing ist das autonome Nervensystem in der Verarbeitung der schockierenden Erlebnisse steckengeblieben. Als Folge davon orientiert sich der Organismus unbewusst am Damals statt am Jetzt. Auf eine Art ist innerlich die Zeit stehengeblieben.

Hirnphysiologisch kann dann der Hippocampus als zentraler Ort für unser autobiografisches Gedächtnis und anatomischer Kern für unser Hier- und Jetzt-Verständnis seine Funktion nicht mehr erfüllen – als Folge davon schrumpft er (wie viele MRI-Bilder in wissenschaftlichen Studien zeigen). Im SE geht es darum, die im überwältigten Ereignis steckengebliebenen Orientierungs- und Verteidigungsreaktionen wieder in Gang zu bringen. Dafür müssen wir das Nervensystem bewusst trainieren und es aus der Gefangenschaft früherer Erfahrungen herausholen. An diese im

Damals gemachten Erfahrungen sind auch bestimmte Emotionen, Bilder, Gedanken (und Glaubenssätze), Verhaltens- und Bewegungsmuster sowie bestimmte Körperempfindungen (oft in Form von großen Verspannungen und Schmerzen) geknüpft.

Mit der Orientierung im Hier und Jetzt über einen der fünf Sinneskanäle erfährt der Körper etwas anderes, als wenn er im Damals hängt. Neugier und Staunen ersetzen Angst und Panik, wenn diese Orientierung bewusst erfolgt. Die Atmung verändert sich, der Hippocampus orchestriert die Autobiografie neu, die Welt sieht anders aus. Unsere Emotionen wandeln sich, das Gedankenkarussell wechselt in kreatives, vernetztes Denken, ein neues Lebensgefühl taucht auf.

Indem wir beispielsweise den Blick in aller Ruhe schweifen lassen, erleben wir ein inneres Gefühl von Sicherheit und Freiheit, gepaart mit einem Verbunden-Sein und einem Eingebunden-Sein in die Natur oder auch mit anderen Menschen. Das Gleiche kann über die anderen Sinneskanäle zelebriert werden. Der Organismus bewegt sich aus einem oft dramatischen, manchmal traumatischen Zustand in eine kohärente Ebene, in der alles mit allem verwoben erscheint. Diesen Ort der Sehnsucht jedes Menschen immer wieder zu besuchen, ist ein Geschenk, das wir uns im Wissen um die damit verbundenen existenziellen Ebenen immer wieder machen können – womit wir unsere Lebensqualität erhöhen und diese voll in unser Embodiment (siehe GUT ZU WISSEN) tragen, was letztlich die Türe zum authentischen Sein öffnet.

Dr. Urs Honauer ist Leiter des Zentrums für Innere Ökologie in Zürich und SE-Dozent mit weltweiter Resonanz. Er arbeitet eng mit Dr. Peter A. Levine zusammen. Außerdem unterrichtet Honauer ein Spezialtraining in „Authentischer Kommunikation". Website: www.polarity.ch / www.polarity.se

GUT ZU WISSEN: EMBODIMENT

Embodiment (engl.) meint *Verkörperung*. Dies bedeutet, dass der Körper und die Emotionen eng miteinander verbunden sind. So können Emotionen auf die Körperhaltung Einfluss nehmen, aber auch umgekehrt ist dies möglich: Die Körperhaltung kann sich auf die Emotionen auswirken. Es wird davon ausgegangen, dass die Körperhaltung nicht nur Emotionen, sondern auch die Motivation und Gehirnaktivität beeinflusst. Diese Wechselwirkung wird in verschiedenen Methoden, wie zum Beispiel im ZRM® (Zürcher Ressourcen Modell) angewandt, indem eine bestimmte Körperhaltung angeregt wird.

Eine allseits bekannte Übung ist das Einklemmen eines Stiftes mit den Zähnen. Es simuliert ein Lächeln. Wird diese Position mindestens 30 Sekunden gehalten, verändert sich die Wahrnehmung.

Weiterführende Informationen:

11.6 Gleich oder anders?

Nicht alle Menschen sind gleichermaßen mitteilungsbedürftig, und manche fühlen sich von eher mitteilsamen Mitmenschen überrannt. Zurückhaltenden TN sollte deshalb eine verbale Brücke angeboten werden.

AUSPROBIEREN: GLEICH ODER ANDERS?

Wenn ein Austausch in Gang gebracht werden soll, kann diese Frage Wunder wirken:

„Wem geht es gleich und wem geht es anders?"

Mit diesen Worten gelingt die Aktivierung deshalb so gut, weil sich persönliche Eindrücke teilweise sehr unterscheiden oder sehr übereinstimmend sein können, was den Dialog anregt.

Dies ist auch eine gute Art und Weise, ein Votum zu beenden, ohne die TN zu beschämen. Der Satz kann nach allen vorgängig beschriebenen Vorschlägen formuliert werden, zum Beispiel nach dem Dankesagen, dem Wiederholen oder auch dem Paraphrasieren (Kap. 11.4 *Achtsam reagieren*).

11.7 Schweigen entdecken

Viele Menschen sind es nicht gewohnt, zu schweigen. Schweigen wird häufig mit Scham und Verlegenheit assoziiert, wie dies in Kapitel *Schweigen* (Kap. 8.4) bereits beschrieben wurde. Die TN sollen verstehen, warum es manchmal sinnvoll ist, zu schweigen. Deshalb ist es wichtig, dieses Thema in einem Kurs anzusprechen und zu erklären: Wer schweigt, kann den Fokus auf die Sinne lenken. Dies ist beim Sprechen häufig nicht der Fall. Das Schweigen hilft, sich zu fokussieren und wirklich einzutauchen. Es schafft eine (von vielen) Möglichkeiten, im Hier und Jetzt anzukommen.

EXPERIMENT: MEHRERES GLEICHZEITIG TUN

Gelingt es Ihnen, eine Geschichte zu erzählen und gleichzeitig etwas im Raum genau zu betrachten?

Es kann gut sein, dass Sie beim Erzählen ins Stocken geraten und beim Denken hin und her hüpfen. Es ist für das Gehirn eine Herausforderung, sich neben dem Sprechen noch auf etwas anderes zu konzentrieren. So bleiben zum Beispiel beim Spazieren manche Menschen stehen, wenn sie etwas für sie wirklich Wichtiges erzählen. Reden *und* Gehen geht dann nicht.

Dass beim Schweigen plötzlich viele Gedanken auftauchen, ist ganz normal. Zu Beginn einer entsprechenden Übung geschieht dies vermehrt, mit der Zeit lassen die Gedanken nach. Zumeist sind es auch Gedanken, die in den Hintergrund verdrängt wurden. Das liebevolle Akzeptieren von Gedanken ist immer der erste Schritt, danach erfolgt die wertfreie Beobachtung mit einem Atemzug Distanz und anschließend kann der *Shinrinyoku-Trick* oder die *Sitzbank der Emotionen* angewandt werden. Oft können auch Fokusübungen beitragen, sich gedanklich neu zu organisieren. Dazu gibt es Übungen ab Kapitel 14.2 *Grundübung Schlendern.*

☆ Inspirationsbuch

11.8 Position verändern

Wenn die KL ihre Position ändert, zum Beispiel im Kreis an einen anderen Ort steht, verändert sich auch die Wahrnehmung sowohl der KL als auch der TN. Die KL merkt vielleicht, dass der Ort schlecht gewählt war. Oder der Kreis zu groß / zu klein ist. Womöglich blendet die Sonne. Vielleicht verstehen sich zwei TN, die nebeneinanderstehen, nicht so gut oder im Gegenteil sie reden zu viel miteinander.

Die KL hat immer die Möglichkeit, Begründungen für den Platzwechsel anzugeben: „Hier blendet mich die Sonne weniger." Oder „Ich habe gerade gemerkt, dass dieser Platz besser für mich ist." Oder sie könnte sagen: „Ich möchte mich gerne mal zwischen euch stellen, ist das okay?" Es ist in Ordnung, sich zwischen zwei Personen zu stellen, die immer wieder einen privaten Austausch im Flüsterton suchen.

Wichtig ist, in solchen Situationen die innere Fröhlichkeit zu aktivieren und den Humor zu behalten.

11.9 Humor in der achtsamen Sprache

Frage: „Was ist grün und klopft an die Tür?" Antwort: „Ein Klopfsalat."

Diese Art von Witz geisterte trendbedingt durch ganze Generationen. Ich habe spaßeshalber Chat GPT um einen ähnlichen Witz gebeten und erhielt diesen Vorschlag: *„Was ist schwarz-weiß und rot durchsichtig?" Antwort: „Ein Ketchup-Fleck mit Augen."* Was hat das mit Waldbaden zu tun? Humor ist etwas sehr Menschliches, aber nicht jeder Witz wird als lustig empfunden. Sprache kann durch Gestik und Mimik völlig verschieden ausgedrückt werden und das Gegenteil auslösen von dem, was beabsichtigt ist. Bei Humor ist der Grat sehr schmal. Was für die eine Person lustig und witzig ist, kann von einer anderen Person als Beleidigung verstanden werden. Humorvoll gemeinte Sätze können zudem in Sarkasmus oder Zynismus umschlagen. Auch hier ist Achtsamkeit geboten, denn:

Bei der achtsamen Sprache ist jede Form von Sarkasmus und Zynismus tabu.

Und dennoch ist Humor in manchen Situationen hilfreich. Er kann Heiterkeit und Freude bereiten. Damit ist aber nicht gemeint, dass die KL Witze erzählt. Gemeint ist eine Grundstimmung von Freude, Leichtigkeit und eben: Heiterkeit. Nicht jedes Wort auf die Goldwaage zu legen und doch mit der Sprache achtsam umzugehen, das ist die Kunst!

11.10 Vertagen

In einem Gespräch verhalten sich die Menschen unterschiedlich: Manche schweigen eher, während andere voller Freude ihr ganzes Leben erzählen. Mitunter ist ein solcher Redefluss kaum zu stoppen. Was eine Person zu erzählen hat, mag interessant sein, aber vielleicht situativ einfach nicht passend. Wie in den vorangehenden Kapiteln immer wieder beschrieben, steht bei der EDSE-Methode nach Lorek das aktive Zuhören im Mittelpunkt. Mit folgender Ausnahme: Wenn eine Person so viel Raum einnimmt, dass andere TN nicht mehr zu Wort kommen, ist ein etwas resoluteres Handeln verlangt. Das geht so: Die KL wartet eine Atempause der Person ab und sucht nach einem „Aufhänger" im Gespräch, und da hakt sie ein. Sie stellt sich neben diese Person, bleibt freundlich, aber bestimmt und betont, dass das Thema sehr spannend ist: „Ich danke dir für deine spannende Information. Ich denke, dass du noch ganz viel darüber erzählen könntest. Wäre es möglich, dass wir das Thema zu einem späteren Zeitpunkt, zum Beispiel in der (Mittags-)Pause oder nach dem Anlass vertiefen? Ich möchte hier gerne noch ..." Danach lädt die KL zu einer nächsten Übung ein oder fragt in der Runde, ob es den anderen gleich oder anders geht. Anschließend kann sie eine der in Kapitel *Zur Präsenz einladen* (Kap. 11.5) vorgestellten Techniken anwenden.

Mit dieser liebevollen Intervention kann die KL beim Austausch auch Personen stoppen, die ihr Fachwissen ungefragt zum Besten geben wollen. Selbstverständlich entscheidet die KL situativ, ob das Fachwissen für die Gruppe und den Anlass relevant ist. Die KL soll dabei die Gelegenheit wahrnehmen, die eigene Haltung gegenüber Fachpersonen zu überprüfen und sich insbesondere auf ihre Emotionen zu achten.

11.11 Gendersprache

Die Diskussion um die gendergerechte Sprache hat in letzter Zeit viel Fahrt aufgenommen. Empfohlen wird, neutrale Begriffe zu wählen: die Kursleitung, die Teilnehmenden, die teilnehmenden Personen oder Menschen, so wie dies im vorliegenden Buch praktiziert wird.

HINWEIS: FORMULIERUNGEN

Folgende Formulierungen können Unstimmigkeiten auslösen:

Wenn eine weibliche KL von sich als Mann spricht (Beispiel: „Ich bin der, welcher euch heute in den Wald führt.“). Solche und ähnliche Formulierungen können bei den TN zu heftigeren Reaktionen führen.

Wenn die KL die TN entweder nur in der männlichen oder nur in der weiblichen Form anspricht. Wenn gesagt wird, das sei schon okay, heißt das noch lange nicht, dass dem auch so ist.

Nicht immer können Begriffe wie *Kursleitung* und *Teilnehmende* angewandt werden. Deshalb müssen – auch wenn es zu Beginn ein wenig ungewohnt klingt – beide Formen gewählt werden, wie zum Beispiel *Teilnehmerinnen und Teilnehmer*. Die KL drückt damit ihren Respekt gegenüber den TN aus und offenbart ihr Bewusstsein für gelebte Achtsamkeit in der Sprache.

Anrede: „Du“ oder „Sie“?

Genauso ist die Form der Anrede zu klären. Dabei wird in diesem Buch bei den Übungen das Du verwendet. Manche KL möchten die Gruppe als Ganzes ansprechen und verwenden die 2. Person Plural (ihr). Alles ist okay, solange die Anrede respektvoll und wohlwollend ist.

Wie sagt man so schön: „C’est le ton qui fait la musique.“ Oder zu Deutsch: „Der Ton macht die Musik.“

Das nächste Kapitel geht darauf ein, wie Anleitungen gerade *nicht* erfolgen sollen.

12 Anleitungen – So lieber nicht

In diesem Kapitel wird auf zwei Arten der Anleitungen eingegangen: *Methoden-inkompatible Anleitungen* beziehen sich eher auf die Grundhaltung der KL, bei *ungeeigneten Anleitungen* geht es um einzelne Übungen, wie sie bei verschiedensten Kursangeboten immer wieder anzutreffen sind, auch im Bereich der Achtsamkeit.

12.1 Methodeninkompatible Anleitungen

Es gibt einige Formulierungen, die nicht zur EDSE-Methode nach Lorek passen. Diese sind in der nachfolgenden, nicht abschließenden Tabelle aufgeführt. Mögliche Alternativen finden Sie in der rechten Spalte. Wie bereits mehrmals erläutert, ist die achtsame Sprache einer der Grundpfeiler der EDSE-Methode und bedarf einer ganz besonderen Aufmerksamkeit und Pflege.

SO LIEBER NICHT	GERNE SO
Befehle erteilen, direktive Anleitungen	Möglichkeiten anbieten
Vorgaben, wie eine Aufgabe exakt auszuführen und zu beenden ist	Varianten vorschlagen mit der Option, etwas nicht zu wollen oder zu spüren
Eigene Erfahrung mit der Erfahrung der TN vergleichen	Dankend und ohne weiteren Kommentar die Erfahrung annehmen
Wissen, wie es geht. Auch wenn die KL eine empathische, wertschätzende und wohlwollende Haltung hat, kann sie nicht wissen, wie sich etwas für die TN anfühlt und welche Lösung für die TN am besten wäre	• „Ich weiß, dass ich nicht weiß“ als Grundhaltung annehmen • Die Eigenverantwortung und Selbstwirksamkeit unterstützen • Fragen stellen
Vorschreiben, was die TN zu fühlen haben	Achtsame Sprache schreibt nicht vor, belehrt nicht und hält sich zurück
Positive Erfahrung oder Gefühle vorwegnehmen und als Ziel definieren	Eine offene und interessierte Haltung einnehmen

SO LIEBER NICHT	GERNE SO
Vergleiche zu einer anderen Situation abfragen oder zu anderen TN machen	Achtsam reagieren und Einladungen zur Präsenz aussprechen
In Abwesenheit über andere TN sprechen oder tratschen (auch unter dem engl. Begriff *gossip* bekannt). Mutmaßungen aussprechen	Präsenz praktizieren. Auf Fragen über abwesende TN der fragenden Person anbieten, diese direkt zu fragen. Lieber einmal mehr schweigen!
Slang, Denglisch, Twitter-Sprache usw. sind sehr zielgruppenorientiert und passen nicht zu einer seriösen Anleitung zum Waldbaden	Die KL sucht sich aus der Muttersprache diejenigen Wörter und Redewendungen heraus, die für sie angenehm klingen und ihr Freude bereiten
Negativ formulierte Sätze wie z. B.: „Bitte bleiben Sie nicht stehen."	Positive Formulierungen wählen wie z. B.: „Bitte gehen Sie noch ein bisschen weiter."
Auf etwas hinweisen oder sagen, was *nicht* beachtet werden sollte	Keine Hinweise geben auf Lärm oder andere mögliche Schwierigkeiten. Nach Möglichkeit auch hier positive Formulierungen wählen
Grenzerfahrungen provozieren oder anbieten	Die TN werden sorgfältig mit der EDSE-Methode nach Lorek angeleitet und dürfen jederzeit selbst bestimmen, wo ihre persönliche Grenze ist
Heilsversprechen geben	Studien erwähnen, auf dem Boden der Tatsachen bleiben
Recht haben wollen	Die KL akzeptiert die Meinung und Haltung der TN

Im nächsten Kapitel geht es um konkrete Anleitungen und Übungen, die vermieden werden sollten. Sie werden gleich verstehen, warum.

12.2 Ungeeignete Anleitungen

Freizeit- und Ferienkurse sowie Wellness- und andere Angebote werden in der Regel freiwillig und voller Erwartungen gebucht. Es besteht der unausgesprochene Konsens, dass die anbietende Person die Kursleitung innehat. Zudem gibt es die rechtliche Verpflichtung, den Kurs gemäß Ausschreibung durchzuführen. Somit entsteht ein Machtgefälle zugunsten der KL. Wird diese Position zum direktiven Unterricht genutzt, werden die Selbstverantwortung und die Selbstwirksamkeit der TN eingeschränkt oder gar verhindert.

HINWEIS: AUSNAHMEN

Die Anweisungen mit der EDSE-Methode nach Lorek werden als Einladungen und in der Möglichkeitsform ausgesprochen. Die Art der Anweisungen funktioniert aber in folgenden Fällen nicht:

„Unklare" Anweisungen können für Menschen mit einer Störung aus dem Autismus-Spektrum (ASS) verwirrend sein. Sie brauchen häufig einen klaren Ablauf, vielleicht sogar in schriftlicher Form. Nimmt eine Person mit einer ASS am Kurs teil (und weiß die KL Bescheid), passt sie ihre Anleitung wie folgt an: Im Plenum leitet sie wie gewohnt mit der achtsamen Sprache an. Anschließend spricht sie die betreffende Person direkt an und erklärt nochmals direktiv, was die Aufgabe ist. Hilfreich können auch bebilderte Anleitungen sein. So vermittelt die KL Sicherheit und Kompetenz.

In Notfällen: Sollte ein Notfall eintreten, muss die KL ihre Sprache sofort umstellen. Das Kapitel 17 behandelt solche Situationen ausführlicher.

Bei Menschen mit starken Hörbeeinträchtigungen oder auch mit Demenz erreicht die achtsame Sprache unter Umständen die TN nicht. Die KL muss sehr gut beobachten und allenfalls nachfragen, ob ihre Anleitungen verstanden wurden. Hilfreich ist bei Hörbeeinträchtigungen auch, sich neben die betreffende Person hinzustellen (auf die Seite, auf der die Person besser hört) und den Augenkontakt zu suchen. Bei Menschen mit Demenz sind klare Ansagen beziehungsweise Fragen nützlich.

Direktive Anleitungen sind in bestimmten Fachbereichen oder Situationen sinnvoll, zum Beispiel bei einem Notfall oder beim Einhalten von Vorgaben im Cockpit eines Flugzeuges. Es gibt in Waldbadenkursen ebenfalls wenige Ausnahmen, in denen eine direktive Sprache verwendet werden kann, siehe Hinweiskasten.

Abgesehen von den erwähnten Ausnahmen sind direktive Anweisungen meistens kontraproduktiv. Freiwilligkeit und Auswahlmöglichkeiten unterstützen in der Regel das persönliche Erleben, die Eigenverantwortung, die Selbstwirksamkeit und somit die Freude am Tun!

12.2.1 Blaue Elefanten

Kennen Sie das Buch „Denken Sie nicht an einen blauen Elefanten!" von Thorsten Havener und Michael Spitzbarth (2010)? Und schon ist es passiert! Sie haben sich vermutlich kurz überlegt, wie der Elefant aussehen könnte. Was der Titel sagen will: Wenn Sie nicht wünschen, dass der Fokus auf etwas Bestimmtes gelegt werden soll, dann sprechen Sie es nicht an.

Es gibt viele Beispiele dazu und eines möchte ich gerne erläutern.

AUS DER PRAXIS

Je nach Wetterlage kommt es vor, dass über meinem ausgewählten Waldgebiet vermehrt Flugverkehr stattfindet. Ich weiche dann in ein anderes Waldgebiet aus. Aber manchmal ist auch die beste Planung vergebens, weil das Wetter unerwartet ändert. So erwähnte ich einmal in einem Kurs, dass es mir leid täte wegen der Lärmbelästigung durch die Flugzeuge. Eine Teilnehmerin sagte, sie hätte diese gar nicht bemerkt. Und nun war der Fokus plötzlich bei den Flugzeugen! Die Teilnehmerin realisierte durch meine Aussage, dass es tatsächlich „lärmig" war. Das war nicht meine Absicht. Aber ich habe aus dieser Situation eine Lehre gezogen: niemals etwas erwähnen, wenn ich den Fokus nicht darauf richten möchte.

Es braucht etwas Selbstdisziplin, um alte Gewohnheiten abzulegen und sich sprachlich neu auszurichten. Auch wenn ab und zu herkömmliche Muster auftreten: Es geht um den persönlichen Lerneffekt und das Bewusstwerden des eigenen Verhaltens. Lesen Sie dazu auch Kapitel 16.5 *Reflexionsfähigkeit*.

12.2.2 Augen schließen

Viele KL denken, dass unverfälschte Wahrnehmung nur mit geschlossenen Augen möglich sei. Das mag für viele Menschen zutreffen. Doch es gibt manche TN, für die das Augenschießen eine Tortur ist. Es kann Unwohlsein und das Gefühl von Kontrollverlust auslösen. Auch ein schwacher Kreislauf kann bei geschlossenen Augen plötzlich absinken, so dass sich die TN nicht mehr auf die eigentliche Übung einlassen können.

Im Sinne der achtsamen Sprache ist die KL deshalb auch hier darum besorgt, ihre Anleitung aufmerksam und sorgfältig zu gestalten. Hilfreich ist es, die Anleitung zuhause vor dem Kurs auszuprobieren. Der nachfolgende Formulierungsvorschlag möge eine Hilfestellung sein.

AUSPROBIEREN:
ANSTELLE VON AUGEN SCHLIEẞEN

Im Sinne des sequenzierenden Aufbaus (vom Einfachen zum Schwierigen) empfehle ich, folgende Anleitung als Standard zu etablieren:

„Wenn du möchtest, kannst du den Blick weich werden lassen, vielleicht ein wenig senken oder wenn dir danach ist, die Augen ganz schließen. Du kannst auch jederzeit deine Augen wieder öffnen und dich nach außen orientieren."

Dadurch werden in zwei Sätzen die Bedürfnisse aller TN abgedeckt: derjenigen, die die Augen nicht schließen wollen, und auch derjenigen, die ihre Augen gerne schließen.

12.2.3 Augenbinden vorschreiben

Einige Menschen haben diese Übung vielleicht schon in einem Kurs kennengelernt und fragen sich, wo das Problem ist, wenn die Augen verbunden werden. Tatsächlich kann eine solche Vorgehensweise viel Spaß bringen. Für einen Teil der TN ist diese Anleitung jedoch sehr unangenehm bis hin zu problematisch. Aufgrund des Gruppendrucks machen manche trotz der inneren Widerstände mit. Menschen vorzuschreiben, dass sie eine Augenbinde für eine bestimmte Übung anziehen sollen, ist manipulativ und autoritär. Denn die verordnete Blindheit kann Ohnmachtsgefühle und Hilflosigkeit auslösen (Kap. 6.6 *Traumata*). Dadurch wird der Stressfaktor erhöht, was dem Ziel von Stressreduktion und Gesunderhaltung beim Waldbaden eindeutig zuwiderläuft.

Übrigens: Auch bei Kindern und Jugendlichen ist hier ein sorgfältiges Vorgehen sehr wichtig, denn die Dunkelheit kann auch bei ihnen Ängste, Verlassenheits- oder Ohnmachtsgefühle auslösen.

Was wäre eine adäquate Vorgehensweise? Die KL legt die Augenbinden hin und überlässt es den TN, die Übung mit offenen Augen, gesenktem Blick, geschlossenen Augen oder mit einer Augenbinde auszuführen.

Selbstverständlich ist Blinzeln jederzeit erlaubt, ob bei geschlossenen Augen oder unter der Augenbinde hervor! Dies sollte die KL unbedingt als Möglichkeit erwähnen. Übrigens: Wer hat bei solchen Übungen noch nie geblinzelt?

12.2.4 Hüftbreit stehen

Irgendwann hat sich die Anweisung, sich hüftbreit hinzustellen, etabliert – sie hält sich hartnäckig im Repertoire der Anweisungen von KL beim Waldbaden und anderen Angeboten. Die Position kann im Qi Gong oder Tai Ji durchaus sinnvoll sein, hat aber als angeleitete Standposition beim Waldbaden nichts zu suchen.

Die meisten Menschen verstehen diese Position so, dass sie die Außenmaße ihres Beckens oder die Breite der Schultern nehmen und sich so hinstellen. Das ist aus anatomischer Sicht nicht korrekt, kann aber auch einfach so belassen werden. Warum wird diesem Satz dennoch ein Abschnitt gewidmet? Weil das Vorschreiben einer bestimmten Standposition der ethischen Grundhaltung und der achtsamen Sprache zuwiderläuft und die Selbstwirksamkeit be- oder verhindert. Bei einer achtsamen Sprache ist eine solche Anweisung sogar ganz ausgeschlossen. Und das leitet zum nächsten Thema:

12.2.5 Position vorschreiben

Sollen Positionen wie Liegen, Sitzen oder Stehen von einer KL beim Waldbaden vorgeschrieben werden? Diese Frage wurde implizit schon im obigen Abschnitt beantwortet: Nein.

Warum nicht? Hier die Gedanken dazu:

Angenommen, die KL könnte vorhersagen, welche Position die TN für sich wählen würden: Würden alle Menschen die gleiche Position aussuchen? Nein, natürlich nicht. Jede Person reagiert individuell und ganz anders auf eine Übung. Hinzu kommt, dass jede Person andere anatomische Grundvoraussetzungen mitbringt. Deshalb ergibt es keinen Sinn, eine Position vorzugeben.

Kommt es für ein Naturerlebnis darauf an, ob es im Stehen, Sitzen oder Liegen gemacht wird? Nein, denn die Wahrnehmung jedes einzelnen Menschen ist individuell. Das Akzeptieren der individuellen Wahrnehmung ist Teil der ethischen Grundhaltung der EDSE-Methode nach Lorek. Wenn Sie das Buch bis hierhin gelesen haben und sich mit dem Thema eingehend befasst haben, können Sie inzwischen bestimmt eine eigene Anleitung formulieren. Dennoch finden Sie hier einen Vorschlag.

AUSPROBIEREN:
ANLEITUNGSVORSCHLAG FÜR POSITIONEN

„Suche dir eine Position, in der du dich wohl fühlst (einen Stand/einen Ort, an dem du dich wohl fühlst). Erlaube dir, die Position jederzeit zu verändern, so dass es für dich stimmt."

12.2.6 Baumstellung und Vogel-Strauß-Übungen

Baumstellung
Der *Baum* (Sanskrit *Vrksasana*) ist eine sehr beliebte Yoga-Übung und passt thematisch auch wunderbar zum Waldbaden. Oder etwa nicht?

Zur Baumübung gäbe es einiges zu sagen. Das Entscheidende bezüglich Waldbaden ist die Position der Arme, die längere Zeit über dem Kopf gehalten werden. Eine solche statische Übung kann für Menschen mit Beeinträchtigungen des Blutdrucks oder des Herzens gefährlich sein. Dies betrifft eher über 50-Jährige, manchmal aber auch jüngere Menschen. Die TN wissen oft selbst nicht, wie ihr Gesundheitszustand ist, oder wollen sich nicht darüber mitteilen.

Deshalb: statisches Hände-über-Kopf-Halten vermeiden.

Der *Baum* kann sehr wohl, aber dann als dynamische Variante angeleitet werden. Dynamisch heißt, es findet eine Bewegung statt. Der sequenzierende Aufbau

(Kap. 13.1) und die Auswahlmöglichkeiten (Kap. 11.2) sind bereits ausführlich beschrieben worden, hier nochmals ein Anschauungsbeispiel anhand des *Baums*.

AUSPROBIEREN: BAUMSTELLUNG DYNAMISCH

„Suche dir eine bequeme Position. Wenn du möchtest, kannst du dein Gewicht auf ein Bein verlagern. Vielleicht nimmst du wahr, dass dein Gleichgewicht heute gut ist, vielleicht auch nicht. Gehe immer so weit, wie es im Moment möglich ist. Suche nach der Position, die genau jetzt für dich stimmt, du kannst sie jederzeit ändern. Zum Beispiel, indem du neu beginnst oder einen Schritt weitergehst. Wenn du möchtest, kannst du auch versuchen, auf einem Bein zu stehen. Achte darauf, wo deine Arme sein möchten: aufgestützt, hinter dem Rücken, neben dem Körper oder ganz woanders? Vielleicht magst du deine Arme auch seitlich entlang des Körpers halten oder ganz nach Lust und Laune hochführen (auch über den Kopf) und wieder senken. Achte darauf, dass du dich sicher und wohl fühlst in dieser Übung. Fühle dich frei, die Übung jederzeit zu beenden."

Im Yoga gibt es zudem eine wunderbare Alternative, die gut in ein Waldbadenprogramm passt: die Übung „Berg" (Tadasana), die mit individuellem Stand ausgeführt werden kann. Die Arme können seitlich am Körpers oder in der Begrüßungshaltung gehalten werden. Wer möchte, kann die Arme über den Kopf führen und wieder senken. Somit wird eine dynamische Variante mit zusätzlich sicherem Stand angeboten.

GUT ZU WISSEN: BEGRÜSSUNGSHALTUNG

Auf dem asiatischen Kontinent wird bei einer Begrüßung die Hand nicht gegeben, so wie das in Europa gemacht wird. Stattdessen werden die Hände aneinandergelegt, so wie bei einem Gebet. Diese Art der Begrüßung zeugt von Respekt gegenüber der anderen Person.

Vogel-Strauß-Übungen

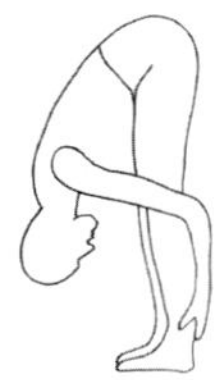

Der Strauß steckt seinen Kopf in den Sand. So lautet auch eine Redewendung. Vogel-Strauß-Übungen sind solche, bei denen der Kopf (längere Zeit) unterhalb des Herzens gehalten wird. Auch diese Position birgt für einige Menschen ein Risiko, weil dadurch der Blutdruck im Kopf erhöht wird und/oder der Kreislauf schnell absacken kann.

Deshalb auch hier: Vogel-Strauß-Übungen sind zu vermeiden!

Übrigens: Obwohl in einigen Büchern Yoga im Wald empfohlen wird, muss klar sein, dass Yoga nicht mit Waldbaden zu verwechseln ist. Yoga ist ein eigenes, philosophisches System. Es können durchaus einfache Yoga-Übungen beim Waldbaden integriert werden. Dennoch braucht es eine klare Abgrenzung zwischen diesen grundsätzlich verschiedenen Methoden.

12.2.7 Kopf in den Nacken legen

Es lässt sich nicht vermeiden, dass beim Blick in die Baumkronen der Kopf in den Nacken gelegt wird. Wenn der Kopf zu intensiv und zu lange in dieser Knickposition gehalten wird – noch verheerender: mit einer Drehbewegung – kann dies für einzelne Personen sehr gefährlich sein. Was ist an dieser Übung problematisch? Die Halswirbelsäule ist durch Bänder und Muskeln gestützt und trägt den Kopf, der bei erwachsenen Menschen zwischen vier und fünf Kilogramm wiegt. Durch das Legen des Kopfes in den Nacken entsteht eine große Hebelwirkung auf diese Bänder und Muskeln. Sind zudem die knöchernen Strukturen beeinträchtigt (Abnützungserscheinungen an den Halswirbeln), verursacht diese Bewegung eine ungünstige Reibung. Die Hirnarterie wird eingeengt, was Übelkeit und Schwindel auslösen kann. Einige kennen das Symptom vom Besuch beim Frisör, wenn sie beim Haarewaschen den Kopf nach hinten auf den Waschbeckenrand legen müssen. In seltenen Fällen wird die Arterie des Halses durch die Knickbewegung derart verletzt, dass diese Haltung zu einem Hirnschlag führen kann. Unter dem Namen „Beauty Parlour Stroke Syndrom" hat Michael I. Weintraub 1993 erstmals im „Journal of the American Medical Association" darüber berichtet[21].

Für die Komorebi-Übung (Kap. 14.4.1) wird empfohlen, den Nacken mit einer oder beiden Händen abzustützen oder sich an einen Baum zu lehnen. Somit muss die Halswirbelsäule nicht so viel Gewicht tragen. Eine liegende Position entlastet den Bereich der Halswirbelsäule optimal und kann im gegebenen Fall als Möglichkeit angeboten werden. Mit einem Spiegel können die Baumkronen sehr gut eingefangen werden, sofern die einzelnen TN dies möchten. Wichtig scheint mir, hier genügend Sensibilität walten zu lassen und ganz im Sinne der EDSE-Methode nach Lorek viele Varianten anzubieten.

12.2.8 Die sogenannte Bauchatmung

Die Bauchatmung: ein anatomisches Wunderwerk! Wussten Sie, dass Sie gar nicht in den Bauch atmen können? Weil es im Bauch keine Lunge gibt. Diese befindet sich oberhalb des Zwerchfells. Das Zwerchfell trennt den Rumpf in einen oberen und unteren Teil. Unterhalb des Zwerchfells befinden sich die inneren Organe wie Magen, Darm, Blase usw. Anatomiekenntnisse helfen hier weiter.

Die sogenannte Bauchatmung ist in Tat und Wahrheit eine Zwerchfellatmung – das Zwerchfell löst die Atmung aus. Durch die Bewegung des Zwerchfells nach unten werden auch die inneren Organe nach unten bewegt, wodurch sich der Bauch vorwölbt. Bei größeren Atemzügen bedingt dies, dass die Bauchmuskulatur entspannt werden kann, was im Stehen für die meisten richtig anspruchsvoll ist. Durch die Anleitung, in den Bauch zu atmen, kann ein geradezu gegenläufiges und unnatürliches Atemmuster angeregt werden. Auch eine Menge Stress kann entstehen, weil viele Menschen ihren Bauch (ständig) einziehen und/oder viel zu enge Kleidung tragen.

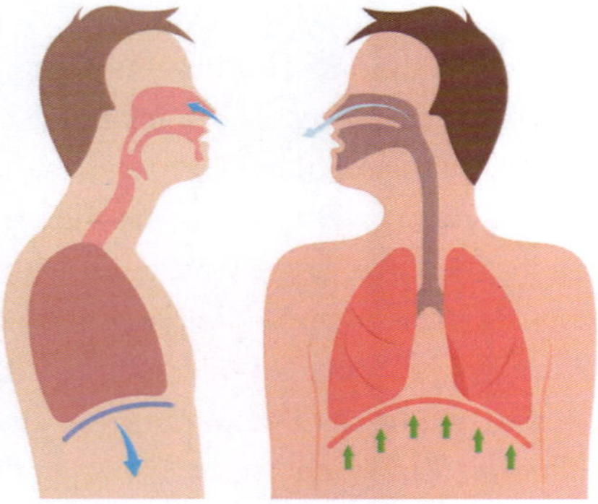

einatmen
Zwerchfell senkt sich ab

ausatmen
Zwerchfell entspannt sich

Deshalb: *Bauchatmung* ist als Begriff nicht notwendig. Dazu gibt es stressfreie Alternativen, bei denen Atemübungen sanft und achtsam angeleitet werden (Kap. 14.3).

12.2.9 Längere Entspannungsübungen

Das Kursthema, die Erfahrung der TN und die Kurslänge bestimmen den Kursinhalt. Deshalb sind in kürzeren, einmaligen Kursen Entspannungsübungen von höchstens fünf bis zehn Minuten Dauer angebracht. Diese Zeitspanne verhilft ebenso zur Entspannung wie eine längere Zeiteinheit. Für Menschen, die Entspannungsübungen nicht gewohnt sind, ist eine kurze Zeiteinheit gerade richtig.

Wenn die TN mit Entspannungsübungen vertraut sind, wünschen sie sich oft eine längere Entspannungssequenz, sodass auch mal 15 bis 20 Minuten angebracht sind. In diesem Zeitraum kann die Phase des Zurückkommens ins Hier und Jetzt jeder Person individuell überlassen werden. Einige werden sich dann ausgiebig Zeit nehmen, andere werden die Übung schneller beenden, je nach ihrem Bedürfnis. Allerdings muss die KL abwägen, ob der Fokus ihres Kursangebotes auf der angeleiteten Entspannung liegen soll oder auf einem anderen Thema. Ich selbst bin bisher mit kürzeren Entspannungssequenzen gut gefahren.

Natürlich kann nicht nur in liegender Position entspannt werden. Deshalb wählen die TN die Position, die sie als angenehm empfinden, selbst. Auch Stehen ist möglich.

12.2.10 Körperreisen / Bodyscan

Bodyscan oder Yoga Nidra als Beispiele für Körperreisen folgen einem definierten Ablauf, der sich auf die Eigenwahrnehmung des Körpers richtet. Sie werden zudem oft in vorgeschriebenen Positionen unterrichtet, wie zum Beispiel in Savasana (Sanskrit für *Totenstellung*), was dem Prinzip der Selbstbestimmung widerspricht. Aus Rückmeldungen von Kursteilnehmenden weiß ich, dass nicht alle Menschen solche Übungen gleichermaßen schön und angenehm finden. Einen kurzen Bodyscan zur Unterstützung der Entspannung in einen Kurs zu integrieren, ist unter gewissen Bedingungen möglich: wenn die Teilnahme freiwillig ist oder wenn die KL diese Methoden in ihrer Kursausschreibung deklariert. Sie wendet sich damit explizit an ein Zielpublikum, das sich für solche Entspannungstechniken interessiert.

12.2.11 Fantasiereisen

Fantasiereisen bringen die TN in eine Innenwelt, die mit der Außenwelt nicht zwangsläufig etwas zu tun hat. Als Methode, um zum Beispiel ein Gefühl zu verändern oder eine Wahrnehmung neu auszurichten, ein Erlebnis neu zu gestalten oder sogar für ein Muskeltraining, wie dies in der Feldenkrais-Methode eingesetzt wird, ist Imagination eine großartige Technik. Das Wissen darum, dass es unserem Gehirn einerlei ist, ob wir uns etwas ausdenken oder ob wir eine Erinnerung abrufen, zeigt auf, wie mächtig dieses Werkzeug sein kann.

Fantasiereisen sind sinnvoll für Menschen, die in Spitälern, Heimen oder anderen Institutionen aufgrund ihrer aktuellen Situation nicht in die Natur gehen können. Es wäre schade, Fantasiereisen im Wald anzubieten, wo doch gerade der Wald im Hier und Jetzt stattfindet und einem als Hilfsmittel für das Wahrnehmen des aktuellen Moments zugutekommt.

GUT ZU WISSEN: FANTASIEREISE

Die Technik der Fantasiereise wurde Anfang der 1970er-Jahre vom amerikanischen Arzt O. Carl Simonton entdeckt. Er setzte sie begleitend bei seiner Krebstherapie ein, um Patient:innen eine aktive Haltung gegenüber der Krankheit einnehmen zu lassen. Zusätzlich band er Fantasiereisen wirksam in die Verhaltenstherapie ein, um die Auflösung von Angst, Phobien und psychosomatischen Leiden zu unterstützen. Die Verhaltenstherapie geht davon aus, dass ungünstige Verhaltensmuster erlernt und demzufolge auch wieder verändert werden können.

Für das Waldbaden eignen sich Übungen, die die Wahrnehmung der Umgebung fördern, zum Beispiel durch die Betrachtung von verschiedenen Pflanzen-, Wolken- oder Wasserformationen, um nur ein paar wenige zu nennen. Zudem gibt es sehr viele gestalterische Übungen, welche die Fantasie ebenso einbeziehen und anregen.

GUT ZU WISSEN: VORSTELLUNGSKRAFT

Die Zitronen-Übung demonstriert eindrücklich, wie unmittelbar der Körper auf die innere Vorstellung eines Bildes reagiert: Wer sich vorstellt, jetzt gleich in eine Zitrone zu beißen, wird wahrnehmen, dass sich die Mimik sofort verändert. Häufig beginnt sich der Mund ein wenig zusammenzuziehen, schnell wird Speichel produziert und die Empfindung wird mitunter sehr real. Aber es ist bloß die Vorstellungskraft, die dies bewirkt, denn tatsächlich hat gerade jetzt niemand in eine Zitrone gebissen.

Besonders in der achtsamen Sprache Ungeübte dürfen ihre persönliche Sprachprägung genau untersuchen. Es sei an dieser Stelle empfohlen, die neuen Sätze zu üben, um versiert zu werden.

Auf die Wirkung der Worte geht Monika Leitner im nachfolgenden Gastbeitrag ein. Sie schreibt zwar aus medizinisch-therapeutischer Sicht, ihre Aussagen können aber ohne Weiteres in Angebote der Erwachsenenbildung übertragen und dort angewandt werden.

Gastartikel Dr. Monika Leitner

Worte wirken

Worte haben Macht. Worte haben Wirkung. Worte können schwer wiegen, wie der Schriftsteller Pascal Mercier in seinem Buch „Das Gewicht der Worte" treffend schreibt. Berufsgruppen, die mit Menschen arbeiten (Bereich Gesundheit, Bewegung, Fitness usw.) sind zum Teil noch wenig sensibilisiert darüber, wie stark sich ihre Sprache und ihre Kommunikation auswirken. Die eingesetzte Sprache und die Vermittlung von Information beinhalten beides: das Potenzial heilend, aber auch schädigend zu wirken. Das Ziel sollte sein, eine Sprache anzuwenden, die Menschen in Richtung Erholung, Genesung, Selbstverantwortung und Selbstwirksamkeit führt. Aus diesem Grund ist es wichtig, wachsam zu bleiben bezüglich der Auswirkungen unserer Worte und wie unser Gegenüber sie interpretiert. Denn mit den Worten verhält es sich wie mit der Zahnpasta in der Tube: Sind sie einmal raus, gibt es kein Zurück.

Die Auswirkungen der Sprache sind vergleichbar mit der Placebo- und Nocebo-Wirkung. Placeboeffekte zeigen reale und messbare physiologische Veränderungen und haben oft zu Unrecht ein negatives Image. Fälschlicherweise wird unter dem Begriff Placeboeffekt eine Wirkung des Wirkungslosen verstanden. Doch die evidenzbasierte Medizin irrt, wenn sie den Placeboeffekt als „Störgrösse" darstellt [1]. Die Wirkung des Nicht-Stofflichen – neu auch *Bedeutungswirkung* (siehe weiter unten) genannt – weist auf das immense Potenzial des Bewusstseins, des Geistes hin, das in der Schulmedizin häufig ignoriert wird. Der Medienwissenschaftler Martin Andree beschreibt in einem bemerkenswerten Artikel in der „Frankfurter Allgemeinen", dass ein „Placebo die beste Medizin ist".

Ein Placebo kann als äußerer Impuls der Selbstregulation verstanden werden, der unter bestimmten Bedingungen wirkmächtig werden kann. Dies scheint dann möglich, wenn dem Placebo durch bestimmte Handlungen und Informationen eine Aura verliehen wird, die eine heilende Kraft ermöglicht [2]. Beim Noceboeffekt, bei dem sich eine negative Wirkung offenbart, verhält es sich genau umgekehrt. Und da wären wir wieder bei der Sprache. Die empfangenen Worte prägen unser Denken und Fühlen und damit letztendlich auch unsere Gesundheit. „Wenn die Menschen wüssten, wie sehr die Gedanken ihre Gesundheit beeinflussen, würden sie entweder weniger oder anders denken" (Andreas Tenzer).

Gemäß Martin Andree wirken in jeder therapeutischen Behandlung zwei Faktoren auf den Körper ein. Zum einen etwas Stoffliches, wie zum Beispiel ein pharmazeutisches Mittel – dies nennt er Somatik. Zum anderen etwas Sprachlich-Kommunikatives, wie zum Beispiel Wörter oder Zeichen jeder Art – dies nennt er Semantik. Interessanterweise wirken nun beide, das stoffliche Mittel auf der einen Seite und das sprachlich-kommunikative Wirkmittel auf der anderen Seite, auf ganz ähnliche Weise. Beide aktivieren im Gehirn die gleichen Areale. Es liegt nun am Empfänger, welche Bedeutung Wörtern, Zeichen, Informationen und Handlungen zugeschrieben wird beziehungsweise wie diese wirkmächtig und biophysiologisch wirksam werden können. Aus diesem Grund nennt Andree dieses Phänomen *Bedeutungswirkung*. Die Herangehensweise ermöglicht eine neue Sichtweise auf das Placebo [3].

Jede Information besitzt also das Potenzial, dass sie entweder wie ein Heilmittel oder wie ein Gift wirkt. Unterstrichen wird dies durch folgendes Zitat, das gemäß eines „Spiegel"-Artikels der Gründungsschrift der American Medical Association aus dem Jahr 1847 zugeschrieben wird: „Das Leben eines Kranken kann nicht nur durch die Handlungen eines Arztes verkürzt werden, sondern auch durch seine Worte oder sein Verhalten."

Neue Studien belegen, dass auch die Schmerzwahrnehmung von Patienten von der Wortwahl des Gesundheitspersonals abhängt. Die Wahrnehmung schmerzassoziierter Wörter führt zu einer Aktivierung neuronaler Netzwerke, die auch bei der Verarbeitung realer Schmerzreize aktiviert sind [4]. Insofern sollte diskutiert werden, welche Art von Schmerz-Kommunikation mit Patienten und Patientinnen in welchem Umfang tatsächlich sinnvoll ist und inwieweit das Schmerzgeschehen der Betroffenen dadurch zusätzlich verstärkt wird [5].

Im Artikel „Words that harm, words that heal" stellen Bedell et al. [6] dar, dass die verwendeten Worte bei der Untersuchung und Behandlung von Patienten ungewollt die Sicht des Patienten über seinen Zustand negativ beeinträchtigen können. Ein Beispiel dazu liefert der Placebo-Forscher Fabrizio Benedetti. Nach einer Operation löste er bei Patienten mit mäßigem Schmerz einen Noceboeffekt aus, indem er ihnen eine wirkungslose Salzlösung injizierte und dabei die Information vermittelte, dass der Schmerz in ein paar Minuten ansteigen würde, was dann auch eintraf [7].

Für Kursleitende (im Bereich Bewegung oder Achtsamkeit im Wald) ist es wichtig zu verstehen, dass die positive Erwartungshaltung oder die Selbstwirksamkeit einen viel stärkeren Zusammenhang mit dem Therapieresultat zeigt als die anatomischen/diagnostischen Befunde [8]. Es gibt therapeutisch viele Möglichkeiten, am Körper zu arbeiten, um Heilung beziehungsweise Gesundheit zu fördern. Therapien können jedoch ein „Minenfeld an bedrohlichen Wörtern und mehrdeutigen Informationen" sein [9]. Deshalb sollten Behandelnde sehr wachsam darüber sein, wie ihre Worte (vor allem bei Diagnosen) interpretiert werden können. So kann beispielsweise die Verwendung des Diagnosebegriffs „degenerative Veränderung der Wirbelsäule" für den Behandelnden harmlos und direkt klingen, Betroffene können dies jedoch auch als „katastrophal" wahrnehmen und ein inneres Bild entwickeln, bei dem der Rücken zerbröckelt. Eine bessere Alternative für das Wort „degenerativ" wäre „normale altersbezogene Veränderung". Statt „Abnutzung" könnte „normale Altersveränderung" gesagt werden und „Knochen auf Knochen" (wie z. B. im Röntgenbild sichtbar) kann mit „Verschmälerung des Gelenksspalts" abgemildert werden. Diese „klassischen" Röntgen/MRI-Diagnosen haben zusätzlich den Nachteil, dass sie ein mechanistisches Modell des Körpers festigen, das zu einer passiven „Reparatur-Haltung" des Betroffenen führen kann, verbunden mit dem Wunsch nach einer schnellen „Behebung der Störung". Die Psychoneuroimmunologie – als interdisziplinäres Forschungsgebiet, das sich mit der Wechselwirkung der Psyche, des Nervensystems und des Immunsystems beschäftigt – bestätigt jedoch erneut die Ganzheit des Menschen und die Verbindung zwischen Körper und Geist.

Worte, die wir erhalten, werden auch zu den Worten, die wir uns selbst sagen. Worte von außen beeinflussen unsere innere, gedankliche Welt.

Nicht nur die Wirkung über schädigende und heilende Kommunikation sollte ins allgemeine Bewusstsein rücken, sondern auch eine Art der Informationsvermittlung, mit der die Empfänger ihre Resilienz und Selbstwirksamkeit stärken können.

Das Bild vom kranken Menschen als Patienten soll abgelöst werden durch ein Bild, das den erkrankten Menschen zum Protagonisten der eigenen Heilung macht. In diesem neuen Narrativ ist der kranke Mensch Experte in eigener Sache – für seine Gesundheit und seinen Lebensstil. Denn: die „Apotheke im Kopf" kann das System der Selbstregulation stimulieren [2]. Dieser Mensch kennt seine Grenzen und Probleme auf der einen sowie seine Ressourcen und Möglichkeiten auf der anderen Seite. Er weiß über die Macht der Gedanken und Gefühle.

Dr. Monika Leitner ist Physiotherapeutin und als Dozentin in Lehre und Forschung tätig. Sie inspiriert Menschen für eine ganzheitliche Sichtweise, setzt Impulse und engagiert sich für eine individuelle Gesundheits- und Bewegungsförderung. Sie absolvierte Universitätslehrgänge in Health and Fitness und Sportphysiotherapie an der Universität Salzburg sowie in Betrieblichem Gesundheitsmanagement an der Uni/ETH-Zürich und doktorierte an der Universität Bern in Health Sciences (Physiotherapy). Sie unterrichtet im Bachelor- und Masterstudiengang Physiotherapie an der Berner Fachhochschule und arbeitet in einer Praxis. www.vita-impuls.ch

Bibliografie:

1. Schröder, M. und Schröder, H., *Sprache und Kommunikation als Therapeutikum – Plädoyer für den Vale(b)o-Effekt in der Heilkunde.* Erfahrungsheilkunde, 2019. 68(04): S. 217–224.

2. Schröder, H. und Grundwald, E., *Der Placebo- und Nocebo-Effekt: Illusion, Fakten und die Realität – Wie positive oder negative Gedanken die Gesundheit und unser Leben beeinflussen*. 2022: Crotona Verlag.

3. Andree, M., *Placebo-Effekte: Heilende Zeichen, toxische Texte, ansteckende Informationen, in Placebo-Effekte*. 2018, Brill Fink.

4. Richter, M., Miltner, W. und Weiß, T., *Schmerzwörter aktivieren schmerzverarbeitende Hirnareale*. Der Schmerz, 2011. 25(3): S. 322–324.

5. Richter, M. und Weiß, T., *Der Einfluss von Schmerzwörtern auf die Schmerzverarbeitung*. Der Schmerzpatient, 2018. 1(04): S. 168–175.

6. Bedell, S.E. et al., *Words that harm, words that heal.* Archives of internal medicine, 2004. 164(13): S. 1365–1368.

7. Benedetti, F., *How the doctor's words affect the patient's brain*. Evaluation & the Health Professions, 2002. 25(4): S. 369–386.

8. Chester, R. et al., *Psychological factors are associated with the outcome of physiotherapy for people with shoulder pain: a multicentre longitudinal cohort study.* British Journal of Sports Medicine, 2018. 52(4): S. 269–275.

9. Stewart, M. und Loftus, S., *Sticks and stones: the impact of language in musculoskeletal rehabilitation*. Journal of Orthopaedic & Sports Physical Therapy, 2018. 48(7): S. 519–522.

13 Sorgfältiger Aufbau

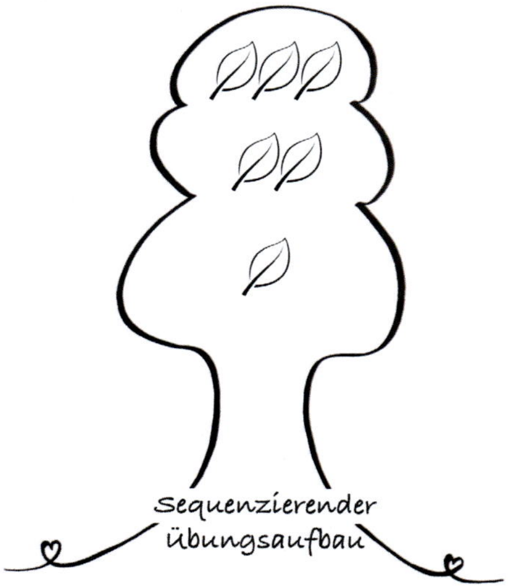

Ein sorgfältiger Kurs- und Lektionsaufbau basiert auf den folgenden Elementen:

1. Sequenzierender Aufbau – eine innovative Methode

2. Levelsystem – vom Einfachen zum Schwierigen

3. Informationen vor, während und nach der Übungsanleitung

Beispiele für die konkrete Umsetzung in die Praxis sind in Teil 3 zu finden, inklusive der Anleitungen, die teilweise schon vorgestellt wurden. Nun geht es vorerst um den sequenzierenden Aufbau als Vorgehensweise, die zusammen mit der ethischen Grundhaltung und der achtsamen Sprache die EDSE-Methode nach Lorek definiert.

13.1 Sequenzierender Aufbau

Die Übungen mit der EDSE-Methode nach Lorek sind nach dem Modell des sogenannten sequenzierend-aufbauenden Unterrichts gestaltet. Dies bedeutet: Die Übungen sollen mit dem einfachsten Baustein eingeleitet beziehungsweise angeleitet werden, möglichst mit der Methode „*Salatbüffet* – Varianten bieten" (Kap. 11.2). Erst nach und nach kommen schwierigere Übungen, die auf den vorangehenden aufbauen, als Variation dazu (siehe Grafik).

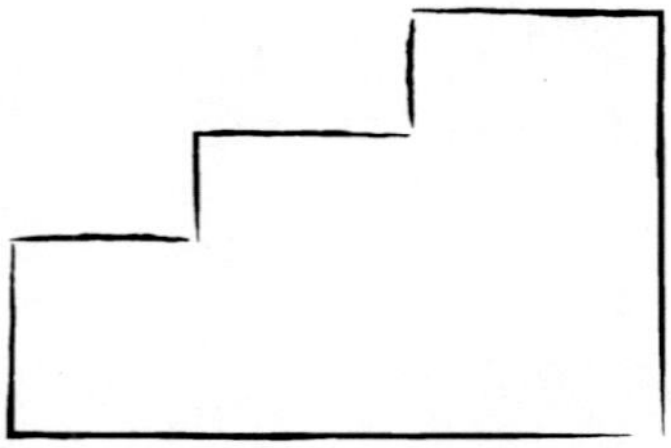

Grafik: Übungsaufbau vom Einfachen zum Schwierigen

In der Praxis wird oft gegenläufig unterrichtet. Die Anleitungsperson bietet die schwerstmögliche Variante an und erklärt erst anschließend die weniger anspruchsvollen Varianten. Oft übernehmen KL die Art und Weise der Anleitung, wie sie sie selbst gelernt haben. Es braucht Verständnis für Lernprozesse, aber auch für Menschengruppen, die aus diversen Gründen sensibel auf solche Anleitungen reagieren. Mir ist es ein Anliegen, dass die KL eine gewisse Feinfühligkeit und Innovationsgeist entwickelt und die bisherige Art der Anleitung nochmals überdenkt. Vielleicht sind Sie durch Ihre Praxis selbst zu gleichen Erkenntnissen gekommen, wie sie in diesem Buch vorgeschlagen werden. Wenn nicht, finden Sie hier viele Ideen, wie Sie Ihre Übungen in Zukunft anleiten könnten.

AUSPROBIEREN: REDUKTIVE ANLEITUNG

„Steh auf einem Bein und halte die Arme über dem Kopf. Wenn das nicht geht, kannst du auch die Hände in die Hüfte stützen oder auf beiden Beinen stehen."

Dies ist ein Beispiel, wie es immer wieder vorkommt. Ich nenne diese Art *reduktives Anleiten*. Warum? Den Kursteilnehmenden wird indirekt ein Leistungsdruck auferlegt: zuerst das Maximum, und dann wird reduziert. Auf diese Weise kommen viele TN auf die Idee, dass ausschließlich die Maximalvariante erstrebenswert ist. Alles, was unterhalb liegt, ist weniger gut. Dies kann vor allem aufgrund der Worte „Wenn das nicht geht ..." so verstanden werden.

Der *sequenzierende Aufbau* vermeidet jeglichen Leistungsanspruch, wie hier im nachfolgenden Beispiel gezeigt wird:

AUSPROBIEREN: SEQUENZIERENDER AUFBAU

„Suche dir eine bequeme Position. Wenn du möchtest, kannst du dein Gewicht auf ein Bein verlagern. Vielleicht nimmst du wahr, dass dein Gleichgewicht heute gut ist, vielleicht auch nicht. Gehe immer so weit, wie es im Moment möglich ist. Suche nach der Position, die genau jetzt für dich stimmt, du kannst sie jederzeit ändern. Zum Beispiel, indem du neu beginnst oder einen Schritt weitergehst. Wenn du möchtest, kannst du auch versuchen, auf einem Bein zu stehen. Achte darauf, wo deine Arme sein möchten: aufgestützt, hinter dem Rücken, neben dem Körper oder ganz woanders?“

Diese Art der Anleitung bedient sich des Prinzips „vom Einfachen in kleinen Tranchen zum Schwierigen“. Zudem integriert sie die Idee des *Salatbüffets*, wie bereits beschrieben (Kap. 11.2).

Um Hilfestellung für diesen Aufbau zu geben, wurden einige bestehende Waldbadenübungen angepasst und auch neue anhand eines Levelsystems eingeordnet. „Reduce to the max“[22] lautet die Devise. Warum mit schwierigen Übungen beginnen, wenn einfachere Übungen so viel mehr Spaß machen und die Entspannung unterstützen? Dabei hilft das Levelsystem.

13.2 Das Levelsystem

Die Übungen werden in diesem Buch eingeteilt in Basis-, Aufbau- und Fortgeschrittenen-Übungen, wobei die Einteilung mit der Anzahl der Blätter den zunehmenden Schwierigkeitsgrad angibt. So ist das Level der einzelnen Übungen auf einen Blick zu erkennen.

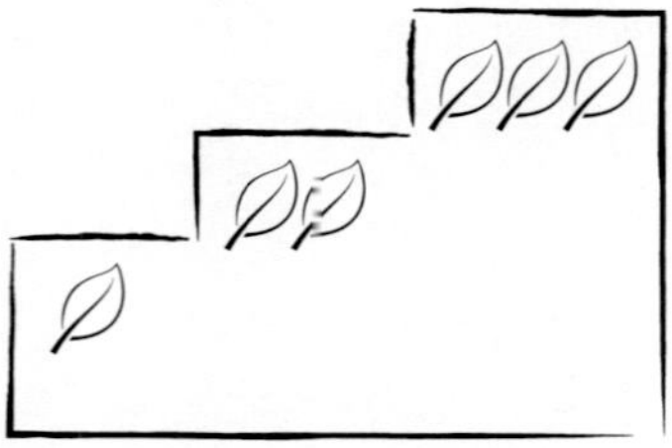

Ein-Blatt = Basisübungen: Diese Übungen eignen sich als Einstieg. Sie sind mit einem Blatt gekennzeichnet. Im Sinne eines sequenzierenden Aufbaus können Anleitungen immer mit Ein-Blatt-Übungen beginnen und darauf aufbauend können dann die Zwei-Blatt-Übungen folgen.

Zwei-Blatt = Aufbauübungen sind gekennzeichnet mit zwei Blättern. Diese Übungen benötigen einen Einstieg, wie sie bei den Ein-Blatt-Übungen zu finden sind. Aufbauübungen sind manchmal auch Varianten, meistens eine Erschwerung.

Drei-Blatt = herausfordernde Übungen, geeignet für Fortgeschrittene: Diese Übungen gehören nie in einen Einführungskurs und bauen auf den vorhergehenden Leveln auf. Im Sinne des sequenzierenden Aufbaus wird aber auch in Kursen mit erfahrenen Waldbaden-TN zuerst die Basis- oder die Aufbauübung angeleitet.

Über die Einteilung der Übungen in diese drei Level gibt es wohl unterschiedliche Ansichten. Die hier vorgestellte Zuordnung beruht auf meiner persönlichen Erfahrung. Darüber hinaus empfiehlt es sich aber, eine eigene Kartei mit Übungen anzulegen und diese zu bezeichnen. Weitere Informationen zu den spezifischen Übungen finden sich in Teil 3.

HINWEIS: AUFBAU

Aufbau bezieht sich auf den Aufbau einer einzelnen Übung, aber auch auf einen ganzen Kurs. Welche und wie viele Übungen für einen Kurs geplant werden, hängt von dessen Länge und natürlich von den Voraussetzungen und Erfahrungen der TN sowie des gewählten Themas ab. Ist es ein

Einführungskurs,

Tageskurs,

regelmäßiger Kurs,

Wochenend- oder Ferienkurs oder

Aufbaukurs?

Grundsätzlich ist zu Beginn immer mit einer Basisübung zu starten, die dann je nachdem mit der Aufbauübung und Varianten erweitert wird.

TESTIMONIAL

„Von A bis Z ein wunderbares Waldweekend mit einem roten Faden. Ich hoffe, dass ganz viele Menschen diese Erfahrung mit Zoë machen dürfen."
J. T.

13.3 Informationen vor, während und nach einer Übung

Selbstverständlich braucht die KL ein methodisches Konzept, das in diesem Buch aber nur kurz vorgestellt wird. Wer sich für das ausführliche Konzept interessiert, lernt dies in der Ausbildung. Ein methodisches Konzept sollte übrigens Bestandteil jeder Ausbildung sein.

Das methodische Konzept der EDSE-Methode nach Lorek besteht aus den folgenden Elementen:

- Vor einer Übung: Übung und deren Bedeutung einleiten, Übungsablauf erklären, zusätzliche Informationen geben
- Während der Übung: Achtsame Sprache anwenden, sequenzierender Aufbau, Levelsystem
- Nach der Übung: Austausch und Abschluss

13.3.1 Einleitende Worte

Die KL ruft die TN an einem gewünschten Ort zusammen und gibt den Namen oder auch das Ziel der Übung bekannt.

Zwei Beispiele:

1. „Die nächste Übung heißt ‚Schlendern'."
2. „In der nächsten Übung kann der Waldboden erfahren werden."

Anschließend erklärt die KL möglichst kurz die Bedeutung der Übung, zum Beispiel:

- „Beim Schlendern wird das Tempo merklich verlangsamt. Diese Entschleunigung kann die Wahrnehmung der Sinne unterstützen. Dies wiederum hilft, ganz in die Präsenz zu kommen."
- „Bei dieser Übung geht es darum, sich näher mit dem Waldboden vertraut zu machen. Es ist eine Wahrnehmungsübung und kann die Wahrnehmung vertiefen."

13.3.2 Ziel kennen und Bedeutung mitteilen

Bei der Vorbereitung eines Kurses überlegt sich die KL, welche Übung zu welchem Zeitpunkt und an welchem Ort sinnvoll ist. Sie ist sich deshalb bei der Anleitung über das Ziel im Klaren. Wissen die TN, worum es bei einer Übung geht (Bedeutung), erfahren sie Sicherheit. Es soll aber bei einer kurzen Erklärung bleiben, wie dies in *Detaillierte Anleitung einer Übung* (Kap. 13.4) beschrieben ist – um nicht Gefahr zu laufen, dass die TN durch eventuell genannte Ziele voreingenommen sind. Hinweis: Bei den *acht Elementen eines Kurses* (Kap. 14) wird auf das Ziel und die Bedeutung der einzelnen Übungen nicht näher eingegangen. Diese sind Inhalt einer fundierten Ausbildung.

13.3.3 Übungsablauf erklären

Die KL erklärt, wie die Übung ausgeführt werden kann, wobei sie bei der Anleitung auf die achtsame Sprache zurückgreift und Varianten anbietet. Die KL zeigt beispielhaft auch mit Mimik und Gestik, wie die Übung umgesetzt werden könnte. Am effektivsten ist es, wenn sich die KL nicht in ausführlichen Erklärungen verliert, sondern möglichst schnell die TN mit einbezieht. Dies bedeutet, dass die TN sich sofort in die Übung einlassen, währenddem die KL die Übung aufbauend anleitet. In den untenstehenden Beispielen steht in kursiver Schrift, was die KL tut.

BEISPIEL FÜR VARIANTEN BEIM „SCHLENDERN"

„Ich lade dich nun zum langsamen und gemächlichen Gehen ein.

die KL geht einige Schritte

Wenn du magst, folge deinen Impulsen. Vielleicht möchtest du etwas berühren ...

die KL berührt einen Zweig oder liest etwas auf

... oder an etwas riechen, ...

die KL riecht am Zweig oder an einem Blatt

... vielleicht auch mal stehen bleiben, ...

die KL demonstriert stehenbleiben

... einen vertieften Atemzug tun, ...

die KL macht hörbar einen vertieften Atemzug

... oder einem Geräusch zuhören, ...

die KL hält eine Hand ans Ohr oder hört sichtbar einem Ton zu

... oder du möchtest etwas aus der Nähe betrachten, ...

die KL sieht einen Gegenstand genauer an

... oder in die Baumkronen schauen."

Die KL richtet ihren Blick nach oben.

BEISPIEL FÜR VARIANTEN BEIM „PLATZ ERKUNDEN“

„Ich bitte dich, einen Platz in der Nähe zu suchen und mit deinen Füssen diesen Ort zu erkunden. Du kannst dies gerne in den Schuhen, in den Socken oder barfuß tun, ganz wie es für dich im Moment stimmt.

kurze Pause, damit die TN den Ort finden und allenfalls die Schuhe ausziehen können

Du kannst zum Beispiel deine Füße ganz sanft aufsetzen, ...

die KL demonstriert das sanfte Aufsetzen

... vielleicht möchtest du aber auch lieber stampfen? ...

die KL stampft

... oder auch stehen bleiben?

die KL bleibt stehen

Möglicherweise hast du eine eigene Idee oder möchtest etwas ganz anderes tun.“

Die KL beobachtet die TN und nimmt deren Impulse in ihre Anleitung auf. So kann es sein, dass einzelne TN hüpfen oder am Ort treten, rennen oder eben ihre Schuhe ausziehen.

13.3.4 Zusätzliche Informationen zum Übungsablauf

Zusätzliche Informationen betreffen Regeln für spezifische Übungen, das Benennen von Zwischenschritten bei mehrteiligen Übungen, Zeitangaben für die Übungen sowie das Definieren von akustischen Signalen, um das Ende einer Übung anzukündigen und die eventuell weit auseinanderstehenden TN wieder zusammenzurufen. Die allgemeinen Waldbadenregeln werden als *Shinrinyoku-Knigge* in Kapitel 14.1 *Informationen* beschrieben.

Ergänzende Regeln für spezifische Übungen
An dieser Stelle werden ergänzende Regeln bekannt gegeben, die für die spezifische Übung wichtig sind.

Beispiele für ergänzende Regeln:

- Eine Übung in Stille ausführen.
- Gefahrenquellen benennen: Wespennester, Ameisenhaufen u. ä.
- In Sicht- und Hördistanz bleiben, damit die Gruppe zusammenbleibt.

Auch entsprechende Grundregeln können hier genannt werden:

- Auf den Weg achten: Äste und Steine können im Weg liegen.
- Bei Regen können einzelne Abschnitte matschig und dadurch rutschig sein.
- Pflanzen beachten: Was mit der Erde verbunden ist, wird stehen gelassen.
- Beim Tasten zuerst hinsehen: Öffnungen und Hohlräume können von Tieren bewohnt sein. Durch das Hineingreifen werden sie gestört.

Zwischenschritte bei mehrteiligen Übungen
Es gibt Übungen, die aus mehreren Teilen bestehen. Dies bedeutet, dass die TN einen Auftrag erhalten und sich danach wieder in der Gruppe versammeln. Darauf aufbauend wird dann die Übung weitergeführt.

AUSPROBIEREN:
„WALDHANDY" MIT ZWISCHENSCHRITTEN
Material: Bilderrahmen

1. Teil: Jede Person sucht mit dem „*Waldhandy*" (Bilderrahmen) fünf Bilder und kommt danach zurück zum Treffpunkt.

2. Teil: Die TN gehen nun zu zweit und zeigen sich die gefundenen Sujets. Danach kommen sie wieder zum Treffpunkt zurück.

Akustische Signale
Akustische Signale eignen sich, um die TN ins Plenum zurückzuholen oder das Ende einer Übung anzuzeigen. Bitte bedenken: Menschen mit Hörbeeinträchtigungen hören gewisse Töne nicht, zum Beispiel jene der Zimbel und des Triangels, auch wenn diese sehr schön klingen. Außerdem kann das Signal in den Waldgeräuschen untergehen, vor allem im Frühling, wenn viele Vögel zwitschern. Oder das Signal wird durch den Wind in eine andere Richtung getragen.

Auf dem afrikanischen Kontinent wird die Buschtrommel geschlagen. Sie besteht aus einem ausgehöhlten Baumstamm und benötigt viel Kraft und Ausdauer beim Schlagen. Dafür wird sie kilometerweit gehört. Eine solche Hördistanz benötigt die KL zwar nicht, aber sie kann sich das Prinzip des Klangs von Holz zunutze machen, denn es klingt besonders gut. Allerdings ist es empfehlenswert, nur auf bereits gefällte Baumstämme und am Boden liegende große Äste zu schlagen. Im Sinne des Respekts gegenüber der Natur und der Vorbildfunktion schlägt die KL niemals gegen stehende Bäume, weil die Rinde verletzt werden kann.

TIPP: AKUSTISCHE SIGNALE

Die Stimme steht meistens zur Verfügung und mit ihr kann ein Ruf, eine Melodie oder ein Singsang als Signal gegeben werden.

Auch Klatschen in die Hände ist einfach. Dennoch: Üben Sie den Rhythmus vorher!

Im Wald gibt es in der Regel Steine und diese können wunderbar benutzt werden. Schlagen Sie zwei Steine mit einem Rhythmus zusammen. Sie werden staunen, wie laut das klingt! Zudem können sie wieder am Ort hingelegt werden.

Zwei Aststücke können aneinandergeschlagen werden. Diese sollten weder nass noch spröde sein.

Claves sind auch gut hörbare Klanghölzer. Bambus (eigentlich ein Süßgras) eignet sich wegen seines Hohlraums besonders gut.

Orff-Instrumente, wie beispielsweise Kastagnetten, Handtrommeln, Schellen und diverse Rasseln oder andere kleine Instrumente wie Holzblocktrommel, Röhrentrommeln, Agogô.

Dundun-Glocke: Die Metallglocke mit Klöppeln hat einen lauten Klang.

Flöte, wer sie spielen kann.

Die Kuckucksflöte imitiert den Kuckuck. Dieser Ruf eignet sich nicht, wenn der Kuckuck schon in diesem Gebiet ansässig ist, da er mit dieser Flöte angelockt wird. Zudem kann die KL auch einen Kuckuck mit ihrer Stimme nachmachen.

Das akustische Signal wird einmal bei der ersten Übung vorgespielt. Behält die KL diesen Klang in den darauffolgenden Übungen oder auch während eines mehrteiligen Kurses bei, klingt die Tonfolge für die TN bald vertraut.

Zeitangaben

Die KL informiert die TN gegebenenfalls über die vorgesehene Dauer einer Übung, zum Beispiel fünf bis zehn Minuten für eine kurze Übung, vielleicht auch mal bis zu 20 Minuten. Wahrnehmungsübungen dauern eher kürzer, Übungen zu zweit eher etwas länger.

Nicht bei jeder Übung ist die Dauer anzugeben. Bei manchen Übungen bleibt das Ende offen. Darüber werden die TN zum Beispiel so informiert: „Du kannst dir so lange Zeit nehmen, wie es braucht. Wenn du fertig bist, bitte ich dich, wieder an diesen Ort zurückzukommen."

Wichtig: Es steht den TN frei, die Übung jederzeit nach eigenem Ermessen früher zu beenden. Dies kann so oder ähnlich formuliert werden: „Falls du die Übung früher beenden möchtest, kannst du dies nach eigenem Ermessen tun."

Während sich die TN verteilen, beobachtet die KL, in welche Richtung sich diese bewegen. Ist die Zeit um, lässt die KL das akustisches Signal erklingen. Sollte eine Person nicht zurückkommen, hält die KL ihren Notfallplan bereit (Kap. 16.2.2).

TIPP: GUTE ZEITPLANUNG

Wie lange die Übungen dauern (können), muss bei der Planung des Kursangebots berücksichtigt werden.

Fragen klären

Nachdem die KL die Übung vorgestellt hat, erkundigt sie sich bei den TN, ob es noch Fragen gibt. Dies ist besonders wichtig, weil es der KL eine Rückmeldung gibt, ob die Übung verständlich angeleitet wurde. Vielleicht zeigen sich bei dieser Frage unterschiedliche Wahrnehmungen oder allfällige Schwierigkeiten einzelner TN, die hier sofort geklärt werden sollen.

13.3.5 Während der Übung

Sie haben erfolgreich die Übung mit der achtsamen Sprache, dem sequenzierenden Aufbau und dem „Salatbüffet-Prinzip" angeleitet. Aber was tun Sie, währenddem ihre TN sich in die Übung vertiefen? Darüber machen sich manche KL vorab keine Gedanken und realisieren dann vor Ort, dass erstens ihr Tun oder Nichttun auch unter Kontrolle der TN steht und zweitens in diesem Moment eine gewisse Panik aufkommen kann. Aber dafür gibt es keinen Grund, denn Sie sind ja vorbereitet. In der professionellen Planung haben Sie sich im Voraus Gedanken gemacht. Hier ein paar Vorschläge, was Sie bei der Planung berücksichtigen könnten.

TIPP:
WAS TUN WÄHREND EINER ÜBUNG?

Während die TN sich in eine Übung vertiefen, können Sie zum Beispiel etwas trinken. Das ist besonders wichtig, weil die KL ihre eigenen Bedürfnisse häufig unterordnet. Und trinken wird gerne vergessen.

Weiterhin sind folgende Handlungen empfehlenswert:

Entspanntes Beobachten der TN

Allenfalls zu einzelnen TN hingehen und mit einem anerkennenden Nicken unterstützen

Falls einzelne TN etwas verloren scheinen: *das bilaterale Gespräch* (Kap. 17.2) anbieten oder die Übung *Zur Präsenz einladen* (Kap. 11.5) machen

Sich für einen kurzen Moment entspannen, sich hinsetzen oder an einen Baum anlehnen; Dankbarkeit und Heiterkeit pflegen; Komorebi genießen

Die nächste Übung vorbereiten, allenfalls etwas aufstellen oder hinlegen

Einen Timer stellen, um die TN nach einer gewissen Zeit wieder ins Plenum zu rufen

Wie eine Übung mit der EDSE-Methode nach Lorek im Detail angeleitet wird, lesen Sie in Kapitel 13.4.

13.3.6 Austausch

Ein Austausch kann, muss aber nicht angeboten werden. Stattfinden kann der Austausch an den unterschiedlichsten Orten: zum Beispiel unterwegs auf dem Weg, an einer Feuerstelle, auf einer Lichtung oder dort, wo die TN etwas gestaltet haben. Sie finden weitere Möglichkeiten zum Austausch bei den praktischen Übungen in Teil 3.

13.3.7 Abschluss

Damit für alle TN klar ist, wann eine Übung als beendet gilt, wird dies unmissverständlich kommuniziert:

AUSPROBIEREN:
BEENDEN EINER ÜBUNG

„Ich möchte diese Übung jetzt beenden."

„Ich lade zur nächsten Übung ein."

13.4 Detaillierte Anleitung einer Übung

In diesem Buch wurde bereits mehrfach darauf hingewiesen, worauf bei der Ausführung einer Übung geachtet werden soll. Zur praktischen Veranschaulichung folgt nun der detaillierte Ablauf einer Übung, wie sie auf Basis der EDSE-Methode nach Lorek umgesetzt werden könnte. Die Übung wird aus der Sicht der KL beschrieben, die Anleitung erfolgt deshalb in der Ich-Form. Die kursiv und in Klammern geschriebenen Begriffe geben die zuvor erläuterten Bereiche wieder.

„FARBEN FINDEN"

(*Einleitende Worte*) „Ich lade dich zur nächsten Übung ein. Sie heißt ‚Farben finden'.

(*Bedeutung/Ziel*) Bei dieser Übung geht es darum, die verschiedenen Farben des Waldes zu entdecken.

(*Ablauf, Einladung, sequenzierender Aufbau*) Wenn du möchtest, kannst du dich nun im Umkreis bewegen und ein bis drei verschiedene Farben finden.

(*Regeln wiederholen*) Ich bitte dich, in Hördistanz zu bleiben. Gerne möchte ich dich nochmals daran erinnern, nur bewegliche Fundstücke mitzubringen und alles, was mit der Erde oder einer Pflanze verbunden ist, stehen zu lassen.

(*Selbstbestimmung, Eigenverantwortung*) Wenn du den Impuls verspürst, wieder zurückzukommen, kannst du dich hier einfinden. Wenn alle eingetroffen sind, erzähle ich, wie es weitergeht. Möchte jemand noch eine Frage stellen?

(*Zusätzliche Information*) Sobald du das akustische Signal hörst, bitte ich dich, wieder hierher zurückzukommen. Ich wünsche dir viel Freude."

Die KL bereitet in der Zwischenzeit den Platz vor, an welchem die Gegenstände hingelegt werden können. Sollte eine Person etwas länger brauchen, kann auf diese gewartet werden, ansonsten wird sie mit dem akustischen Signal in die Gruppe zurückgerufen. Die KL beobachtet während der Übung die TN und schaut, ob alle durch Körpersprache und Mimik signalisieren, dass sie okay sind. Beobachtet die KL bei einer Person ein Unwohlsein, geht sie zu dieser hin und klärt mit ihr die Ursache und eine mögliche Lösung.

Alle TN finden sich wieder ein. Der Ablauf im Sinne des sequenzierenden Aufbaus kann wie folgt fortgeführt werden.

„FARBEN ANORDNEN"

(*Einleitende Worte*) „Ich sehe, dass alle wieder zurück sind, und ich lade dich dazu ein, die Farben nun zu ordnen. Ich habe hier einen Platz vorbereitet und schlage vor, die Übung hier zu machen.

(*Salatbüffet, sequenzierend*) Die Farben könnten gleich zu gleich oder zu ähnlich geordnet werden. Es könnte auch ein Farbverlauf sein oder etwas ganz anderes.

(*Regeln*) Diese Gestaltung ist so gedacht, dass alle ihren Gegenstand platzieren. Jeder und jede darf etwas verändern. Wichtig ist: Es gibt nicht richtig oder falsch. Es gibt viele Möglichkeiten und ich lade dich dazu ein, ganz im Moment zu sein und zu beobachten, was entsteht. Die Übung wird schweigend ausgeführt. Möchte jemand noch eine Frage stellen?

Wenn du magst, darfst du gerne beginnen."

Die KL schaut schweigend zu und bleibt etwas im Hintergrund. Haben alle die Farben platziert, kann die KL in die Runde fragen: „Sind alle mit der Platzierung einverstanden oder gibt es Vorschläge zur Änderung?"

Manchmal möchten die TN die Gestaltung so lassen, manchmal gibt es TN, die etwas ändern möchten. Die Übung könnte auch hier mit einem Austausch beendet werden.

Wenn die TN noch etwas ändern möchten: In einer solchen zweiten Runde gehen manchmal Welten auf. Die KL bleibt ganz ruhig und gelassen. Sollte jemand eine Gestaltung komplett umändern, gibt es dazu bestimmt auch andere Meinungen. Die KL kann den einzelnen Änderungswünschen ruhig Raum geben und die TN ihre

Wünsche umsetzen lassen. Bei großen Änderungen kann am Ende das ursprüngliche Bild wieder hergestellt werden. Darauf passen folgende Worte: „Ich danke dir für deine Ideen und die Gestaltung."

Falls kein weiterer Austausch stattfinden soll, ist dies ein geeigneter Moment, die Übung abzuschließen. Eventuell gibt es ein Erinnerungsfoto.

Wenn die Zeit für einen Austausch reicht, kann folgende Frage gestellt werden: „Wie geht es dir gerade jetzt?"

Mit der folgenden Variation wird aufgezeigt, wie eine Übung anspruchsvoller gestaltet werden kann:

Die KL leitet die Übung zunächst wie die Ein-Blatt-Übung „Farben finden“ an.

Während die TN die Farben suchen, bereitet die KL den Platz vor. Sie legt dazu die Farbkarten verteilt auf den Boden.

„FARBEN ORDNEN“

Material: Farbkarten aus dem Baumarkt (möglichst in Naturtönen, aber auch schillernde Farben wie Rosa, Pink und Hellblau, evtl. Schwarz)

(*Einleitende Worte*) „Ich sehe, dass alle wieder zurück sind, und ich möchte dich gerne dazu einladen, die Farben nun zu ordnen. Ich habe den Platz vorbereitet und wie du siehst, liegen hier bereits verschiedene Farbkarten.

(*Salatbüffet, sequenzierend*) Wenn du magst, kannst du deine Farben nun zu einer gleichen oder ähnlichen Farbe hinlegen. Vielleicht findest du keine passende Farbkarte, das ist gut möglich, denn die Farben im Wald sind natürlicherweise sehr vielfältig. Dann kannst du deine Farben an einen eigenen Platz legen. Es gibt viele Möglichkeiten und ich lade dich dazu ein, ganz im Moment zu sein und zu beobachten, was entsteht.

(*Regeln*) Die Übung wird schweigend ausgeführt.

Möchte jemand noch eine Frage stellen?
Wenn nicht, darfst du gerne beginnen.“

Die KL schaut schweigend zu und bleibt etwas im Hintergrund. Sie beobachtet die TN beim Hinlegen und achtet, ob es ihnen gut geht. Haben alle ihre Farben hingelegt, kann die KL mit den TN von Farbe zu Farbe gehen und in Form eines Austausches über das Erlebte reflektieren.

Die nachfolgende Übung ist eine Variante die mehr herausfordert. Sie basiert auf den vorhergehenden Varianten.

„FARBEN FINDEN MIT FARBKARTEN"

Material: Farbkarten aus dem Baumarkt (möglichst in Naturtönen, aber auch schillernde Farben wie Rosa, Pink und Hellblau, evtl. Schwarz)

(*Einleitende Worte*) „Ich lade dich zur nächsten Übung ein. Sie heißt ‚Farben finden'.

(*Bedeutung/Ziel*) Bei dieser Übung geht es darum, die verschiedenen Farben des Waldes zu entdecken.

(*Ablauf, Einladung, sequenzierender Aufbau, Salatbüffet*) Wenn du möchtest, kannst du die Übung ohne Farbkarte oder eine, zwei oder drei Farbkarten auswählen und im Umkreis passende Gegenstände in diesen Farben finden. Du kannst auch Farben finden, die nicht zur Farbkarte passen. Vielleicht möchtest du die Farbkarte auch nochmals ändern. Fühle dich frei, diese Übung so auszuführen, wie du möchtest.

(*Regeln wiederholen*) Ich bitte dich, in Hördistanz zu bleiben. Gerne möchte ich dich nochmals daran erinnern, nur bewegliche Fundstücke mitzubringen und alles, was mit der Erde oder einer Pflanze verbunden ist, stehen zu lassen.

(*Selbstbestimmung, Eigenverantwortung*) Wenn du den Impuls hast, zurückzukommen, kannst du dich wieder an diesem Ort einfinden.

Möchte jemand noch eine Frage stellen?

(*Zusätzliche Information*) Sobald du das akustische Signal hörst, bitte ich dich, wieder hierher zurückzukommen. Ich wünsche dir viel Freude."

Die KL bereitet in der Zwischenzeit den Platz vor, an welchem die Gegenstände hingelegt werden können. Sollte eine Person etwas länger brauchen, kann auf diese gewartet werden, ansonsten wird sie mit dem akustischen Signal in die Gruppe zurückgerufen. Die KL beobachtet während der Übung die TN und achtet darauf, ob alle durch Körpersprache und Mimik signalisieren, dass sie okay sind. Beobachtet die KL bei einer Person ein Unwohlsein, geht sie zu dieser hin und klärt mit ihr die Ursache und eine mögliche Lösung.

Alle TN finden sich wieder ein. Die Fundstücke werden nun von den TN platziert. Hier kann je nach Gruppe und Stimmung und im Sinne des sequenzierenden Aufbaus der folgende Teil als Variante gewählt werden:

„FARBEN ANORDNEN" (VARIANTE)

(*Einleitende Worte*) „Ich sehe, dass alle wieder zurück sind, und ich möchte dich gerne dazu einladen, die Farbkarten mit den Fundstücken zu ordnen. Ich habe den Platz vorbereitet und schlage vor, die Übung hier zu machen.

(*Salatbüffet, sequenzierend*) Die Farben können gleich zu gleich oder zu ähnlich geordnet werden. Es könnte auch ein Farbverlauf sein oder etwas ganz anderes.

(*Regeln*) Diese Gestaltung ist so gedacht, dass alle ihre Farbkarte mit dem entsprechenden Gegenstand darauf platzieren. Wichtig ist: Es gibt nicht richtig oder falsch. Es gibt viele Möglichkeiten und ich lade dich dazu ein, ganz im Moment zu sein und zu beobachten, was entsteht. Die Übung wird schweigend ausgeführt.

Möchte jemand noch eine Frage stellen? Wenn nicht, kannst du nun beginnen."

Die KL schaut schweigend zu und bleibt etwas im Hintergrund. Haben alle die Farben platziert, kann die KL in die Runde fragen: „Sind alle mit der Platzierung einverstanden oder gibt es Vorschläge zur Änderung?" Manchmal möchten die TN die Gestaltung so lassen, manchmal gibt es TN, die etwas ändern möchten. Die Übung könnte hier (mit oder ohne Austausch) beendet werden.

Wenn die TN noch etwas ändern möchten: In einer solchen zweiten Runde gehen manchmal Welten auf. Die KL bleibt ganz ruhig und gelassen. Sollte jemand eine Gestaltung komplett umändern, gibt es dazu bestimmt auch andere Meinungen. Die KL kann den einzelnen Änderungswünschen ruhig Raum geben und die TN ihre Wünsche umsetzen lassen. Bei großen Änderungen kann am Ende das ursprüngliche Bild wieder hergestellt werden. Darauf passen folgende Worte: „Ich danke dir für deine Ideen und die Gestaltung."

Falls kein weiterer Austausch stattfinden soll, ist dies ein geeigneter Moment, die Übung abzuschließen. Eventuell gibt es ein Erinnerungsfoto.

Wenn die Zeit für einen Austausch reicht, kann folgende Frage gestellt werden: „Wie geht es dir gerade jetzt?"

AUS DER PRAXIS:

In einem meiner Kurse habe ich diese Übung mit den Farbkarten gemacht. Ich selbst empfand sie als sehr anregend und sie stimmte mich freudig. So verteilte ich also die Farbkarten und leitete die Übung nach bestem Wissen sequenzierend an. Dachte ich. Ich hatte leider nicht daran gedacht, dass bereits die Vorgabe, zu einer bestehenden Farbe etwas zu finden, schon sehr viel Stress auslösen kann. So geschah es auch. Eine Person saß etwas regungslos da und machte auf mich den Eindruck von Verwirrtheit. Ich ging zu ihr hin und sprach sie darauf an. Sie teilte mir mit, dass diese Übung für sie gerade im Moment eine Überforderung sei. Sie fühle sich überhaupt nicht in der Lage, eine Farbe zu finden. Ich konnte die Person beruhigen, so dass sie den weiteren Verlauf des Kurses mitmachen konnte.

Nach dem Kurs unterhielten wir uns nochmals über diese Übung. Die Teilnehmerin teilte mir mit, dass sie sich noch in der Erholungsphase nach einem Burn-out befinde. Durch diese Übung habe sie realisiert, dass sie noch mehr Zeit brauche. Was war es genau, was in ihr den Stress auslöste? Sie setzte sich selbst unter Druck, diese Aufgabe „gut“ zu machen. Ihr Nervensystem hat sofort reagiert und sie mit Stresshormonen überflutet, so dass sie sich hinsetzen musste.

Als ich ihr sagte, dass sie mir mit ihrem Feedback einen sehr wichtigen Hinweis zu meiner Anleitung gegeben habe, fühlte sie sich erleichtert. Denn sie hatte gedacht, dass ich sie „schwierig“ fände, und sie wollte doch keine Schwierigkeiten machen. Für mich als KL war es ein Geschenk, in diesem Gespräch eine Klärung und Entspannung bewirken zu dürfen.

AUS DER PRAXIS

Aus eigener Erfahrung kenne ich die Überflutung durch Adrenalin. Woher?

Von meinen Zahnbehandlungen. Dazu möchte ich mit Ihnen folgende Geschichte teilen: Mein Körper reagierte jeweils heftig, wenn ich auf dem Stuhl in der Zahnarztpraxis lag. So heftig, dass ich daran dachte, eine psychologische Beratung aufzusuchen. Zudem informierte ich mich über die Angst vor Zahnbehandlungen und ich verortete meine Reaktionen also mehr in einer psychosomatischen Reaktion. Bis ich eines Tages, bei einer neuen Zahnärztin, wieder schlotternd und heulend auf dem Stuhl lag. Sie sagte fast nebenbei: „Aha, sie scheinen auf das Adrenalin zu reagieren!" Adrenalin? Wo? Wann? In der Spritze zur Betäubung des Zahnfleisches.

Wussten Sie, dass Sie Adrenalin erhalten, wenn Ihr Zahnfleisch betäubt wird? Ich nicht! Und ich war bei einigen Zahnärzt:innen; nie hatte mich jemand darauf hingewiesen. So war auf einmal die mysteriöse und fälschlicherweise als psychosomatisch interpretierte Reaktion meines Körpers schlagartig aufgeklärt. Mir wurde dann auch klar, dass diese Reaktion ausschließlich nach dem Setzen der Spritze eintrat. Ich konnte auf die Sekunde genau sagen, wann dies passieren würde. Und so fühlte sich die Überflutung an: Meine Beine wurden „schwach", gleichzeitig strömte Hitze in mein Gesicht. Die Arme begannen zu zittern und irgendwann heulte ich los. Es war mir unmöglich, etwas dagegen zu tun. Im Gegenteil: Versuchte ich, dies zu verhindern, waren die Symptome noch stärker und ich fühlte mich noch elender.

Ich möchte mit diesem Erfahrungsbericht zum Verständnis beitragen, wenn Menschen eine solche Überflutung erleben. Stresshormone bauen sich wieder ab, aber es dauert eine Weile. Seit diesem erhellenden Besuch bei meiner Zahnärztin verstehe ich ganz genau, was es bedeutet, wenn Menschen stressbedingt eine solche Überflutung erleben.

Mit diesem Wissen im Hintergrund konnte ich die Teilnehmerin auch wieder in die Entspannung führen.

Mit diesen Gedanken sind die Ausführungen zu den drei Säulen der EDSE-Methode nach Lorek abgeschlossen und das Fundament ist für das erfolgreiche Anleiten von Übungen für Waldbaden- und andere Kurse mit dem Fokus auf Achtsamkeit gelegt. Das nächste Kapitel zeigt anhand der acht Kategorien zahlreiche Übungen auf, die zu einem (ent-)spannenden Kurs zusammengestellt werden können.

Teil 3

Die achtsame Praxis

14 Die 8 Elemente eines Kurses

Die EDSE-Methode nach Lorek umfasst insgesamt acht verschiedene Kurselemente, die farblich unterschieden werden, um sie leichter aufzufinden. Das Farbsystem wurde am Waldbaden Institut Schweiz bereits 2019 eingeführt und hat sich inzwischen mehrfach bewährt. Die acht Kurselemente enthalten Tätigkeiten und Übungen, die typischerweise in einen Waldbadenkurs gehören. Je nach Kurs sind einzelne Elemente eher kürzer, wie zum Beispiel die Informationen.

Die Übungsbeispiele in diesem Buch stellen eine exemplarische Auswahl dar – in der Ausbildung zur Shinrinyoku-Kursleiter:in werden weitere Übungen vermittelt. Zudem enthält ein auf dieses Buch abgestimmtes Kartenset zahlreiche Übungen und Varianten.

Folgende Elemente gehören in einen Kurs:

1. Informationen (Farbe Grau)
2. Grundübung Schlendern (Hellblau)
3. Atemübungen (Gelb)
4. Wahrnehmungs- und Sinnesübungen (Orange)
5. Bewegungsübungen (Rot)
6. Kontemplative Übungen (Blau)
7. Gestalterische Übungen (Grün)
8. Rituale (Violett)

Das Thema Feuer ist in einem zusätzlichen Kapitel (15) beschrieben.

14.1 Informationen

Informationen gehören grundsätzlich an den Anfang eines Kurses. Manche können aber auch unterwegs eingestreut werden. Ich empfehle, eine gewisse Zeit fürs Ankommen einzuplanen. In dieser Zeit kann die KL die TN einzeln begrüßen und Notwendiges besprechen, wie zum Beispiel ob die Bezahlung erfolgte, ob Kleidung und Schuhe passend zum Wetter sind und Persönliches wie Medikamente.

Sobald der Kurs offiziell beginnt, wird die KL – je nach Kurs – eher kurz gefasste oder ausführlichere Informationen geben. Bei Kursserien wird bereits Bekanntes weggelassen oder es wird lediglich kurz daran erinnert.

Was gehört zu den Informationen?

Als Leitgedanke für *Informationen* gilt: so wenig wie möglich, so viel wie nötig.

- Sollten sich einige TN verspäten, kann die KL die Anwesenden informieren und nachfragen, ob noch fünf Minuten gewartet werden soll.

- Die KL stellt sich kurz vor und erwähnt allenfalls ihren Werdegang. Die Vorstellrunden für die TN finden Sie in Kapitel 14.8.1 *Anfangsrituale*.

- Informationen über Shinrinyoku sind in jedem Kurs die wichtigsten Infos. Woher kommt Shinrinyoku und was bewirkt der Waldaufenthalt? Allenfalls passt hier auch die Information, welcher Methoden sich die KL bedient.

- Ein kurzer Ausblick über den Ablauf des Kurses vermittelt Sicherheit und Professionalität.

- Bei längeren Kursen kann auch die Erwartung abgefragt werden. Das muss nicht unbedingt sein, manchmal ist es aber hilfreich, die Motivation der TN zu kennen.

- An dieser Stelle wird über den *Shinrinyoku-Knigge* informiert.

Informationen wie zum Beispiel der Hinweis auf weitere Kurse können auch am Kursende gegeben werden.

Der Shinrinyoku-Knigge

Der Besuch in einem Wald kann verglichen werden mit einer Einladung bei Freunden. Sowohl die KL wie auch die TN sind Gäste im Wald. Aus diesem Grund sind den TN folgende Hinweise und Regeln mitzuteilen:

- Alle Übungen sind Einladungen und freiwillig.
- In Hohlräume sollte nicht gegriffen werden,
  weil sich darin Tiere befinden können.
- Beim Anfassen von Pflanzen und Gegenständen:
  Vorsicht walten lassen.
- Ein Blick nach oben lohnt sich immer:
  Äste oder Tannenzapfen können herabfallen.
- Stolpergefahr: Äste, Steine und Wurzeln liegen manchmal auf dem Weg.
- Bei Regen: Einzelne Abschnitte können sehr matschig und rutschig sein.
- Abfall wird grundsätzlich wieder mitgenommen, das beinhaltet auch
  Essensreste wie Bananen- und Mandarinenschalen, Brotrinde
  und übrigens auch Toilettenpapier.
- Alles, was mit einer Pflanze oder der Erde verbunden ist, wird an Ort gelassen.
- Bewegliche Fundstücke, mit Ausnahme von Tieren, dürfen mitgetragen werden.
- Die Gruppe bleibt zusammen. Wenn jemand austreten muss,
  soll die KL informiert werden.
- Das Handy ist auf Flugmodus zu schalten.

TIPP: UMGANG MIT DER „GROSSEN TOILETTE“

Dazu gibt es verschiedene Meinungen. Die einen verteilen einen Hundekotbeutel, andere geben den TN eine mitgebrachte Schaufel in die Hand, damit sie ihr Geschäft vergraben können. Ganz nach dem Motto: Mach's wie der Dachs!

Bedenken Sie: Nichts verdirbt die Stimmung schneller, als wenn jemand in ein Geschäft tritt, ganz egal ob von Mensch oder Hund. Auch herumliegende Taschentücher oder Toilettenpapier, das hinter Bäumen entsorgt wird, sind ein Ärgernis.

Überlegen Sie sich im Vorfeld, wie Sie dieses Thema handhaben wollen.

Nachfolgend werden exemplarische Übungen aus einem Kurselement vorgestellt. Die Übungen sind wie im Kapitel 13.2 beschrieben nach dem Levelsystem eingeteilt.

14.2 Grundübung Schlendern

Schlendern bezeichnet ein sehr langsames und gemächliches Gehen. Es ist langsamer als Spazieren und enthält auch Pausen zum Eintauchen mit den Sinnen.

Diese „universelle“ – das heißt eigentlich jederzeit passende – Übung kann vor, zwischen oder auch nach anderen Übungen eingeschoben werden. Es hat sich bewährt, das Schlendern sehr früh im Kursablauf anzubieten, weil es das Ankommen im Wald fördert, die Achtsamkeit betont und die Langsamkeit unterstützt. Zudem kann Schlendern auch als Übergang von einem Waldplatz zum nächsten geplant werden.

GUT ZU WISSEN: „SCHLENDERN“ HEIßT...

... sehr langsam gehen, beschaulich spazieren, gemächlich wandeln, flanieren, bummeln, promenieren, trödeln, trudeln ...
Kennen Sie weitere Beispiele?

☆ Inspirationsbuch

Das Schlendern ist die am meisten missverstandene Übung und wird häufig mit *Kinhin* verwechselt. Kinhin kann für Waldbaden-Neulinge eine große Herausforderung sein. Vor allem weil die Atmung mit einbezogen wird. Ich bin der Ansicht, das Schlendern sollte in jedem Kurs sorgfältig eingeführt werden. Deshalb beginnt die KL immer mit der Ein-Blatt-Übung und baut darauf auf, auch in den Fortsetzungskursen. Bei jedem Schlendern kann Spannendes entdeckt und etwas Neues erfahren werden.

Schlendern
Das Schlendern ist eine Grundübung. Sie wird eher zu Beginn eines Kurses angeboten. Beim Schlendern wird der Wald einerseits als Ganzes wahrgenommen und andererseits auf die eigenen Impulse geachtet. Der Blick darf durch den Wald schweifen, aber auch mal pausieren. Beim Schlendern pendelt der Fokus zwischen weit und nah. Alle Sinne werden einbezogen, mit Ausnahme des Geschmackssinnes.

Die KL demonstriert das Schlendern, indem sie ihren eigenen Blick schweifen lässt, mal an etwas riecht, etwas berührt, den Tönen und Geräuschen zuhört und auch mal einen tiefen Atemzug macht. Dementsprechend zeigt sie die Möglichkeiten vor und kommentiert gleichzeitig ihr Tun. Die KL erwähnt auch, dass die eigenen Impulse wahrgenommen werden dürfen und auch mal ein Stopp eingelegt werden kann.

HINWEIS:
SCHLENDERN UND STRESS

Obwohl das Schlendern eine der wichtigsten Achtsamkeitsübungen ist, kann genau diese Übung für manche TN eine Herausforderung sein. Nicht nur, weil der Wald durch die vielen Eindrücke, die er vermittelt, die Sinne überfordern kann, sondern auch weil die Langsamkeit das Gefühl von Stress auszulösen vermag. Die KL soll dies akzeptieren und respektieren, dass sich nicht jeder Mensch (auf Anhieb) auf Shinrinyoku einlassen kann.

Sagt eine Person, dass sie die Eindrücke des Waldes als Überflutung wahrnimmt, schafft gegebenenfalls das Setzen eines Fokus Abhilfe.

Wenn bei jemandem das Schlendern grossen Stress auslöst, geht die KL auf diese Person zu, und es muss auf der Grundlage der achtsamen Sprache (Kap. 11) gemeinsam nach einer Lösung gesucht werden.

Bei der nächsten Übung geht es darum, beim Schlendern einen Fokus zu setzen.

Schlendern mit gerichtetem Fokus
In dieser Übung wird der Fokus auf eine bestimmte Wahrnehmung und damit ausschließlich auf einen Sinn gerichtet.

Diese Übung eignet sich sowohl für erfahrene TN als auch für jene Menschen, die sich von der Fülle der Natureindrücke erschlagen fühlen oder verwirrt sind. Der Fokus kann verschieden sein, je nach Waldabschnitt.

AUSPROBIEREN: „SCHLENDERN MIT FOKUS"

Fokus Hören: Die TN werden eingeladen, auf verschiedene Klänge zu achten.

Fokus Schnuppern: Die TN werden eingeladen, schnuppernd und riechend unterwegs zu sein. Hier kann auch der Vergleich zu einem Waldtier wie dem Fuchs, dem Wolf oder dem Wildschwein, das sich mit dem Geruchssinn den Weg durch den Wald sucht, gegeben werden. Die TN können angeregt werden, durchaus etwas mutig zu sein. Tipp: Bei kaltem Wetter kann eine Pflanze mit den Händen etwas vorgewärmt werden, damit sie einen intensiveren Duft ausströmt.

Fokus Sehen: Die TN werden eingeladen, ihren Fokus auf die verschiedenen Grüntöne zu richten. Andere Ideen: bestimmte oder auch außergewöhnliche Formen Gegensätze wie hell–dunkel, Lücken (z. B. zwischen Ästen, Blättern) usw.

Fokus Tasten: Die TN werden eingeladen, sich ganz auf den Tastsinn zu fokussieren. Nicht nur die Hände, sondern auch die Arme, das Gesicht oder die Füße können zum Tasten eingesetzt werden. Die entsprechenden Variationen sind als sequenzierende Übungen geeignet. Tipp: Beim Tasten den Hinweis geben, dass nicht in Hohlräume gegriffen wird.

Hinweis: Aus Sicherheitsgründen wird beim Schlendern das Schmecken nicht angewandt, weil am Wegrand auch giftige Pflanzen stehen können. Die TN werden entsprechend informiert.

Die beiden Ein-Blatt-Übungen Schlendern haben sich gut bewährt, da sie von der Mehrheit als angenehm und inspirierend empfunden werden.

GUT ZU WISSEN: GEHIRN UND FOKUS

Es gibt diverse Studien zu weitem Fokus und gerichtetem Fokus bei Naturerfahrungen. Sie zeigen die jeweiligen Auswirkungen auf die Gehirnareale auf:

Der weite Fokus aktiviert den hinteren Bereich des Gehirns, der für die Verarbeitung visueller Informationen und das räumliche Bewusstsein zuständig ist.

Im Gegensatz dazu wird der gerichtete Fokus von den präfrontalen Cortex-Bereichen des Gehirns gesteuert, die für die kognitiven Fähigkeiten und die Aufmerksamkeit verantwortlich sind.

Der Fokus kann auch auf die Gehbewegung gerichtet werden:

Achtsames Gehen

„Gehe so, als würdest du die Erde mit deinen Füßen küssen.“
Thich Nhât Hanh

Diese Aussage von Thich Nhât Hanh bringt es auf den Punkt. Auch das achtsame Gehen gehört zu den Varianten des Schlenderns. Die TN werden eingeladen, sich ganz auf ihre Schritte zu fokussieren. Dabei wird jeder Schritt bewusst ausgeführt. Diese Art des Gehens wird oft auch als meditatives Gehen bezeichnet.

AUSPROBIEREN: „ACHTSAMES GEHEN“

Folgende Hinweise können die TN beim achtsamen Gehen unterstützen:

„Wie setzt du den Fuß auf? Bei der Ferse oder den Zehen?“

„Wie nimmst du die Übertragung des Gewichts von einem Fuß auf den anderen wahr?“

„Wann und wie geschieht die Abstoßbewegung? Du kannst das Abstoßen des Fußes vom Boden auch verstärken.“

HINWEIS: TEMPO

Beim achtsamen Gehen darf und soll das Tempo auch spielerisch variiert werden. Die TN können auch einmal stehen bleiben. Ganz im Sinne der Selbstwirksamkeit ist es hier wichtig, den TN möglichst viel Freiraum zum Experimentieren zu lassen. Im anschließenden Austausch können die Erkenntnisse geteilt werden. Vielleicht ist auch eine zweite Runde des achtsamen Gehens gewünscht.

Oft wird das Schlendern oder das achtsame Gehen mit folgender Praxis verwechselt:

Kinhin

Der Ursprung des Kinhin liegt im Zen-Buddhismus und wird in buddhistischen Klöstern praktiziert. Traditionellerweise wird Kinhin im Gänsemarsch absolviert, die Hände und Ellbogen werden in einer vorgeschriebenen Position gehalten. Der Fokus liegt auf der Atmung und dem Gehen.

Beim Kinhin-Schlendern mit der EDSE-Methode nach Lorek darf die Körperhaltung individuell sein, da es sich nicht um eine religiöse Praxis handelt. Trotzdem wird der Fokus auf die Atmung und das Gehen gelegt, das heißt, der Atem passt sich dem Gehen an. Dies ist eine Fortgeschrittenen-Übung. Sie scheint zwar einfach zu sein, ist in der Praxis jedoch sehr anspruchsvoll. Deshalb soll sie sequenziell aufgebaut werden: Für den einfachen Einstieg kann das Gehtempo schneller sein, um Gehen und Atmen in Einklang zu bringen: einatmen 4 Schritte und ausatmen 4 oder 5 Schritte. Mit der Zeit wird das Tempo allmählich reduziert: einatmen 2 Schritte, ausatmen 2 bis 3 Schritte. Anschließend noch langsamer gehen, bis ein vollständiger Atemzug 1 Schritt lang ist. Dies ist wirklich ein sehr langsames Tempo, welches geübt werden will.

TIPP:
ÜBERBLICK BEHALTEN

Eine gerade, eher kurze Wegstrecke aussuchen.

Das Ende der Strecke markieren, zum Beispiel mit einem farbigen Tuch an einem Ast. Dort kann die Austauschrunde stattfinden oder es kann auch der Umkehrpunkt sein.

Der Fokus auf die Atmung trägt viel zur Entspannung bei. Weil Atemübungen eine besondere Sorgfalt benötigen, sind sie auch als separates Kurselement aufgeführt. Atemübungen können im Gehen oder in anderen Positionen ausgeführt werden. Die nächsten Abschnitte beschreiben eine Auswahl von Atemübungen.

14.3 Atemübungen

14.3.1 Grundlagen

Mit Atemübungen lernen Menschen eine weitere Technik kennen, die zu Entspannung führen kann. Zudem sind Atemübungen im Wald sowieso sinnvoll, denn die Luft ist da frisch und löst viele gesundheitsfördernde Effekte aus (Kap. 5). Da der Atem unmittelbar mit dem vegetativen Nervensystem verbunden ist, liegt bei der anleitenden Person eine besondere Verantwortung. Die Atmung reagiert äußerst schnell auf Stresssituationen. Umgekehrt kann das vegetative Nervensystem durch die Atmung – bei entsprechender Übung – positiv beeinflusst werden.

Oft werden gerade bei den Atemübungen zu schnell Techniken für Fortgeschrittene angeleitet. Dies überfordert viele Menschen und führt dazu, dass bereits das Wort *Atemübung* schlechte Gefühle auslöst. Auch für TN mit Atemschwierigkeiten, wie sie bei Asthma oder hoher Stressbelastung vorkommen, ist eine sorgfältige Anleitung mit dem Angebot der Freiwilligkeit essenziell.

HINWEIS: GRUNDLAGEN ZU ATEMÜBUNGEN

Die KL soll beim Anleiten von Atemübungen die folgenden Regeln beachten:

Die TN dürfen sich Zeit nehmen, um sich auf die Atembewegung zu fokussieren, oder in dieser Zeit auch etwas anderes tun. Die KL sollte diese Möglichkeiten bei ihrer Anleitung erwähnen.

Die Übung kann von jeder Person jederzeit beendet werden.

Die Atmung ist ein natürlicher Vorgang und findet jederzeit ohne eigenes Dazutun statt.

Die Atmung darf beibehalten bleiben, wie sie ist. Sie soll lediglich beobachtet werden.

Die Hände können dort platziert werden, wo die Atembewegung wahrgenommen wird.

Der Körper darf sich selbstverständlich mitbewegen.

Die Augen können offen bleiben oder geschlossen werden, der Blick kann weich und/oder gesenkt werden – die TN entscheiden selbst, was für sie angenehm ist.

14.3.2 Anleiten von Atemübungen

Dauer und Position während der Atemübung

Die Länge ist weniger entscheidend, weil die TN selbst bestimmen, wann es für sie genug ist. Aber die Position des Körpers ist ein Kriterium: Atemübungen können in jeder gewünschten Position ausgeführt werden. Im Stehen ist dies für die meisten Personen am schwierigsten, im Liegen am einfachsten. Gemäß EDSE-Methode nach Lorek wird die Position nicht vorgegeben, sondern situationsgerecht als Möglichkeit (Kap. 11.2 *Salatbüffet – Varianten bieten*) angeboten.

Achtsame Anleitung

Um eine sichere Anleitung zu gewährleisten, muss die KL ihren eigenen Atem kennen sowie die Übungen selbst erlebt und ausgeführt haben, bevor sie sie unterrichten kann. Es kann helfen, wenn die KL vor der Anleitung selbst einen ruhigen Atemzug macht. Bei der Anleitung übermittelt die KL mit ihrer Stimme auch ihre Stimmung. Atemübungen sind aus diesem Grunde mit besonders ruhiger Stimme und viel Zeit anzuleiten. Optimal ist, wenn die Anleitung mit dem Atemrhythmus verbunden wird. So kann das Wort *Ausatmung* bei der Silbe *Aus* mit einem weichen S etwas gedehnt („*aussssss*") oder andere Silben können gedehnt werden. Es soll Raum entstehen, sodass Atem geschehen kann.

Während der Übung hält die KL die TN immer im Blick, um bei Schwierigkeiten rasch reagieren zu können. Die KL schließt deswegen ihre Augen während der Übung auf keinen Fall, nur beim ersten angeleiteten Atemzug kann die KL die Augen schließen (für max. 3 Atemzüge), um sich mit der eigenen Atmung zu verbinden.

AUSPROBIEREN: VERMEIDUNG VON HYPERVENTILATION

Damit keine Hyperventilation eintritt, sind einige Techniken hilfreich, die in die Anleitung eingeflochten werden. Die TN werden deshalb zu folgenden Varianten eingeladen, mit dem Hinweis, diese mal auszuprobieren:

„Vielleicht möchtest du mal ausprobieren, die Lippen beim Einatmen weich geschlossen zu halten."

„Wenn du magst, verlängere die Ausatmung ein wenig."

„Beim Ausatmen könntest du die Lippen ein wenig öffnen und ... ... die Luft sanft wie ein Bächlein ausströmen lassen."

Mit der achtsamen Sprache werden Atemübungen somit stressfrei und bieten eine echte Alternative zur üblichen Übung *Bauchatmung* (Kap. 12.2.8).

AUSPROBIEREN: ATEMÜBUNG BEENDEN

„Bereite dich darauf vor, die Übung mit den nächsten Atemzügen zu beenden. Du kannst dies mit einem bis drei vertieften Atemzügen tun. Nimm dir dafür Zeit und beende die Übung ganz in deinem Tempo. Wenn du möchtest, kannst du deine Hände und Füße bewegen, dich vielleicht räkeln, die Umgebung wahrnehmen und deine Aufmerksamkeit langsam wieder nach außen richten."

GUT ZU WISSEN: ATMUNG UND KREISLAUF

Es kann vorkommen, dass es einer Person schwindlig wird und/oder dass ihr Kreislauf absackt. Das Schließen der Augen, das lange Stehen und das längere Fokussieren können den Kreislauf beeinträchtigen. Manche Menschen hyperventilieren auch, wenn die Atmung forciert wird.

Wird eine Person bei Atemübungen bleich oder ändert sich ihre Gesichtsfarbe, muss die KL schnell handeln. Sie spricht die Person mit Namen an und fragt, wie es ihr geht. Gleichzeitig soll sie sich schräg hinter diese Person stellen, sodass sie ihr im Falle eines Schwächeanfalls sofort unter die Arme greifen kann. Damit die Person wieder auf Touren kommt, kann sie etwas Bouillon oder gesüßten Tee trinken oder Traubenzucker essen. Manchmal hilft es, sich hinzusetzen und ein wenig zu warten. Je nachdem sollte die KL danach fragen, ob dies öfters vorkommt oder heute einmalig ist. Auf jeden Fall muss mit der Person abgesprochen werden, ob sie weiter im Kurs bleiben kann oder sich besser ausruht. Sollte jemand in Ohnmacht fallen, muss unverzüglich der Notruf kontaktiert werden!

Wie bereits erwähnt, sind die Atemübungen achtsam und aufeinander aufbauend anzuleiten. Wichtig ist auch, dass die TN zu Beginn der Übung auf eine bequeme Position achten und in der gewählten Lage einen Moment verweilen können.

Atem beobachten

Bei dieser Grundübung geht es darum (in Anlehnung an den *erfahrbaren Atem* von Middendorf, Kap. 8.5 *Atmen*), den unbewussten, unwillkürlichen und momentanen Atem wahrzunehmen und ihn zu spüren, ohne ihn verändern zu wollen. Die Anleitung dazu lautet:

„Beobachte, wie die Einatmung kommt, die Ausatmung geht – und verklingt.“

Dieses Verklingen nach der Ausatmung kann die TN dabei unterstützen, ganz im Hier und Jetzt anzukommen und einen Moment der tiefen Ruhe zu erfahren, im Vertrauen darauf, dass die nächste Einatmung kommen wird und dies einfach geschieht.

Sobald die TN ihrem eigenen Atemrhythmus folgen, kann die KL den nächsten Input (wie im nachfolgenden Kapitel beschrieben) im Sinne einer sequenzierenden Anleitung geben. Dieser Input sollte aber nicht zu früh kommen.

Bienensummatmung

Für die einen ist diese Übung mit viel Freude verbunden, für andere braucht sie viel Mut. Deshalb ist sie bei „Zwei-Blatt" eingeteilt.

Das Bienensummen ist eine großartige Übung, um in die Präsenz zu kommen. Zudem wird durch das Summen die Atmung verlängert. Das Summen hat eine beruhigende Wirkung und entspannt sowohl den Körper als auch den Geist.

„BIENENSUMMATMUNG"

Als Vorbereitung empfiehlt sich die Ein-Blatt-Übung *Atem beobachten*. Sobald die TN ihren Atemrhythmus geschehen lassen können, gibt die KL diesen Input:

„Ich lade dich ein, mit einer der nächsten Ausatmungen einen Ton erklingen zu lassen. Dieser Ton ist wie jener einer Biene, die vor sich hinsummt. Hilfreich sind weich geschlossene Lippen."

„Es kommt nicht darauf an, dass der Ton in der Gruppe harmonisch ist. Wie jede Biene in ihrem Bienenstock ihren eigenen Ton hat, kannst auch du deinen eigenen Ton summen."

„Wenn du bereit bist, kannst du beginnen."

Bei dieser Übung ist es hilfreich, wenn die KL mitsummt. Nach einer Weile – nach etwa drei bis fünf Atemzügen – leitet die KL zum Schluss ein.

„Lass deinen Ton langsam verklingen. Wenn du möchtest, kannst du dem Ton noch ein wenig nachspüren."

„Beende diese Übung in deinem eigenen Tempo. Ich lade dich ein, die Aufmerksamkeit wieder nach außen zu richten."

Nach dieser Übung kann etwas Zeit für einen Austausch (Kap. 13.3.6) eingeplant werden, oder aber eine nächste Sequenz schließt an.

Atem mit Bewegung

Diese Übung hat zum Ziel, die Atmung über eine Bewegung zu erweitern. Es ist eine Fortgeschrittenen-Übung und sie sollte immer sequenziell angeleitet werden.

„ATEM MIT BEWEGUNG"

Zum Einstieg empfiehlt sich die Ein-Blatt-Übung *Atem beobachten*. Sobald die TN ihren Atemrhythmus geschehen lassen können, gibt die KL diesen Input:

„Wenn du magst, kannst du nun deine Atembewegung mit einer Bewegung vergrößern. Du bewegst so weit, wie es für dich hier und jetzt stimmig ist. Vielleicht magst du eine kleine Bewegung oder eine größere Bewegung machen, oder auch mal eine Pause oder auch so bleiben, wie du gerade bist."

„Wenn du mit der Bewegung die Atmung ein wenig vergrößern möchtest, kannst du zum Beispiel bei der Einatmung deine Hände nach vorne oder seitlich ein wenig hochbewegen und mit der Ausatmung in die natürliche Position zurücksinken lassen."

„Vielleicht magst du heute auch eine größere Bewegung ausführen, vielleicht bis hoch über den Kopf und mit der Ausatmung deine Arme in die Ausgangsposition führen."

„Achte darauf, dass du dich wohlfühlst und ob du eine Pause möchtest."

Die KL lässt die TN die Bewegungen ausführen. Einige werden sich mit viel Freude in große Bewegungen vertiefen, andere werden sehr kleine Bewegungen ausführen. Alles ist möglich und okay. Nach einer Weile leitet die KL zum Schluss der Übung über:

„Bereite dich darauf vor, die Übung in deinem Tempo zu beenden. Vielleicht möchtest du nochmals vertieft einatmen oder dich ein bisschen bewegen. Nimm dir die Zeit, die du benötigst, um die Aufmerksamkeit auf deine Weise wieder nach außen zu lenken."

Anschließend können die TN nach ihrer Befindlichkeit gefragt werden oder in einen kurzen Austausch kommen. Die KL erfährt hierbei wichtige Informationen, die allenfalls darauf hinweisen, dass die Anleitung nochmals verfeinert werden muss.

Ein weiteres Kurselement sind die Sinnes- und Wahrnehmungsübungen.

14.4 Sinnes- und Wahrnehmungsübungen

Die Sinne sind unser Tor zur Welt. Hören, riechen, tasten, sehen und schmecken können genauso trainiert werden wie die Muskeln oder das Gedächtnis. Dazu gehört die achtsame Wahrnehmung, indem Ablenkungen reduziert oder möglichst ausgeschlossen werden. Der Wald bietet dafür die perfekten Bedingungen.

Es gibt ein großes Repertoire an Wahrnehmungsübungen, die ihren Ursprung teilweise in der MBSR-Methode nach Kabat-Zinn haben, aber auch anderen Quellen entspringen können.

Für die KL ist es wichtig zu wissen, dass sie eigene Varianten entwickeln darf, ja sogar soll. Zur Erinnerung: Augen schließen bei Wahrnehmungsübungen ist kein Ziel (Kap. 12.2.2). Die TN sollen jederzeit die Übungen im eigenen Wohlfühlbereich ausführen. Und für manche heißt das, die Augen geöffnet zu lassen.

Entsprechend der fünf Sinne sind im Folgenden die Übungen in fünf Kapitel aufgeteilt. Wie viele davon durchgeführt werden, hängt von der Kurslänge ab.

AUSPROBIEREN: VERZICHT AUF SINNESWAHRNEHMUNG

Bei Gelegenheit kann bei den Sinnes- und Wahrnehmungsübungen den TN folgende Frage gestellt werden:

„Auf welchen Sinn könntest du am ehesten verzichten?"

Motivieren Sie die TN, verschiedene Sinne auszuschalten, indem sie zum Beispiel sich mal die Ohren / die Nase zuhalten, die Augen schließen, sich vorstellen, sie könnten nichts mehr schmecken oder nichts mehr spüren auf der Haut. Wie lautet die Antwort zur Frage?

Meistens wird der Gleichgewichtssinn beziehungsweise die propriozeptive Wahrnehmung (Orientierung im Körper) vergessen. Können Sie sich vorstellen, ohne Gleichgewichtssinn zu leben?

14.4.1 Sehsinn

Durch den enormen technologischen Fortschritt der letzten drei Jahrzehnte nehmen die meisten Menschen 70 bis 80 Prozent aller Informationen visuell auf. Unsere Gesellschaft ist durch optische Reize so sehr geprägt, dass unsere anderen Sinne abzustumpfen drohen, weil sie nicht mehr ausreichend gebraucht werden. Die Augen können durch eine permanente Überreizung überlastet werden.

WUSSTEN SIE, …

… dass wir zwei Arten von Lichtsinneszellen besitzen? Die Zapfen ermöglichen die Farbwahrnehmung, die Stäbchen die Hell-dunkel-Wahrnehmung und das Sehen in der Dämmerung.

… dass Wimpern und Augenlider das Auge vor Fremdkörpern schützen?

… dass Bienen ultraviolettes Licht sehen können? Sie haben aber eine Sehschwäche, denn Bienen sind rotblind. Was wir Menschen als Rot wahrnehmen, hat für die Bienen die Farbe Schwarz.

Apropos Farbenblindheit: Auch wir Menschen können ein eingeschränktes Sehvermögen haben und dies beeinträchtigt die Wahrnehmung im besonderen Maße. Am bekanntesten ist wohl die Rot-Grün-Sehschwäche. Aber es gibt zahlreiche andere. Aus diesem Grund wird die Anleitung mit der EDSE-Methode nach Lorek sequenziell und variantenreich ausgeführt.

Bei den nachfolgenden Übungen ist es wichtig, die Augen immer wieder zu entlasten, indem der Blick weich werden und schweifen darf (Kap. 11.5.5).

Komorebi

Komorebi ist der japanische Begriff für das Sonnenlicht, das durch die Blätter hindurchsickert, speziell bei Laubbäumen (Kap. 4.5 *Natürliches Licht*).

Um die Sonnenstrahlen für Komorebi zu entdecken, empfiehlt es sich, sich eine bequeme Position zu suchen. Vielleicht möchten einige TN auch auf den Waldboden liegen. Dabei werden die TN sanft an Komorebi herangeführt. Die KL kann zum Beispiel darauf hinweisen, dass die Augen weich und entspannt durch das Blätterdach wandern und immer wieder auch etwas anderes ansehen können. Zwischendurch die Augen zu entlasten, indem der Blick gesenkt wird, die Augen zur Abwechslung mit den Händen leicht zuzudecken oder zu schließen, sind weitere Möglichkeiten. Beachten Sie auch die Empfehlungen zu der Kopfposition in Kapitel 12.2.7 *Kopf in den Nacken legen*.

Sehen: Fokus und Variationen

Das Sehen mit Fokus kann jederzeit beim Schlendern integriert werden. Möglich ist ein einzelner oder ein kombinierter Fokus.

AUSPROBIEREN: „SEHEN MIT FOKUS"

Hier einige Varianten zum Sehen mit Fokus:

Grüntöne sehen

Grüntöne sehen und Namen dazu erfinden

Muster sehen und wiederfinden

Verschiedene Muster sehen

Hell-dunkel-Kontraste suchen

Licht-Schatten-Flächen suchen

Verschiedene Farben sehen

Zwischenräume sehen (Hier kann das Greifen in Hohlräume verstanden werden. *Zwischenräume* beschreibt hier aber der Abstand zwischen Zweigen oder Blättern und meint explizit *nicht* Hohlräume in Bäumen, im Wurzel- oder im Erdbereich).

Gegensätze wie groß–klein, lang–kurz, rund–eckig, weich–rau, gewellt–spitzig, hell–dunkel, alt–jung, üppig–karg usw. Hier ist es wichtig, wertfreie Begriffe anzuwenden.

Farben nach Vorgabe sehen, zum Beispiel zuerst Gelb, dann Hellgrün, Grün, Dunkelgrün usw. Bei dieser Übung kann es hilfreich sein, die Reihenfolge der Farben auf Karten zu schreiben und allen TN je eine Karte auszuhändigen.

Verschieden kombinierte Übungen aus der obigen Auswahl. Auch hier kann es sinnvoll sein, die Aufgaben für die TN auf Karten zu schreiben.

Waldhandy
Material: pro TN ein Bilderrahmen (aus Holz, Karton oder einem anderen Material)

Alle TN erhalten je einen Rahmen.

Die TN können sich frei in einem Waldstück bewegen. Sie suchen drei bis fünf Motive. Dies kann etwas Kleines sein oder etwas in der Ferne, der Rahmen kann irgendwo platziert oder hingehalten werden. Die KL kann die TN darauf hinweisen, dass sich das Licht immer wieder ändert. Dies ist dann zu bedenken, wenn jemand das Sonnenlicht im Bild einfangen möchte. Sobald jede Person ein Motiv gefunden hat, kommen alle TN zurück an den Versammlungsort.

Nun können sich die TN zu zweit oder zu dritt durch den Wald führen und einander ihre Objekte zeigen. Dies soll schweigend geschehen. Sobald die TN die Führung beendet haben, kommen sie an den Versammlungsort zurück. Dort können sie sich in der Zweier- oder Dreiergruppe austauschen.

Die KL sammelt die Bilderrahmen wieder ein.

Als Variante kann diese Übung von Beginn weg zu zweit gemacht werden. Nachdem eine Person etwa fünf Motive gefunden hat, wird gewechselt.

Hinweis: In der Praxis hat sich gezeigt, dass sich diese Übung nicht als Verbindungsstrecke von A nach B eignet, im Gegensatz zu anderen Übungen wie zum Beispiel *Schlendern mit und ohne Fokus*.

Spiegelübung
Material: pro TN ein Spiegel

Wichtig zu wissen: Bei dieser Übung sollen sich die TN nicht fortbewegen, sondern an Ort stehen. Am besten ist es, wenn sich die TN anlehnen können. Der Spiegel wird vor dem Körper gehalten. Durch eine leichte Drehung des Spiegels kann beobachtet werden, was sich schräg hinter einem befindet. Der Spiegel kann auch das Blätterdach oder andere Orte zeigen.

Hinweis: Nicht alle TN mögen diese Übung, unter anderem, weil sie den Orientierungssinn beeinträchtigen kann. Es empfiehlt sich deshalb zu fragen, ob alle diese Übung machen möchten.

14.4.2 Geruchssinn

Der Geruchssinn ist der schnellste und unmittelbarste unserer Sinne. Der Weg der Riechnerven geht von der Nase direkt ins Gehirn und ist somit kurz. Ein Duft, der über die Nase einströmt, zieht über die Riechzellen hinweg. Die chemische Geruchsinformation wird in elektrische Signale umgewandelt.

WUSSTEN SIE, …

… dass der Mensch zahlreiche Entscheidungen mithilfe seines Riechvermögens fällt? Das Riechen ist eng mit den Gefühlen und dem Nervensystem gekoppelt. Das nutzen auch viele Geschäfte und beeinflussen das Kaufverhalten der Kundschaft mithilfe von Düften.

Gerüche lösen mitunter unmittelbar Erinnerungen aus, sei es an Erfahrungen oder auch Ereignisse, die mit einem bestimmten Geruch in Zusammenhang stehen.

Riechen kann für das Überleben entscheidend sein. Feuer- und Rauchgeruch löst beim Menschen im Wachzustand starke Reaktionen aus, vermutlich, weil der Mensch das Feuer schon lange (als Gefahr) kennt.

Eine der feinsten Nasen hat wohl der Aal. Er kann so gut riechen, dass er einen Tropfen Parfum in der dreifachen Wassermenge des Bodensees wahrnehmen würde[23]. Auch Hunde sind unter anderem dank ihrer besonderen Atemtechnik dem Menschen bezüglich Geruchssinn weit überlegen. Bienen nehmen unzählige Gerüche mit ihren Fühlern auf. Unsere Haut hingegen kann nicht riechen.

Dennoch kann der Mensch die Wenigkeit von nur vier Mikrogramm eines im Knoblauch vorhandenen Duftstoffes (Methylmercaptan) in einem Raum von 6 x 6 x 3 Metern (108 Kubikmeter) Luft wahrnehmen und merken, dass es nach etwas riecht. Vier Mikrogramm entsprechen etwa einem Drittel eines Staubkorns.

Die TN können sich im Wald oder auf dem Schlenderweg schnuppernd den Pflanzen annähern und die verschiedenen Gerüche wahrnehmen.

Übrigens: Im Winter ist das Riechen aufgrund der kalten Temperaturen erschwert.

Dann können die warmen Hände die Pflanzen etwas erwärmen, so dass sich der Geruch besser entfalten kann. Auch das sanfte Reiben eines Blattes oder von Nadeln entlocken der Pflanze den Duft.

Befindet sich ein Nussbaum im Wald, kann die KL die TN dorthin führen. Die Blätter des Nussbaums haben einen sehr intensiven Geruch, der viele TN begeistert.

Beachten Sie, dass es am Wegrand und im Wald auch giftige und allergene Pflanzen haben kann.

TIPP:
ERLEBNIS RIECHEN VERTIEFEN

Rund um Weißtannen liegen häufig viele Samen auf dem Boden. Die KL kann in einem günstigen Zeitpunkt diese einsammeln (nur so viele wie nötig) und den TN zu einem späteren Zeitpunkt zum Riechen geben. Werden die Samen zerdrückt, entfaltet sich ein intensiver Duft nach Zitrone, Mandarine und Grapefruit. Dies zeigt eindrücklich, wie die Duftstoffe in den Pflanzen gespeichert sind. Meistens nehmen die TN einen wohlig vertieften Atemzug, der durch den Duft ausgelöst wird. Deshalb könnte diese Übung auch als Vorbereitung für die Atemübungen geeignet sein (Kap. 14.3).

Erde und Blätter riechen
Die Übung eignet sich als Vorbereitung für das Schlendern mit dem Fokus „Riechen".

Die TN können vorgängig ihre Nasenflügel ein wenig massieren, die Nasennebenhöhlen sanft abklopfen und sich so auf das meist intensive Dufterlebnis vorbereiten. Danach nehmen sie vom Boden eine Handvoll Erde oder Blätter auf.

Die KL schwenkt ihre Hände nun vor ihrer Nase hin und her (wie bei einem Glas Wein), um zu zeigen, wie der Duft wahrgenommen werden kann. Der Geruch von Erde ist manchmal sehr intensiv. Deshalb ist es ratsam, sich mit der Nase nur langsam der Erde zu nähern.

Anschließend die Hände gut abklopfen. Die KL kann auch eine Wasserflasche bereithalten für jene TN, die gerne ihre Hände waschen möchten.

Hinweis: Nicht alle mögen Erde an den Händen haben. Die KL ist dafür besorgt, dass sich diese TN nicht gezwungen fühlen, mitzumachen. Deshalb gibt sie Alternativen: Zum Beispiel kann die KL solche Personen an der Erde riechen lassen, die sie selbst in den Händen hält.

Duftgeschenke

Diese Übung eignet sich, wenn sich die TN schon etwas kennenlernen durften und das Vertrauen gewachsen ist. Die TN finden sich zu Zweier-, manchmal auch zu Dreiergruppen zusammen. In dieser Übung wird der Geruchssinn, aber auch der Tastsinn aktiviert. Da der Sehsinn nicht aktiv ist, kann der Geruch des ertasteten Gegenstandes sehr überraschend sein. Vielleicht zeigt sich, dass der Geruch ganz anders ist als erwartet und sich die Wahrnehmung so erweitert.

Anleitung: Eine Person wartet in einer für sie bequemen Position, zum Beispiel im Sitzen oder an einen Baum gelehnt. Die beschenkte Person soll möglichst nicht hinsehen, wenn die schenkende Person ihr einen Gegenstand zum Riechen auf die Hand legt. Sie kann beispielsweise die Gegenstände hinter dem Rücken entgegennehmen oder die Hände vor den Körper halten. Die beschenkte Person schnuppert und erzählt, wonach es riecht, und sieht erst danach hin. Die schenkende Person bleibt dabei schweigend und hört nur zu. Nach einem bis drei Geschenken können die Rollen getauscht werden.

Diese Übung löst häufig Lächeln und Schmunzeln aus. Deshalb ist sie eine wichtige Übung, die aber nie an den Anfang eines Waldbadenausflugs gehört.

Duftmemory

Die KL bereitet jeweils zwei gleiche Düfte aus der Natur in zwei kleinen Behältern vor. Wichtig ist, dass die Behälter geschlossen sind und der Inhalt nicht sichtbar ist. Die TN erhalten zwei bis drei Duftpaare in den vorbereiteten Behältern und versuchen, die zueinander passenden zwei Düfte zu finden.

AUSPROBIEREN: „DUFTMEMORY“

Diese Übung hat viel Potenzial für Variationen.
Zwei davon werden hier aufgeführt:

Die TN suchen sich den Inhalt für die Behälter selbst.
In kleinen Gruppen mit drei oder vier Personen werden dann die Duftpaare zugeordnet.

Jede Person erhält einen Behälter mit einem Duft.
Der zweite Duft befindet sich in der Mitte des Kreises.
Die TN suchen den Duft, der passt.

Wichtig zu wissen: Für erkältete TN eignet sich diese Übung nicht. Dann sind Alternativen gefragt, zum Beispiel eine Übung, die einen anderen Sinn anspricht.

14.4.3 Geschmackssinn

Mit dem Geschmackssinn lassen sich unterschiedliche Geschmacksrichtungen wahrnehmen. Die vier bekanntesten sind: süß, sauer, bitter und salzig. Inzwischen hat sich in der westlichen Welt auch der Begriff *umami* etabliert. Umami kommt aus dem Japanischen und bezeichnet den köstlichen Geschmack, wie er zum Beispiel bei Pilzen, Fleisch, Käse oder bei fermentierten Produkten wie Miso und Kimchi empfunden wird.

Grundsätzlich können beim Waldbaden sorgfältig ausgewählte Pflanzen im Wald geschmeckt werden. Frische Buchenblätter oder -triebe, Nadeln von gewissen Nadelbäumen, Sauerklee, Samen der Brennnesseln oder wilde Himbeeren und Brombeeren auf dem Weg können Anlass sein, im Kurs eine Achtsamkeitsübung für das Schmecken einzubauen.

Aber ist dies mit dem *Shinrinyoku-Knigge* kompatibel? Grundsätzlich gilt es, nichts abzubrechen oder auszureißen. Wenn die KL einen „Geschmacksstopp“ einbaut, ist es wichtig, dies mit der notwendigen Achtsamkeit zu tun und auf die Einmaligkeit hinzuweisen. Zudem muss die KL mehr als zu 100 Prozent sicher sein, dass die Pflanzen, die berührt oder in den Mund genommen werden, auf keinen Fall giftig sind (es gibt auch giftige Bäume wie die Eibe). Ansonsten ist diese Übung besser wegzulassen.

Etwas Essbares für diese Übung mitzunehmen, ist deshalb grundsätzlich vorzuziehen. Es eignen sich: Rosinen, (getrocknetes) Obst, Beeren, Kräuter, Nüsse, Getränke wie Wasser und Tee. In der Kurseinladung kann die KL die TN auch auffordern, selbst etwas mitzubringen.

HINWEIS: UNVERTRÄGLICHKEITEN UND ALLERGIEN

Es liegt in der Verantwortung der KL, Unverträglichkeiten und Allergien zu beachten und demzufolge Alternativen zu planen. So sollten beispielsweise keine Nussmischungen verwendet werden, da sich die Nüsse in einer Mischung berühren und Partikel von der einen Nusssorte an der anderen anhaften. Von gewissen Lebensmitteln wie Milch, Weizen, Fleisch und Fisch ist grundsätzlich abzuraten. Zu beachten sind in diesem Fall auch Gewürzmischungen, die Bestandteile von Milch, Fleisch und Fisch sowie Krustentieren enthalten können. Das Weglassen von Fleisch und Fisch erhöht zudem die hygienische Sicherheit und erspart der KL die Diskussion über Vegetarismus, die nicht zum Inhalt des Kurses gehört.

Wenn die KL zum Beispiel bei Allergien keine Alternativen geplant hat, kann dies bei den Betroffenen Enttäuschung und Frustration auslösen. Das wäre schade und dem Ziel der Entspannung und der Gesundheitsförderung nicht dienlich.

Insbesondere wenn die KL etwas aus dem eigenen Haushalt mitbringt, ist auf die Hygiene (Kap. 16.2.5) zu achten. Die Esswaren sollen passend verpackt und in einwandfreiem Zustand sein.

WUSSTEN SIE, …

… dass der Mensch im Vergleich zum Tierreich mit seinem Geschmackssinn spitze wäre, gäbe es da nur den Wels nicht. Bei ihm sind die Geschmacksknospen über den ganzen Körper verteilt. Auch das Pferd gehört zu den Feinschmeckern: Es kann über 100 Grasarten unterscheiden. Der Mensch besitzt je nach Quelle zwischen 2000 und 10 000 Geschmacksknospen, die bei Nichtgebrauch verkümmern können.

Kultur, Erziehung und Gewohnheit bilden den Geschmackssinn. Geruchs- und Geschmackssinn sind untrennbar miteinander verbunden. Das kann gut getestet werden: Halten Sie sich beim Essen einfach einmal die Nase zu.

Ob man Bitterstoffe mag oder nicht, hat oft mit Gewöhnung zu tun. Inzwischen sind über 1000 verschiedene Bitterstoffe bekannt. Sie gelten allgemein als verdauungsfördernd und appetitanregend. Im Wald finden sich häufig Bitterstoffe, zum Beispiel in Buchenblättern.

Eine Rosine essen

Diese Übung ist schon fast der Klassiker des achtsamen Essens und immer wieder zweckdienlich. Als Alternative kann auch hochwertige Schokolade genommen werden. Da die Rosine ein Naturprodukt ist, ist ihr den Vorzug zu geben. Auch wenn die Übung vielleicht schon bekannt ist, kann sie durchaus wiederholt werden. TN mit Vorerfahrung in Achtsamkeit sind oft sehr offen und neugierig für eine Neuentdeckung einer gemachten Erfahrung.

Die Rosine ist deswegen ein interessantes Lebensmittel, weil sie klein ist und nach wenig aussieht. Das Geschmackserlebnis kann aber sehr intensiv sein, da womöglich die Erwartung besteht, dass so etwas Kleines nicht nach viel schmeckt. Die TN können die geöffneten Hände hinter den Rücken oder vor den Körper halten und den Blick abwenden, eventuell die Augen schließen. Sie sollen nicht sehen, was die KL ihnen in die offen gehaltenen Hände legt.

AUSPROBIEREN: „ROSINE ESSEN"

Die Übung *Rosine essen* kann folgendermaßen ablaufen:

Rosine ertasten: Für Struktur, Form, Oberfläche usw. Bezeichnungen finden wie: groß, klein, wellig, rau, fein, rund, eckig, lang, dünn, flach (wertfreie Bezeichnungen)

Erraten, was es ist

Daran riechen

Ansehen

Tasten mit dem Mund und im Mund nochmals Struktur, Form, Konsistenz und allenfalls Geschmack wahrnehmen (noch nicht zerbeißen)

Einmal zerbeißen und Veränderung wahrnehmen.
Welcher Geschmack entfaltet sich?

Mehrmals zerbeißen und Geschmacksveränderungen wahrnehmen

Die Rosine runterschlucken und den „Abgang" wahrnehmen

Nachspüren

Nach dieser Übung empfiehlt sich ein Austausch in der Gruppe oder zu zweit.

Achtsames Trinken

Ein Getränk langsam und achtsam zu trinken, kann eine neue Erfahrung sein. Häufig ist der Geschmackssinn durch die vielen künstlichen Zusätze so trainiert, dass bevorzugt zu Süßgetränken gegriffen wird. Ich empfehle deshalb reines Wasser. Dies kann für einige TN eine geschmackliche Herausforderung sein. Das Wasser kann aber mit Minzenblättern, Zitronenschnitzen oder Gurkenscheiben aromatisiert werden.

Die Übung wird so angeleitet, dass das Getränk vorerst mit dem Geruchssinn erkundet wird. Danach wird ein Schluck des Getränks genommen. Der Fokus kann auf die Temperatur, die Konsistenz, den Geschmack selbst und auf den Ort der Geschmacksempfindung gerichtet werden. Erst zum Schluss wird das Getränk runtergeschluckt, was nochmals einen ganz neuen Eindruck hinterlassen kann.

Wichtig: Plastikbehälter können bei sensiblen TN eine Beeinträchtigung der Geruchsempfindung verursachen. Deshalb lohnt es sich, bei der Kurseinladung allenfalls darauf hinzuweisen, dass die TN bevorzugt ein Trinkgefäß aus Glas, Stahl, Aluminium oder einem anderen geruchsneutralen Material mitbringen.

Achtsames Essen in der Gruppe

Meistens können sich die Menschen selten ausgiebig Zeit nehmen für das Essen. Beim Essen wird oft noch ins Handy geschaut, Zeitung gelesen oder was anderes gemacht. Auch ein Gespräch kann vom Essen ablenken und im schlechtesten Fall für Aufregung sorgen. Achtsames Essen im Kurs ist deswegen oft ein kleines persönliches Experiment. Es darf einmalig sein oder zur Wiederholung anregen.

Das achtsame gemeinsame Essen kann als Mittagspause gestaltet oder an einer Abendveranstaltung als Kurselement eingeplant werden. Es wird schweigend ausgeführt. Dies mag für manche TN schwierig sein, deshalb kann die KL hier etwas zum Thema Schweigen (Kap. 8.4) erwähnen. Das achtsame und somit verlangsamte Essen dauert etwa 30 bis 50 Minuten. Die Erfahrung aus der Praxis zeigt, dass die meisten TN weniger essen, als sie eingepackt haben, weil sie eben langsamer essen. Ein Sättigungsgefühl tritt erst nach 15 bis 20 Minuten ein. Isst man langsam, wird das Sättigungsgefühl eher wahrgenommen.

Die TN sollen sich frei fühlen, sich auf das Experiment achtsames Essen einzulassen, und können jederzeit zu ihrer üblichen Essgeschwindigkeit übergehen.

Bei dieser Achtsamkeitsübung werden praktisch alle Sinne angesprochen: Tasten, Sehen, Riechen, Schmecken und auch Hören (beim Kauen). Nur der Gleichgewichtssinn wird nicht besonders gefördert.

AUSPROBIEREN: „ACHTSAMES ESSEN"

Wie in Kapitel 13.3 beschrieben, erhalten die TN vorab die nötigen Informationen und können bei Unklarheiten auch Fragen stellen. Danach bietet sich folgender Ablauf an:

Ein Stück des Mitgebrachten in die Hände nehmen

Ansehen

Ertasten

Riechen

In den Mund nehmen, ohne zu beißen

Einmal zerbeißen und den Geschmack wahrnehmen

Mehrmals kauen (bis 20-mal)

Langsam hinunterschlucken und auf den Abgang achten

Nachspüren bzw. „nachschmecken"

Vielleicht kann auch ein Moment der Dankbarkeit in diesen Ablauf integriert werden.

Die KL beendet das achtsame Essen, wenn alle ihre mitgebrachten Esswaren verzehrt haben. Die Reste sollen eingepackt und wieder mit nachhause genommen werden.

Manchmal entsteht das Bedürfnis, Esswaren zu teilen. Dies ist eine schöne und vertrauensvolle Geste. Die KL kann den Wunsch der TN, untereinander etwas zu teilen, in diese Übung integrieren.

Ein Austausch in der Gruppe über das Erlebte ist empfehlenswert.

TIPP: VARIANTEN FÜR DAS TEILEN VON ESSEN

Kredenztisch, „Teilete“, Tavolata, Mezze, Food Sharing ...

Material: (wasserfeste) Tischdecke

Die TN werden vorgängig in der Einladung zum Kurs über das gemeinsame Essen informiert. Sie können natürlich auch selbst etwas zum Teilen mitbringen. Der Tisch wird gemeinsam gedeckt, indem alle mitgebrachten Esswaren und Getränke ausgebreitet werden. Danach darf sich jede Person nach Lust und Laune bedienen.

Variante Achtsames Essen in der Gruppe: Die KL bittet zu Tisch
Die KL achtet dabei auf natürliche und lokale Produkte in Bioqualität: Karotten, Äpfel, Nüsse (keine Nussmischung!), Brot, Käse, Aufstrich usw. Hier darf sich die KL auch gerne kulinarisch austoben mit eigenem Brot, selbstgemachtem Knäckebrot, Aufstrich oder einer Suppe. Allerdings müssen bei der Zubereitung die Hygienevorschriften eingehalten werden (Kap. 16.2.5). Zudem sollte die KL vorgängig Unverträglichkeiten und Allergien abklären.

Die KL soll aber abwägen, wie viel Aufwand und welche Kosten sie auf sich nehmen möchte. Qualität vor Quantität ist eine gute Strategie.

Der Umwelt zuliebe werden möglichst keine Einwegverpackungen verwendet. Zum Picken der Stückchen können hölzerne Zahnstocher mitgebracht werden. Anstelle von Papierservietten eignen sich waschbare Servietten. Eventuell findet die KL sogar passende Motive oder stellt eigene Servietten mit Pflanzenmotiven her. Selbstverständlich wird alles wieder eingepackt und nachhause genommen. Jeglicher Abfall wird zuhause entsorgt.

14.4.4 Gehörsinn

Das gesunde Ohr kann zehn Oktaven unterscheiden und reagiert auf Schallwellen zwischen 16 und 20 000 Hertz.

Übrigens: Die Wahrnehmung von Klängen ist nicht nur an die Ohren gebunden. Vibrationen von Tönen werden auch am Körper wahrgenommen beziehungsweise empfunden. Wenn der Schall tiefer als 20 Hz ist, wird von Infraschall gesprochen und dieser wird über den Körper wahrgenommen.

WUSSTEN SIE, ...

... dass der Hörverlust ein schleichender Prozess sein kann? Zunächst werden einige Töne nicht mehr wahrgenommen, später verschwinden immer mehr. Je stärker der Hörverlust ist, desto anspruchsvoller wird der Alltag für die Betroffenen, denn der Gehörsinn ist essenziell für die zwischenmenschliche Kommunikation.

Da sich im Innenohr auch das Gleichgewichtsorgan befindet, kann ein Drehschwindel auch eine Erkrankung im Innenohr oder eine Migräne als Ursache haben. Schwindelattacken/-anfälle müssen schnellstmöglich abgeklärt werden. Die KL sollte die TN darauf hinweisen, in solchen Fällen unverzüglich eine medizinische Beratung aufzusuchen.

Es kommt häufig vor, dass TN auf einem Ohr weniger gut hören oder einen starken Tinnitus haben. Deshalb sollte die KL beim Reden sich so neben eine betroffene Person stellen, dass der Schall zum besser hörenden Ohr gelangen kann. Sehr hohe Klänge wie die der Zimbel (Kap. 13.3.4) eignen sich nicht als akustisches Signal. Zudem können penetrante Töne einen bestehenden Tinnitus verstärken.

Die Fledermaus ist dem Menschen mit ihren empfindlichen Ohren bezüglich Gehörsinn weitaus überlegen. Das Fledermausohr kann Frequenzen von bis zu 200 000 Hertz wahrnehmen. Um sich vor Taubheit zu schützen, verschließt die Fledermaus bei lauten Geräuschen ihre Ohren.

Copyright Peter Gaymann, www.gaymann.de. Abdruck mit freundlicher Genehmigung.

Hören, was weit und was nah ist
Die KL lädt die TN dazu ein, den Fokus auf das Hören zu richten.

Dazu gibt sie den Hinweis, dass es Töne und Geräusche in unterschiedlicher Distanz gibt: weit weg, in mittlerem und in nahem Abstand. Die TN hören den Tönen und Geräuschen zu und nehmen sie wertfrei wahr.

Variante: Die TN halten ihre Hände hinter die Ohren, um den Ton zu verstärken.

Ein-Ohr-Hören
Die TN werden aufgefordert, abwechslungsweise einmal nur mit dem rechten Ohr und einmal nur mit dem linken Ohr zu hören. Zu diesem Zweck wird das eine Ohr mit der Kuppe eines Fingers sanft zugehalten.

Als Variante kann eine Hand hinter das hörende Ohr gehalten werden.

Bei dieser Übung ist es sehr wichtig, dass auch Menschen mit Hörgeräten sowie mit Tinnitus oder anderen Höreinschränkungen von dieser Übung profitieren können. Deshalb weist die KL immer wieder darauf hin, dass die Übung individuell so verändert werden darf, wie sich die TN damit wohl fühlen, zum Beispiel indem die Position frei verändert wird.

In die Nacht hineinhören

Die KL sucht den Platz bei Tageslicht aus und bereitet alles für die Nachtübung vor. Sie kann Sitzgelegenheiten platzieren oder die TN dazu einladen, ihre eigenen Sitzgelegenheiten (Klapp- oder Dreibeinstuhl, Sitzkissen, Decken usw.) mitzubringen.

Als Vorbereitung kann die Übung „Weit und nah hören" dienen. Danach wird den Geräuschen der Nacht zugehört. Vielleicht passt hier auch ein *Feuer* (Kap. 15) beziehungsweise eine Übung am Feuer, eine gestalterische Tätigkeit (Kap. 14.7) oder eine *Teezeremonie* (Kap. 14.8.3).

Nachtübungen sollen sorgfältig geplant werden. Die Dunkelheit in Kombination mit dem Wald empfinden manche TN als unangenehm. Eine Laterne kann unterstützend wortwörtlich Licht ins Dunkel bringen.

14.4.5 Tastsinn

Um den Tastsinn zu fördern, weist die KL die TN an, die Umgebung tastend zu erkunden. Dies kann sehr gut als Weiterführung der *Grundübung Schlendern* (Kap. 14.2) gestaltet werden.

Beim Tasten soll die Sicherheit an oberster Stelle stehen: Bevor etwas berührt wird, soll genau hingeschaut werden, denn manchmal verstecken sich kleine Tiere wie Fliegen, Käfer oder Spinnen unter Blättern (diese verschwinden zwar meist sofort, manchmal aber eben auch nicht). Auch von Höhlen oder Vertiefungen sollten die Hände ferngehalten werden.

Sich tastend durch den Wald zu bewegen, kann eine ganz neue Erfahrung werden.

Sich von der Natur berühren lassen

Für diese Übung eignet sich eine Shinrinyoku-Wegstrecke, bei der Pflanzen seitlich in den Weg hineinragen. Die TN können sich so fortbewegen, dass sie von den Pflanzen berührt werden. Diese Berührungen sollen zufällig geschehen. Die TN benötigen eine offene Haltung und die Neugierde auf diese Erfahrung.

Wichtig zu wissen: Da sich häufig auch Zecken im Wald, in Gebüschen, im hohen Gras sowie im Unterholz befinden (auf etwa 40 bis 80 cm Höhe), sollten die TN sich entweder vorher mit einem Zeckenschutz behandeln oder diese Übung nach eigenem Gutdünken ausführen dürfen! Zudem hat die KL vorher abgeklärt, ob am Wegesrand giftige oder allergene Pflanzen stehen. Beispielsweise der Riesenbärenklau *(Haracleum mantegazzianum)* kann auf der Haut heftige Reaktionen auslösen.

WUSSTEN SIE, ...

... dass die Haut mit etwa 2 Quadratmetern Fläche das größte Sinnesorgan des Menschen ist? Sie reguliert die Körperwärme, nimmt Druck, Zug, Wärme, Kälte und Schmerz wahr und schützt den Körper gegen Umwelteinflüsse.

Es gibt Tiere, die im Vergleich zum Menschen noch viel präziser über die Haut wahrnehmen können. Zum Beispiel der Seehund, der mit seinen Barthaaren im Wasser seine Beute auf bis zu 180 Metern Weite erspüren kann. Jedes einzelne Barthaar ist an der Wurzel mit bis zu 1600 Nervenfasern durchwoben. Bei der kleinsten Turbulenz im Wasser registrieren die Barthaare die Bewegung und es werden entsprechende Signale an das Hirn geleitet. Dabei wird der Seehund durch die Bewegungen, die er im Wasser selbst erzeugt, nicht abgelenkt.

Gewisse Tiere haben zusätzliche Sensoren, wie zum Beispiel die Grubenotter, die mit ihrem Infrarotsensor kleinste Veränderungen in der Umgebungstemperatur wahrnimmt. Allein über diese Wärmeveränderungen spürt die Schlange, ob ein Tier in die Nähe kommt.

Tastsäckchen

Vorbereitung: Für diese Übung braucht die KL für jede teilnehmende Person vier Tastsäckchen, die an einer Schnur aufgereiht sind. Die KL soll darauf achten, dass die Säckchen auch für TN mit breiteren Fingern oder Händen groß genug sind. Die TN suchen für jemanden aus der Gruppe vier kleine Waldgegenstände, die sie je in ein Säckchen geben. Die Säckchen werden dann untereinander getauscht und ihre Inhalte ertastet. Dabei können sich die TN nach ihrem Wohlbefinden setzen, im Stehen bleiben, anlehnen usw.

Entlang eines Seils

Material: ein Seil, das etwa auf Schulterhöhe zwischen den Bäumen auf einer Länge von 5 bis 10 Metern gespannt wird. Es muss genügend lang sein, damit es um einzelne Bäume gewickelt werden kann. Da dabei kein Zug auf das Seil ausgeübt wird, erübrigt sich ein Baumschutz. Die KL bereitet den Ort vor dem Kurs oder in einem günstigen Moment während des Kurses vor.

In dieser Übung wird sowohl der Tastsinn als auch das Gleichgewicht angesprochen.

Sie eignet sich, wenn sich die TN schon etwas kennen und das Vertrauen gewachsen ist. Die TN finden sich zu zweit zusammen.

Eine Person geht nun entlang des gespannten Seils. Sie kann die Augen offen halten, den Blick weich senken oder die Augen schließen. Die zweite Person begleitet zur Sicherheit, indem sie an der Seite mitgeht und allenfalls Hinweise gibt, zum Beispiel, wenn ein Stein oder ein Ast im Weg liegt.

Variante: Die TN gehen rückwärts dem Seil entlang.

Nach dieser Übung empfiehlt sich ein Austausch.

14.5 Bewegung im Wald

Die Natur und der Wald bieten vielfältige Möglichkeiten zur Bewegung. Wer sich aktiv bewegt, kann die Vitalität und die Gesundheit erhalten. Zu den natürlichsten Bewegungen gehört das Gehen. Das Gehen bringt unter anderem diese Vorteile:

- Alle Gelenke werden eingesetzt.
- Es findet ein harmonisches Zusammenspiel zwischen dem Ober- und dem Unterkörper statt (Koordination).
- Die Wirbelsäule wird auf natürliche Weise mobilisiert.
- Die Atemmuskeln werden dreidimensional beansprucht.
- Die inneren Organe werden ebenfalls dreidimensional durchbewegt.
- Die Beinmuskulatur wird gestärkt.
- Der Gleichgewichtssinn wird aktiviert.

All dies wirkt sich günstig auf das Wohlbefinden aus. Der Alltag von vielen Menschen ist oftmals bewegungsarm. Zudem führen einseitige Bewegungen zu einseitigen Belastungen. Gleichbleibend sitzende oder stehende Tätigkeiten über einen längeren Zeitraum sind in den meisten Berufen normal, obwohl sie den körperlichen Bedürfnissen entgegengesetzt sind. Auch gewisse Fitnesstrends dienen kaum dem Wohle des Körpers und dürfen durchaus kritisch hinterfragt werden.

Das Training im Wald ist besonders effektiv, weil zusätzlich zu den oben genannten Vorteilen des Gehens viel frische Luft eingeatmet wird. Zudem werden die Augen entlastet und ganz allgemein die Gehirnaktivität angeregt.

GUT ZU WISSEN: BARFUSS GEHEN

Alle Gehübungen inklusive des Schlenderns können barfuß ausgeführt werden. Wetter und Ort entscheiden darüber, ob es sinnvoll ist. Barfußgehen hat diese Vorteile:

Die Fußmuskulatur wird optimal trainiert, ebenso die natürlichen Greifbewegungen der Zehen. Dadurch können sich ein sicherer Stand und somit ein besseres Gleichgewicht entwickeln.

Die Fußsohle wird durch die Unebenheiten des Bodens natürlich massiert. Das Lösen der verspannten Fußfaszien hat eine positive Auswirkung auf die Stimmung.

Die Füße kommen an die frische Luft und in eine natürliche Position. Die Zehen erhalten genügend Raum.

Das Training von Kraft und Beweglichkeit in den Füßen zeigt präventive Wirkungen gegen Hallux, Fersensporn, Plantarfasziitis uvm.

Rückenprobleme beginnen häufig bei den Füssen. Eine optimale Belastung der Füße wirkt sich in der ganzen Muskelkette bis zum Kopf aus (die rückwärtige Faszienkette beginnt bei der Fußsohle und endet bei der Stirne).

Die Propriozeption, also die Wahrnehmung des eigenen Körpers, wird angeregt.

Die direkte Verbindung zur Erde hat gemäß „The Earthing Movie“ einen positiven Einfluss auf den ganzen Körper, weil sich die elektrische Ladung sofort verringert.

Wichtig zu wissen: Obwohl das Barfußgehen zahlreiche Vorteile hat, gibt es auch einige Kontraindikationen:

HINWEIS: KONTRAINDIKATIONEN BARFUSS GEHEN

Verletzungen: Bei Verletzungen an den Füssen, den Zehen oder an anderen Bereichen des Körpers, die die Mobilität beeinträchtigen, sollte nur mit Vorsicht oder gegebenenfalls nicht barfuß gelaufen werden.

Diabetes: Menschen mit Diabetes können aufgrund von Nervenschäden oder Durchblutungsstörungen an den Füssen empfindlicher auf Unebenheiten reagieren.

Fußdeformitäten: Menschen mit Fußdeformitäten wie Hallux valgus (Ballenzeh), Hallux rigidus (versteifter Großzeh), Plattfüßen oder Hohlfüßen sollten beim Barfußlaufen vorsichtig sein.

Empfindliche Haut: Menschen mit empfindlicher Haut an den Füssen oder einer Neigung zu Blasenbildung könnten Schwierigkeiten beim Barfußlaufen haben.

Zudem wichtig: Wiederum soll besonders auf eine ressourcenorientierte Methode und eine sequenzierende Vermittlung Wert gelegt werden. Die Übungen sind zielgruppengerecht anzupassen.

Die nächsten drei Übungen bauen aufeinander auf: Aus dem bequemen Stand wird der aufrechte Stand. Anschließend geht es weiter mit Beugen und Strecken.

14.5.1 Stehen

Alle Übungen in diesem Kapitel sind Ein-Blatt-Übungen und eignen sich als Einstieg für aufbauende Übungen.

Bequemer Stand

Mit dem bequemen Stand wird die Haltung verbessert, was sich auf das gesamte Erscheinungsbild einer Person positiv auswirkt. Zudem trägt diese Übung dazu bei, den Körper insgesamt auszubalancieren.

HINWEIS:
HÜFTBREIT STEHEN

Manche verwenden die Anweisung „hüftbreit stehen, die Füße parallel". Diese Anweisung wird sowohl von der KL wie auch von den TN oft falsch interpretiert, denn das Hüftgelenk befindet sich im Bereich der Leiste und nicht beim Beckenknochen oder Beckenrand. Bei der Anleitung „hüftbreit stehen" stellen sich viele Menschen schulterbreit hin (Kap. 12.2.4 *Hüftbreit stehen*). Die Frage ist: Ist es sinnvoll, hüftbreit hinzustehen und wenn ja, wann? Denn: Für einen sicheren Stand ist die Eigenwahrnehmung erstmal am verlässlichsten. Danach kann mit den Standpositionen spielerisch variiert werden, wie es die EDSE-Methode nach Lorek vorsieht.

Welche Position soll das Becken haben? Da die Lage des Beckens sowohl vom Hüftgelenk als auch von der Lendenwirbelsäule abhängt, gibt es individuelle Positionen. Günstig ist, wenn sich das Becken mittig anfühlt.

Anleitungsvorschlag: „Suche eine bequeme Standposition."

Stehen alle TN bequem, kann es mit dem aufrechten Stand weitergehen.

Aufrechter Stand

Diese Übung verhilft über eine sanfte Anweisung zu einer Aufrichtung des Körpers. Wenn der Körper sich aufrichtet, entsteht im Rumpfbereich mehr Raum für die inneren Organe wie der Magen und die Lunge.

HINWEIS: SCHEITELPUNKT

Häufig wird das Bild „Ziehen an einem Faden vom Scheitelpunkt nach oben" gegeben. Viele TN dehnen durch diese Anweisung den vorderen Halsbereich und knicken den Kopf nach hinten. Dies schadet gegebenenfalls der Halswirbelsäule (siehe auch Kap. 12.2.7 *Kopf in den Nacken legen*).

Wenn die Fingerspitzen leicht an den Hinterkopf gelegt werden und durch einen sanften Zug der Nacken verlängert wird, kann eine optimale aufrechte Haltung entstehen. Hilfreich ist hier vielleicht auch der Hinweis auf die innere Aufrichtekraft, vergleichbar mit einem aufrecht stehenden Baum.

„AUFRECHTER STAND“

Folgender Ablauf hat sich in der Praxis bewährt. Er kann so übernommen oder auch passend abgeändert werden:

„Suche einen bequemen Stand und erlaube dir, das Gewicht auf die Fußsohlen sinken zu lassen.“

„Beobachte, wie sich die Standfläche und die Gewichtsverteilung auf der Unterlage anfühlen.“

„Wenn du möchtest, kannst du dies verändern, indem du das Gewicht zum Beispiel ein wenig mehr auf die Zehenballen, auf die Fersen oder seitlich verlagerst. Du kannst auch einfach so stehen bleiben.“

„Beobachte, welche Zehen du wahrnimmst.“

„Vielleicht entsteht eine Verbindung zum Untergrund (Erde, Weg usw.) unter den Fußsohlen.“

„Ich lade dich ein, deine Aufmerksamkeit nun auf den höchsten Punkt/Scheitelpunkt des Körpers zu lenken.“

„Es kann sein, dass sich die Wirbelsäule noch ein wenig aufrichtet.“

„Wie fühlt sich der Nacken im Moment an? Könnte er sich ein wenig verlängern? Falls ja, kann es sein, dass das Kinn ganz natürlich etwas nach unten sinkt.“

„Manchmal kann der Hinterkopf etwas nach oben geschoben werden, indem die Fingerspitzen am Hinterkopf sanft nach oben ziehen.“

„Beobachte, ob du eine Verbindung zwischen den Fußsohlen und dem Scheitelpunkt wahrnimmst. Vielleicht nimmst du nichts wahr und das ist auch okay.“

„Es ist eine flexible Verbindung, die sich jederzeit ändern darf.“

An dieser Stelle kann der Fokus auf die Atmung (Kap. 14.3) gelegt oder die nächste Übung angeleitet werden.

Knie beugen und strecken

Der Übergang von den zwei vorhergehenden Übungen zu *Knie beugen und strecken* kann sich nahtlos gestalten. Möglich ist aber auch, das Beugen und Strecken als einzelne Übung anzuleiten. Wenn der Ablauf für sich steht, braucht es noch ein paar Vorinformationen.

Die hierbei benutzte Methode wird auch bei der Progressiven Muskelrelaxation angewandt und ist gleichzeitig eine Trainingsübung.

„KNIE BEUGEN UND STRECKEN"

Die KL erklärt zu Beginn, dass nun eine Übung folgt, bei der es ums Anspannen geht. Dabei ist es wichtig, die ganz eigene Intensität der Anspannung zu finden. Diese kann ganz klein oder auch sehr groß sein. Die Spannung soll so sein, dass die darauffolgende Entspannung deutlich wahrnehmbar ist.

„Du kannst nun deine Beine und das Gesäß mit so viel Kraft anspannen, dass du Kraft wahrnimmst."

„Halten – halten – halten ..."

„... und lösen."

„Beobachte, ob die Knie etwas weicher werden. Vielleicht hast du das Bedürfnis, ein wenig mit den Knien zu wippen."

„Du kannst mit den Händen oder Fäusten im unteren Rückenbereich (Kreuzbein) nach unten streichen oder massieren."

Dies kann je nach Gruppe ein- bis dreimal wiederholt werden. Dann folgt:

„Das Becken darf in eine für dich angenehme Position kommen."

„Ich lade dich zu einem Bild ein: Stell dir vor, du trägst ein Amulett / einen Schmuckanhänger auf das/den die Sonne scheint. Beobachte, ob sich dadurch deine Haltung verändert."

„Beende die Übung in deinem Tempo und wenn du möchtest mit einem oder mehreren vertieften Atemzügen."

Auch hier kann eine Atemübung platziert werden. Die KL soll aber beachten, dass die Übungen im Stehen zeitlich begrenzt sind.

HINWEIS: KNIEVERLETZUNGEN

Wichtig zu wissen: Um Knieverletzungen vorzubeugen, werden die TN hingewiesen, besonders auf die Knieposition beim Beugen zu achten. Das Beugen geschieht sanft in Richtung kleinster Zeh der jeweiligen Seite. Die Füße bleiben am Platz, nur die Knie werden minimal nach außen geschoben.

Die drei oben beschriebenen Körperübungen schaffen im besten Fall eine spürbare Verbindung zwischen den Fußsohlen und dem Scheitelpunkt. Sie tragen so zur Achtsamkeit und zum Präsentsein bei.

Die folgende Bewegungsübung kann die Körperwahrnehmung intensiver fördern.

Dehnen, Räkeln, Strecken
Einzelne Bewegungselemente sind beim Shinrinyoku durchaus sinnvoll. Diese sollten einfach und für alle TN ausführbar sein. Dazu gehört das freie Dehnen, auch Räkeln genannt. Aber auch kreisende Bewegungen können dafür sorgen, dass sich der Körper schnell aufwärmt beziehungsweise lockert. An Ort gehen, stampfen und hüpfen passt gegebenenfalls auch.

Abklopfen, Schnauben
Für experimentierfreudige KL und TN eignen sich folgende Übungen: Einzelne Körperteile und der ganze Körper können abgeklopft und/oder geschüttelt werden. Beim Schütteln passt es vielleicht auch, einen Ton dazu zu machen. Lustig ist das Pferdeschnauben, alleine für sich oder auch in Kombination mit dem Schütteln. Schnauben wie ein Pferd braucht schon ein wenig Mut. Dazu passende Affirmationen bereichern das Erleben: sich auf die Schultern klopfen und sich selbst loben, etwas wegstoßen usw. Um beim Thema Shinrinyoku zu bleiben, ist immer wieder eine Überprüfung wichtig: Passt es zu den anwesenden TN, zum Moment oder zum Kurs? Manchmal ja, manchmal nein. Achten Sie auf die Impulse der TN und ob eine Übung, die Körper und Emotion verbindet, angebracht ist. Shinrinyoku ist weder Bewegungskurs noch Bewegungstherapie.

Wichtig ist, dass die TN ihre eigenen Ausführungen der Bewegungen finden. Die wenigen Punkte, die es zu beachten gilt, sind, dass der Nacken ab und zu verlängert wird und die Knie zum jeweiligen kleinen Zeh auf derselben Seite ausgerichtet werden. Sobald die Bewegungen grösser werden, ist darauf zu achten, dass der Stand sicher, aber flexibel bleibt.

14.5.2 Gleichgewichtsübungen

Grundsätzlich trainieren alle langsam ausgeführten Gehbewegungen oder das Barfußgehen das Gleichgewicht. So gesehen bräuchte es dafür keine zusätzlichen Übungen. Kommt hinzu, dass diese Art von Übungen wirklich passend sequenziert werden muss, wie dies in Kapitel 13 *Sorgfältiger Aufbau* beschrieben ist. Aber vielleicht führen Sie eine Gruppe Menschen durch den Wald, bei der Sie eine Gleichgewichtsübung gerade passend finden? Dann tun Sie es einfach. Gleichgewichtsübungen können ganz schnell in die Präsenz führen.

Die nachfolgenden Übungen sind von einfach bis anspruchsvoll aufgeführt.

Anlehnen

Diese Übung aktiviert die tief liegende Muskulatur und kann das Gefühl des Anlehnens unterstützen.

Die TN suchen sich einen geeigneten Baum aus. Es ist darauf zu achten, dass am Stamm kein Harz austritt – Harz haftet sehr gut an Kleidern und Haaren. Die TN können sich mit dem Rücken am Baum ganz sanft anlehnen oder versuchen, den Baum mit Kraft wegzudrücken.

Fliegen

Diese Übung, bei der sich die TN zum Beispiel in einen Vogel oder ein anderes fliegendes Tier hineindenken, kann sehr viel Spaß machen.

Der Stand soll bequem und sicher sein. Der Vogel breitet seine Flügel aus. Vielleicht am Anfang nur ein wenig, vielleicht auch ganz weit und groß. Jederzeit kann die Bewegung vergrößert, verkleinert oder pausiert werden. Die TN werden gebeten, die Atembewegung zu beobachten, ohne etwas zu verändern. Gegen Ende der Übung fragt die KL, ob es allenfalls eine Synchronisierung von Bewegung und Atem gibt und wenn ja, wie.

Nach einer Weile gibt die KL den sanften Ausstieg bekannt. Wichtig: Die KL gibt *keinen* Hinweis darauf, wie die Atmung geschehen sollte.

Der Adler

Eine Sequenz aus dem Tai Ji hat mich zu dieser Übung inspiriert, sie hat aber mit der Ursprungsübung außer dem Namen nichts mehr gemein. Die Übung muss dringend sequenzierend angeleitet werden, was auch über mehrere Schritte oder Kurseinheiten geschehen kann. Im Folgenden lernen Sie Varianten gemäß dem sequenzierenden Aufbau kennen:

Adler Variante 1 (Arme)

Die Ausgangsposition ist ein bequemer Stand. Die Arme können sich so weit ausbreiten, wie es im Moment stimmt, maximal auf Schulterhöhe. Die TN entscheiden, ob sie in der einen oder anderen Position pausieren wollen. Wer noch etwas mehr Spannung möchte, kann die Handflächen nach außen richten.

Adler Variante 2 (Beine)

Die Ausgangsposition ist ein bequemer Stand. Das Gewicht wird nun von der einen auf die andere Seite verlagert. Dies kann wenig oder mehr sein. Wenn es mehr ist, wird der nun freie Fuß leicht vom Boden gelöst. Der Oberkörper kann sich nun ein wenig verschrauben. Beispiel: Das Gewicht wird auf das rechte Bein verlagert, der linke Fuß hebt sich leicht ab (natürlich darf die Fußspitze auch auf dem Boden bleiben), der Oberkörper dreht so weit nach rechts, wie es angenehm ist. Danach dreht der Körper wieder in die Ausgangsposition zurück. Es folgt der Seitenwechsel.

Adler Variante 1 und 2 kombiniert

Die beiden Bewegungen (Arme und Beine) werden kombiniert. Die Arme heben seitlich ab, das Gewicht wird auf eine Seite verlagert, der entlastete Fuß löst sich (natürlich darf auch hier die Fußspitze auf dem Boden bleiben), der Oberkörper geht in eine leichte Drehung. Das Zurückkommen in die Grundposition geschieht gleichzeitig mit dem Senken der Arme. Hier kann eine Pause eingelegt werden. Dann folgt der Seitenwechsel.

Die KL kann darauf hinweisen, dass es möglicherweise eine Verbindung von Atem und Bewegung gibt. Wenn ja: Wie wird diese wahrgenommen?

Die Übung wird nach einigen Bewegungen beendet. Möglicherweise möchten die TN einen vertieften Atemzug tun oder sich räkeln und dehnen (siehe Ein-Blatt-Übung *Dehnen, Räkeln, Strecken*).

Diese Bewegungsübungen können zu Beginn eines Kurses oder vor den kontemplativen Übungen (siehe nächstes Kapitel) praktiziert werden. Durch die Bewegung wärmt sich der Körper ein wenig auf; dies kann für die folgenden Übungen unterstützend sein:

14.6 Kontemplative Übungen

Der Moment des Innehaltens wird häufig mit Meditation oder Kontemplation umschrieben. Kontemplation meint beim Waldbaden nicht, sich sitzend mit geschlossenen Augen auf die innere Mitte zu fokussieren oder sich bewusst auf ein Thema zu konzentrieren, um tiefere Einsichten zu erlangen. Beim Waldbaden haben kontemplative Übungen das Ziel, zur Ruhe zu kommen.

Kontemplation beim Waldbaden integriert die folgenden Aspekte:

- Im Hier und Jetzt sein
- Sich des Außen und des Innen bewusst sein
- Erwartungen relativieren
- Aufkommende Gedanken und Gefühle wertfrei annehmen
- Den Körper, aber auch die Gedanken und Gefühle auf den Moment richten
- Den Fokus immer wieder neu ausrichten

Aus diesen Zielen leitet sich eine Auswahl von Übungen ab, die in den nächsten Kapiteln beschrieben werden.

AUS DER PRAXIS

In einem Weiterbildungskurs erwähnte ich einmal die Möglichkeit, dass das Wort Meditation viel Stress auslösen könne, weil die Menschen extrem hohe Erwartungen an die Meditation hätten und dass ich deshalb eher das Wort Kontemplation wählen würde, weil es unverfänglicher sei. Daraufhin protestierte eine TN lautstark, weil dies, wie sie erklärte, meine persönliche Ansicht wäre.

Ich konnte ihr gut erklären, dass dies nicht meine persönliche Ansicht sei. Der Hintergrund dazu: Mit der Praxis der Meditation bin ich sehr gut vertraut. Als KL bin ich mir jedoch bewusst, dass nicht alle TN Erfahrungen haben in diesem Bereich. Die Meditation wird oft unverändert aus den östlichen Praktiken wie zum Beispiel der Zen-Meditation übernommen. Dies kann sehr hilfreich sein, weil es klare Vorschriften und Abläufe gibt. Allerdings stammen diese Praktiken meistens aus Ländern mit einem anderen kulturellen Hintergrund und häufig auch anderen klimatischen Voraussetzungen. Deshalb darf die Frage erlaubt sein, ob wir eine Technik, die zur Kultur im Herkunftsland wunderbar passt, einfach so in unsere Kultur übernehmen und verstehen können. Meine Meinung ist, dass die KL einen passenden Ansatz finden sollte, um die TN gleichermaßen langsam und achtsam zu einer Meditationspraxis zu führen.

Ein weiterer wichtiger Hinweis: Ich selbst meditiere gerne mit geschlossenen Augen. Diese Vorgehensweise entspricht manchen Menschen mehr, manchen weniger. Deshalb richte ich mich als KL im Sinne einer achtsamen Unterrichtsmethode nach den TN aus.

Die KL sollte ihre gewählte Technik in einen Kontext stellen und die gewählten Begriffe erklären. Trotzdem darf sie hoffen, dass das Individuum Mensch die Eigenverantwortung übernimmt und auch einmal eine Übung anders ausführt. Dies darf zu keiner Zeit negativ empfunden werden, im Gegenteil: Die KL möchte ja gerade das Selbstbewusstsein und die Selbstverantwortung bei ihren TN unterstützen.

Unter anderem haben solche Überlegungen zur EDSE-Methode nach Lorek geführt. Diese wird in der Praxis von den ausgebildeten Kursleitenden mit Erfolg umgesetzt.

Betrachten
Diese Übung dauert etwa fünf Minuten.

Die TN werden aufgefordert, sich vier gleich große Äste in der Länge von höchstens 30 Zentimetern zu suchen. Wenn sie mit den Ästen wieder im Plenum angekommen sind, erklärt die KL, dass nun ein Platz gefunden werden kann, wo diese Äste als Rahmen hingelegt werden.

Dieser Ort soll spontan von den TN bestimmt werden.

Die TN betrachten, was sich alles in diesem Rahmen befindet. Sie beobachten, was in diesem Rahmen geschieht: Gibt es Bewegung? Welche Farben und Formen kommen vor? Wie sind die Pflanzen oder Gegenstände angeordnet? Gibt es Muster? Und was erkennen sie sonst noch?

Die TN lassen ihren Blick über das Zufallsbild schweifen oder sie betrachten ein Blatt, ein Ästchen usw. aus der Nähe. Die TN dürfen ihre Augen jederzeit entlasten, indem sie den Blick großräumig umherschweifen lassen oder die Augen auf andere Art und Weise einen Moment bewusst entspannen.

Mit dem akustischen Signal werden die TN aufgefordert, die Übung in ihrem Tempo zu beenden. Danach eignet sich ein Austausch zu zweit oder im Plenum.

Von dieser Übung gibt es eine längere Variante, die im Kartenset beschrieben wird.

Angeleitete Achtsamkeit

Damit die angeleitete Achtsamkeit zeitlich im Rahmen bleibt, setzt sich die KL einen maximalen Zeitraum von zehn Minuten.

AUSPROBIEREN: „ANGELEITETE ACHTSAMKEIT"

Die TN werden eingeladen, sich einen Ort zu suchen, der sich in Hördistanz zur KL befindet. Die TN können sich bequem einrichten: sitzend, liegend, kniend oder anders.

Wahrnehmung der Unterlage und der Berührungspunkte

Ist es bequem oder soll noch etwas verändert werden?

Fokus auf das Hören: weite – mittlere – nahe Distanz

Fokus auf das Riechen

Fokus auf die Wahrnehmung des Atems

Fokus auf das Spüren: Wärme, Kühle, Lufthauch oder etwas anderes

Fokus auf das Sehen: nahe – mittlere – weite Distanz, aber auch weicher Blick und Blick schweifen lassen

Zeit für weitere Wahrnehmungen

Die Übung wird mit Worten oder dem akustischen Signal beendet.

Weil die selbstständige Achtsamkeitspraxis schwieriger ist, wird sie bei den Fortgeschrittenen-Übungen platziert. Manche TN bringen aber schon viel Erfahrung mit und für diese ist die nachfolgende Übung möglicherweise gut machbar.

Selbstständige Achtsamkeitspraxis

Bei dieser Übung erhalten die TN die Anleitung zur Achtsamkeit auf einem Zettel oder einer Karte. Sie suchen sich einen passenden Ort in Hördistanz. Dort richten sie sich bequem ein und konzentrieren sich mithilfe der schriftlichen Anleitung auf die entsprechenden Themen.

Die wichtigsten Regeln, welche die KL kommunizieren muss, sind die ungefähre Dauer, der Ort des Treffens und dass die TN auf Hördistanz bleiben. Sollten die TN Hilfe benötigen, können sie die KL rufen. Deshalb sollte die KL auch gut beobachten, wohin sich die TN bewegen. Die TN dürfen jederzeit und nach ihrem eigenen Ermessen die Übung vor dem Erklingen des akustischen Signals beenden.

„SELBSTSTÄNDIGE ACHTSAMKEITSPRAXIS"

Auf einer Moderationskarte kann zum Beispiel der folgende Text stehen:

Habe ich eine bequeme Lage?

Möchte ich etwas verändern?

Welche Geräusche und Töne nehme ich wahr?

Welche Düfte rieche ich?

Wie und wo nehme ich die Atembewegung wahr?

Was sehe ich in der Nähe? In mittlerer Distanz? In der Weite?

Was möchte ich jetzt gerade tun oder nicht tun?

Die Übung wird mit Worten oder dem akustischen Signal beendet.

Während oder nach diesen beiden Achtsamkeitsübungen, aber auch im späteren Verlauf eines Kurses können gestalterische Übungen eingeplant werden.

14.7 Gestalterische Übungen

Beim Waldbaden soll auch die Kreativität ihren Raum bekommen. Für dieses Buch wähle ich die Begriffe *Gestaltung* beziehungsweise *gestalterische Übung*. Der Grund dafür ist, dass für die einen das Wort Kreativität motivierend wirkt, bei anderen hingegen löst nur schon das Wort allein die Vorstellung aus, dass nun etwas perfekt gemacht werden muss. Kreativität *ist* – es gibt weder richtig noch falsch. Aus der Kreativität heraus kann der Mensch gestalterisch wirken. Manche Menschen brauchen Raum dafür, manche Menschen gelingt das erst unter Druck.

Es ist sinnvoll, das Thema kurz einzuleiten, indem die KL erklärt, dass es um die Freude am Tun im Hier und Jetzt geht. Das Resultat ist unwichtig, der Weg ist das Ziel.

Alle gestalterischen Übungen können allein, zu zweit, in einer kleinen Gruppe oder mit allen TN zusammen ausgeführt werden. Im Sinne des sequenzierenden Aufbaus sollten sie immer zuerst allein, später in einer Zweierkonstellation, dann eventuell in einer kleinen Gruppe und am Schluss in der großen Gruppe praktiziert werden.

Sortieren

Die TN werden aufgefordert, sich vier gleich große Äste in der Länge von 20 bis 40 Zentimetern zu suchen. Wenn die TN mit den Ästen wieder im Plenum angekommen sind, leitet die KL an, einen Platz zu finden, an dem diese Äste als Rahmen hingelegt werden können.

Die TN dürfen alles, was sich im Rahmen befindet, nach ihrem Gutdünken sortieren, zum Beispiel nach Länge, Größe, Form und Farbe. Es gibt sehr viele verschiedene Möglichkeiten, Dinge zu sortieren.

Die KL achtet auf folgende Zeitspannen: Ist die Mehrheit der TN fertig, kann sie noch eine Weile zuwarten. Gibt es ein oder zwei Personen, die noch in das Sortieren vertieft sind, geht sie zu diesen hin und teilt mit, dass die Übung langsam zu Ende geht. Als zweite Möglichkeit bietet sich an, die TN nach der vorgesehenen Zeit mit dem akustischen Signal zurückzuholen.

Diese Übung mag für einige der TN Frustrationspotenzial bergen, weil sich nie alles sortieren lässt. Für andere TN macht genau dies den Reiz aus und sie gehen diese Übung mit Humor an. Für wiederum andere TN ist es *die* Übung, die zu tiefer Konzentration verhilft und Zufriedenheit auslöst.

Nach der Übung könnte die Austauschrunde als „Galerie-Rundgang" gestaltet werden, auf dem die einzelnen Rahmen besucht und betrachtet werden. Die Gestalterin oder der Gestalter des Rahmens kann etwas dazu sagen oder aber das Werk schweigend präsentieren.

TIPP: SORTIEREN

In seinen kreativen Bilderbüchern geht Ursus Wehrli humorvoll und mit einem Augenzwinkern auf das Thema „Kunst aufräumen" ein. Ein Blick in sein Werk beziehungsweise auf seine Website (https://www.kunstaufraeumen.ch/de/) lohnt sich, nur schon des Humors wegen.

Gegenstände finden

Auf einer Karte sind vier Gegenstände aufgelistet, welche die TN auf einer Strecke von A nach B oder an einem bestimmten Ort suchen können. Diese vier Gegenstände sind zum Beispiel etwas Langes, etwas Kleines, etwas Weiches und etwas Buntes.

Wird die Art des Gegenstands sehr allgemein formuliert, entsteht viel Raum für Interpretation, was entlasten kann. Bei spezifischen Angaben wie zum Beispiel „ein Buchenblatt suchen" kann Druck und Stress ausgelöst werden. Für Menschen mit einem Syndrom aus dem Autismus-Spektrum (ASS) hingegen können präzise Angaben entlastend sein. Deshalb sollte die KL gut abwägen, was für Gegenstände sie zum Finden aufführt.

Die gefundenen Gegenstände können als gestalterisches Werk präsentiert werden. Manche Naturmaterialien können auch als Erinnerung nachhause genommen werden, sofern dies mit Bedacht geschieht.

Waldbild mit vorgegebener Form

Die KL kann vorschlagen, mit den im Wald vorhandenen Gegenständen ein Waldbild mit einer bestimmten Form zu gestalten, wie zum Beispiel ein Waldherz. Auch eine Kreisform, inspiriert von einem Mandala, ist eine mögliche Variante.

GUT ZU WISSEN: MANDALA

Das Wort Mandala stammt dem Sanskrit. Frei übersetzt bedeutet es „vom Kreis ausgehend". Es ist ein quadratisches oder kreisrundes und stets auf einen Mittelpunkt orientiertes Bild mit einer abstrakten oder bildhaften Darstellung. Mit dem Buddhismus fand das Mandala als Meditationsobjekt, von Indien und Tibet ausgehend, Verbreitung in ganz Ostasien und inzwischen auch in der westlichen Welt. Traditionelle Mandalas enthalten stets komplexe symmetrische oder asymmetrische Muster, die das Universum repräsentieren.

Bei Shinrinyoku-Angeboten wird das Mandala als gestalterisches Element integriert und hat keine religiöse oder philosophische Bedeutung.

Die Form wird schweigend alleine, zu zweit oder in der Kleingruppe erstellt. Die KL kann anregen, von der Mitte auszugehen und einen äußeren Rahmen zu setzen. Ein Rahmen lässt sich auch immer wieder verändern beziehungsweise größer oder kleiner gestalten.

Sind die Waldbilder fertiggestellt, können die TN sie noch eine Weile betrachten. Vielleicht möchte auch eine Person noch etwas dazu sagen.

Waldbild mit freier Form

Ein Waldbild zu gestalten, macht den meisten TN sehr viel Spaß. Manchmal macht es noch mehr Freude, ein Waldbild ganz nach den eigenen Vorstellungen zu kreieren.

Wenn sich die TN in der Gruppe vertraut sind, ist vielleicht auch ein Gruppenbild passend, immer mit der Option, dass auch Zweiergruppen gebildet werden können oder jemand für sich alleine ein Waldbild erstellt.

HINWEIS: GRUPPEN-WALDBILD

Die TN sollen das Bild schweigend gestalten – auch ohne Mimik und Gestik. Die KL mag darauf hinweisen, dass dies eine Herausforderung bedeuten kann. Die Schwierigkeit dieser Gruppenübung besteht darin, sich dem Moment hinzugeben. Besonders beim Gruppenbild kann es unterstützen, wenn die KL erwähnt, dass immer wieder Änderungen geschehen, wenn viele Personen zu einem Ganzen beitragen.

Die KL bittet die TN, sichtbar einen Schritt zurückzutreten, sobald sie abgeschlossen haben.

Wenn alle offensichtlich fertig sind, stellt sich die KL zur Gruppe. Hier ist ein Austausch möglich oder es bleibt bei einer Betrachtung, indem sich die Gruppe rund um das Bild herumbewegt und es von allen Seiten anschaut.

Alle bisherigen Übungen lassen sich gut mit Ritualen kombinieren. Wie diese gestaltet werden können und wozu sie dienen, zeigt das kommende Kapitel auf.

14.8 Rituale

Rituale sind Sequenzen, die regelmäßig wiederholt werden. Sie werden gemäß der EDSE-Methode nach Lorek eingeteilt in

1. Anfangsrituale
2. Rituale zur Befindlichkeit und zum Austausch
3. Rituale zum Beenden
4. Begrüßungs-, Verabschiedungs- und Übergangsrituale, zum Beispiel von einer Übung zur nächsten

Weil Rituale verbindend wirken, werden hier mehrere Möglichkeiten (Ein-Blatt, Zwei-Blatt und Drei-Blatt) vorgestellt. Die KL wählt situativ die passende Variante.

14.8.1 Anfangsrituale

Diese Rituale sind dafür gedacht, das Ankommen im Kurs zu unterstützen.

Längere Vorstellungsrunde

In der langen Vorstellungsrunde werden die TN gebeten, sich mit dem Namen vorzustellen und zu erzählen, was für eine Beziehung sie zum Wald haben.

Lange Vorstellungsrunden funktionieren bei kleineren Gruppen bis sechs Personen problemlos. Bei mehr Personen sind mittlere und kürzere Vorstellungsrunden besser, damit diese in einem gewissen zeitlichen Rahmen bleiben.

Mittlere Vorstellungsrunde

Bei dieser Vorstellungsrunde werden die TN gebeten, sich mit dem Namen vorzustellen und zu berichten, auf welche Art sie sich im Wald normalerweise fortbewegen. Es hilft, Beispiele zu nennen: joggen, Nordic Walking, spazieren, biken, mit dem Hund spazieren, Orientierungslauf, mit jemandem ein Gespräch im Wald führen, berufshalber im Wald sein usw.

Meine zwei Schultern

Die Vorstellungsrunde „Meine zwei Schultern" lockert die Gruppe auf und verändert die Position der TN. Sie eignet sich sehr gut für eine größere Gruppe.

Die erste Person stellt sich hin und sagt: „Ich heiße [Peter] und habe zwei Dinge, die mir Freude bereiten: Erstens [die teilnehmende Person berührt die rechte Schulter], ich habe einen Hund. Zweitens [die teilnehmende Person berührt die linke Schulter], ich mag Vanilleeis."

Wenn sich jemand in einem Thema wiedererkennt, stellt diese Person sich neben [Peter], berührt ihre eigene rechte Schulter und sagt: „Ich mag auch Vanilleeis." Dann berührt sie ihre linke Schulter und fügt etwas Zweites hinzu, das ihr Freude bereitet: „Und ich habe Kinder."

Alle TN haben rechts und links jemanden, mit dem oder der sie etwas teilen. Auf diese Weise soll ein Halbkreis entstehen, damit sich alle gegenseitig sehen und hören können. Vielleicht gibt es sogar einen Kreis, wenn die letzte Person sich an den beiden Dingen erfreut, die von der Person rechts und links von ihr genannt worden sind.

Kürzere Vorstellungsrunde
Bei dieser Vorstellungsrunde werden die TN gebeten, sich mit Namen und ihrem Lieblingsbaum vorzustellen. Es kann noch ein Satz zum Lieblingsbaum gesagt werden.

HINWEIS: MEHR ALS EIN SATZ?

Meistens werden es mehrere Sätze. Die KL hat aber die Möglichkeit, liebevoll daran zu erinnern, sich auf einen Satz zu fokussieren. Als Alternative kann von der KL beispielsweise angeboten werden, auf dem Weg von A nach B zu zweit über den Lieblingsbaum zu sprechen. Die Wegstrecke könnte vom Treffpunkt her bis in den Wald sein oder von einem Waldstück zum nächsten.

Wenn ich … wäre
Die TN können sich mit dem folgenden Satz vorstellen: „Wenn ich ein Tier oder eine Pflanze wäre, dann wäre ich …" Diese Variante eignet sich als kürzere Vorstellungsrunde und zaubert häufig ein Lächeln in die Gesichter. So können die TN etwas über sich erzählen, ohne allzu persönlich werden zu müssen.

Etwas auf den Weg mitnehmen
Die KL fordert die TN auf, einen Gegenstand zu suchen, der sie auf dem Weg begleiten soll. Dieser Gegenstand ist mit einem Thema, einem Gedanken oder einem

Gefühl verbunden, an das sich die TN erinnern dürfen. Dies kann sein: präsent bleiben, sich immer wieder auf das Hier und Jetzt fokussieren, den *Shinrinyoku-Trick* (Kap. 11.5.2) anwenden, wertfrei bleiben, sich selbst treu bleiben usw.

Je nach Situation hat die KL verschiedene Möglichkeiten der Interaktion mit den TN. Sie kann darum bitten,

- den Gegenstand nur zu zeigen,
- etwas dazu zu sagen,
- den Gegenstand einfach diskret bei sich zu behalten.

Wichtig zu wissen: Die TN dürfen für sie heikle Themen jederzeit für sich behalten.

Etwas zurück- oder loslassen
Diese Übung bedarf des Fingerspitzengefühls, damit sie nicht in eine therapeutische Angelegenheit abgleitet. Deshalb wird diese Übung niemals in einem Einführungskurs gemacht, sondern erst in einem Aufbaukurs oder zu einem späteren Zeitpunkt (am Nachmittag eines Tageskurses, am zweiten Tag eines längeren Kurses).

Die KL zeichnet oder formt einen Kreis am Boden, zum Beispiel mit Ästen. Dann fordert die KL die TN auf, im Wald einen Gegenstand zu suchen, der symbolisch für ein Thema, ein Gedanke, ein Gefühl oder für eine Situation steht, die zurückgelassen werden soll. Hilfreich ist, wenn die KL im Voraus erwähnt, dass die TN mit dem Gegenstand zum Kreis zurückkommen und warten sollen, bis alle da sind. Erst dann werden die nächsten Anweisungen gegeben. Die TN erhalten so viel Zeit, wie sie benötigen.

Stehen alle TN wieder beim Kreis, erklärt die KL, dass nun jede Person den Gegenstand in den Kreis legen kann und frei ist, etwas dazu zu sagen oder dies schweigend zu tun. Der Hinweis, dass das Ablegen auch mental und emotional geschehen darf, ist für manche TN eine zusätzliche Unterstützung. Die KL kann ebenfalls einen Gegenstand ablegen. Die KL achtet darauf, dass sie allzu persönliche Gedanken für sich behält, aber dennoch ihr Thema benennt. Sie kann natürlich ihren Gegenstand auch schweigend ablegen. Haben alle TN ihren Gegenstand abgelegt, bedankt sich die KL für das Vertrauen.

Wichtig zu wissen: Die KL sieht von Kommentaren, Interpretationen und Bemerkungen ab. Sie kann zustimmend nicken. Für emotional aufwühlende Situationen – wenn zum Beispiel eine Person zu weinen beginnt – gibt es in Kapitel 17 Anregungen für *Interventionen* vonseiten der KL.

Bewusst in den Wald eintreten
Es gibt verschiedene Möglichkeiten, wie die TN den Eintritt in den Wald bewusst gestalten können:

1. Die KL platziert zum Beispiel einen Ast, ein Seil oder einen Stein auf dem Weg. Die TN überqueren diesen Gegenstand mit einem bewussten Schritt.

2. Die TN können auch selbst einen Gegenstand suchen, über den sie in den Wald eintreten möchten.

3. Auch ohne Gegenstand kann dieser Schritt bewusst gemacht werden. Möglich ist auch eine persönliche Geste.

Durch ein Tor treten
Durch einen Ast, der zwischen zwei Bäumen sicher platziert wird, entsteht ein Tor.

Die TN können durch dieses Tor in den Wald eintreten, so als würden sie die Wohnung einer vertrauten Person betreten. Der Übergang geschieht somit bewusst.

Am Ende des Kurses funktioniert dies ebenso: Die TN können durch das Tor wieder aus dem Wald in den Alltag treten.

WUSSTEN SIE, …

… dass in Japan die Torii den Übergang von der weltlichen zur spirituellen Welt darstellen? Diese Torbögen, die aus zwei Säulen und zwei waagrecht übereinander angeordneten Querbalken bestehen, befinden sich meistens vor einem Schrein. Manchmal sind sie auch in Wäldern oder an Seen zu finden, wie zum Beispiel das schwimmende Torii von Hakone.

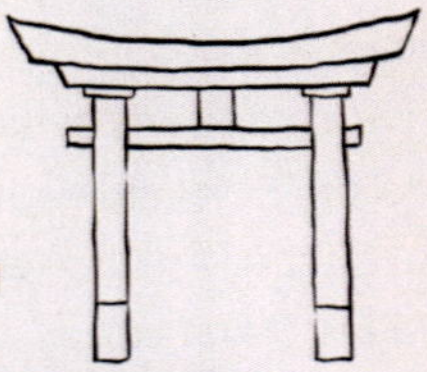

14.8.2 Befindlichkeits- und Austauschrunden

Viele Übungen werden in Stille ausgeführt. Aus diesem Grunde sind Befindlichkeits- und Austauschrunden sehr wichtig. Mit diesen kann die Stimmung erfasst und Fragen/Unsicherheiten können geklärt werden. Es ist auch sehr wichtig, das Erlebte einzuordnen. Solche Runden sind darüber hinaus eine niederschwellige und unverbindliche Art und Weise, mit unbekannten Menschen in Kontakt zu treten.

„Wenn du redest, wiederholst du nur, was du schon weißt.
Wenn du zuhörst, lernst du vielleicht etwas Neues."
Dalai Lama

Diese Worte des Dalai Lama können kritisch betrachtet werden. Beim Shinrinyoku ist der Austausch einerseits dazu da, dass die TN sich gegenseitig zuhören. Der Austausch kann andererseits helfen, dass sich beim Sprechen eine neue Erkenntnis formuliert. Denn oft ist es so, dass die Gedanken erst dann eine Form annehmen, wenn sie laut ausgesprochen werden. Deshalb müsste das Zitat des Dalai Lama folgendermaßen ergänzt werden: „Manchmal braucht es jemanden, der zuhört, damit du deine Gedanken in Worte fassen kannst."

Der *Austausch* wurde in Kapitel 13.3.6 ausführlich beschrieben.

Hinweise zur Zeiteinteilung bei Befindlichkeits- und Austauschrunden:

Bei sehr großen Gruppen braucht ein Austausch viel Zeit. Manchmal muss die Zeit dafür begrenzt werden. Die Übungen *Mit einem Wort* und *In einem Satz* eignen sich bei Zeitknappheit sehr gut. Die TN in Kleingruppen oder paarweise einzuteilen, hilft generell, das Zeitmanagement im Auge zu behalten.

Mit einem Wort

In dieser Übung werden die TN aufgefordert, ihre Befindlichkeit mit einem Wort auszudrücken. Es ist sinnvoll, den TN Zeit zu lassen, dieses Wort auszuwählen, bevor sie es laut sagen. Ansonsten wird aus der spontanen Suche nach einem Wort schnell eine lange Erklärung.

In einem Satz
In dieser Übung werden die TN aufgefordert, ihre Befindlichkeit in einem Satz auszudrücken. Es ist sinnvoll, den TN Zeit zu lassen, diesen Satz gedanklich zu formulieren, bevor sie ihn laut sagen. Ansonsten wird aus der spontanen Suche nach einem Satz schnell eine lange Erklärung.

14.8.3 Abschlussrituale

Wer sich länger im Wald aufgehalten hat, braucht womöglich Zeit, um sich von diesem Ort zu verabschieden und in den Alltag zurückzukehren. Damit der Übergang gelingt, sind folgende Übungen hilfreich.

Bewusst aus dem Wald heraustreten
Ein runder Abschluss für die TN ist das bewusste Aus-dem-Wald-Heraustreten am Ende eines Kurses.

Die TN sollten diesen Übergang selbst gestalten dürfen. Häufig kann die KL dabei beobachten, dass die TN zum Beispiel

- rückwärtsgehen,
- sich beim Wald bedanken,
- Freudentränen vergießen,
- sich verneigen,
- sich in einem Moment der Stille verabschieden,
- einen Gegenstand platzieren.

Kurze Rückmeldung mit einem Wort
Eine kurze Variante der Rückmeldung besteht aus nur einem Wort. Die KL stellt dazu diese Frage:

- „Wenn du mit einem Wort sagen könntest, was du aus dem Kurs mitnimmst, wie würde dieses Wort lauten?“

Längere Rückmeldung: „Wetterbericht"

Diese Übung nutzt das Wetter als Metapher, um mit Distanz über die eigene Befindlichkeit zu berichten. Die TN erzählen nacheinander, wie sie sich fühlen, und benutzen dazu das Vokabular eines Wetterberichts. Natürlich muss der „innere" Wetterbericht dabei nicht mit dem tatsächlichen äußeren Wetter übereinstimmen. Wichtig ist die Information durch die KL, dass das eigene Befinden auch mit Worten ohne Bezug zum Wetter formuliert werden darf.

Gemeinsam eine Tasse Tee trinken

Dies ist die verkürzte Version der traditionellen japanischen Teezeremonie.

Die TN bringen einen eigenen Becher und Tee mit. Die Gruppe setzt sich an einem geeigneten Ort hin und trinkt in Stille eine Tasse Tee. Diese Übung eignet sich sowohl als Ritual nach einem achtsamen Essen (Kap. 14.4.3) als auch als Abschiedsritual, um danach zum Beispiel bewusst aus dem Wald herauszutreten.

Teezeremonie

Die Teezeremonie wird in Japan traditionellerweise von Zeremoniemeisterinnen oder -meistern geleitet. Diese absolvieren nach einer Art Charakterprüfung eine mehrjährige Schulung und werden erst dann zugelassen, wenn sie alle Griffe einwandfrei beherrschen. Eine traditionelle Teezeremonie dauert mehrere Stunden.

Wenn hier von Teezeremonie gesprochen wird, ist damit ein adaptiertes Zelebrieren gemeint. „Kontemplatives Teetrinken" wäre vermutlich der passendere Begriff. Der Anlass sollte gut geplant und vorbereitet sein.

Den ausgewählten Platz vorher einzurichten, etwas zu schmücken und einladend zu gestalten, ist Voraussetzung. Der Ort sollte in dieser Zeit von keiner anderen Nutzergruppe wie Pfadfindern, Waldspielgruppen oder -kindergärten beansprucht werden. Ein wasserfestes Tischtuch dient als Unterlage. Für die Teezeremonie gibt es typische Teetassen. Manchmal finden sich Aktionen in den Supermärkten; die Originalteeschalen aus Japan sind meistens handgemacht und sehr teuer. Es mag jedoch für Sie passend sein, sich die qualitativ besseren und teuren Teeschalen zu kaufen.

TIPP: TEEGESCHIRR

Bei günstigen Teeschalen ist darauf zu achten, dass sie hitzefest sind. Manche Beschichtungen entsprechen diesem Kriterium nicht.

Auch bei den Teekrügen ist bestimmtes Material zu vermeiden. Besonders Aluminium kann Partikel in das heiße Wasser abgeben. Stahl ist zwar hitzebeständig, reagiert aber ungünstig mit Säure (und Kohlensäure).

Auf alle Fälle sollten die Teeschalen und -krüge vorher getestet werden, um unliebsame Überraschungen zu vermeiden.

TIPP: TEEZEREMONIE

Für eine Teezeremonie braucht es:

Heißes Wasser oder aufgebrühten Tee in einem Isolierkrug

Allenfalls losen Tee in hoher (Bio-)Qualität, davon mindestens 2 Sorten zur Auswahl, ggf. Teeblumen

Teeschalen

Evtl. einen Teekrug oder eine (durchsichtige) hitzefeste Schale

Zuckerzange oder andere Zange zum Servieren

Kekse oder einen kleinen Snack

Ein Tischtuch und/oder eine schöne Dekoration, z. B. mit Naturmaterialien

Ggf. ein Hinweisschild, auf dem notiert wird, dass der Platz besetzt ist (Uhrzeit von/bis, Name, Telefonnummer, evtl. Anlass)

Für die Teezubereitung gibt es verschiedene Möglichkeiten:

1. Der Tee kann zuhause vorbereitet und in den Isolierkrug abgefüllt werden. Dazu ist zu bemerken: Manche TN mögen andere Sorten als die KL. So ist insbesondere auch auf Unverträglichkeiten zu achten. Wer homöopathische Mittel einnimmt, sollte zum Beispiel keinen Pfefferminztee trinken, und darauf hat die KL Rücksicht zu nehmen. Bei der Zubereitung zuhause ist auf eine einwandfreie Hygiene zu achten (Kap. 16.2.5).

2. Heißes Wasser kann im Isolierkrug und diverse Tees können separat mitgenommen werden. Wenn möglich Biotee aus der Region wie Lindenblüten oder Pfefferminze wählen. Aber auch andere Teesorten eignen sich. Manche brechen einen Fichtenzweig ab und aromatisieren damit ihren Tee. Dies ist beim Waldbaden generell fehl am Platz, weil die KL eine Vorbildfunktion einnimmt (Kap. 16.4.1 *Respektvolles Handeln*). Die KL stellt den TN zwei oder drei Teesorten vor und zeigt sie in der Runde. Danach gibt sie die einzelnen Blüten oder Zweiglein zum Beispiel mit einer Zuckerzange in die Teeschalen der TN. Die TN werden aufgefordert, an dem noch nicht aufgegossenen Tee zu riechen. Im Anschluss wird der Tee mit dem heißen Wasser aus dem (Isolier-)Krug übergossen.

3. In einem Isolierkrug kann heißes Wasser mitgebracht werden. Ein (durchsichtiger) Teekrug oder eine Schale wird in die Mitte gestellt. Die KL gibt eine bis zwei Teeblumen in den Krug bzw. in die Schale, je nach Anzahl TN und Größe des Kruges. Dann füllt sie das heiße Wasser ein. Die TN können beobachten, wie sich die Teeblumen entfalten. Im Anschluss wird der Tee in die Teeschälchen ausgeschenkt.

GUT ZU WISSEN: TEEBLUME UND MATCHA-TEE

Eine Teeblume besteht aus getrockneten Blüten und dekorativ zusammengebundenen Teezweigen, die durch einen Baumwollfaden zu kleinen Bällen zusammengebunden sind. Werden die gepressten Teeblumen mit heißem Wasser übergossen, saugen sich diese langsam voll und entfalten sich zu einer Blume.

Die Teeblumen sind auch bekannt unter dem Begriff Teenester, Teerosen, Teeblüten.

Wichtig zu wissen: Teeblumen enthalten immer Schwarz-, Weiß- oder Grüntee, gemischt mit anderen dekorativen Teeblättern wie Ringelblumen, Jasmin, Rose usw. Deshalb sind die TN immer zu fragen, ob diese Art von Tee gewünscht ist.

Die Teeblume kann mehrmals aufgegossen werden. Je nachdem kann sie danach noch in getrocknetem Zustand als Dekoration dienen.

Sehr beliebt ist der Matcha-Tee, eine zu Pulver gemahlene Grünteevariante, die in der japanischen Teezeremonie verwendet wird. Diesem Tee wird heilende Wirkung zugeschrieben. Damit muss sorgfältig umgegangen werden, denn Heilsversprechen sind unzulässig. Deshalb sollte sich die KL dringend über die Wirkung dieses Grüntees informieren.

Die Verbraucherzentrale Nordrhein-Westfahlen weist übrigens in einem Bericht vom September 2022 darauf hin, dass dieser Grüntee mit Aluminium und Blei belastet sein kann.[24] Es wird davon abgeraten, große Mengen davon zu trinken. Da wir als KL etwas Gutes tun wollen, sind diese Warnungen ernst zu nehmen.

In manchen Kulturen wird aus Respekt gegenüber den Ahnen, den Naturgeistern oder anderen spirituellen Wesen eine Tasse Tee überlassen. Fühlen Sie sich frei, diese Geste auszuführen, aber verlangen Sie es nicht von den TN.

AUSPROBIEREN: RÜCKMELDUNGSRUNDE

Der Kurs kann auch mit einer Rückmeldungsrunde beendet werden. Dabei eignen sich diese Fragen:

„Was nimmst du aus dem Kurs in deinen Alltag mit?"

„Was hat dir besonders gut gefallen?"

„Welche neuen Erkenntnisse hast du gemacht?"

„Welches war heute dein eindrücklichstes Erlebnis?"

„Was ist für dich in diesem Kurs wichtig geworden?"

Etwas aus dem Wald mitnehmen

Vielleicht möchten die TN eine Erinnerung aus dem Wald mitnehmen. Dieser Gegenstand kann einerseits das Erlebte symbolisieren oder im bevorstehenden Alltag eine Erinnerung an den Waldbadenausflug sein.

Wichtig ist, dass der Gegenstand für die TN die entsprechende individuelle Bedeutung hat. Ein Fichtenzapfen zum Beispiel kann für eine Person die Verbindung zur Natur bedeuten, für eine andere Person das Symbol des Lebenskreislaufs darstellen. Die persönliche und hier explizit positiv erlebte Bedeutung wirkt somit nachhaltig.

Die Wirkung kann verstärkt werden, indem diese Handlung mit der oben beschriebenen Rückmeldungsrunde verbunden wird.

Erinnerungsfotos

Obwohl das Handy im Flugmodus bleiben sollte, kann für einen Moment ein Zeitfenster zum Fotografieren eingeräumt werden. Die entstandenen Bilder erinnern die TN in ihrem Alltag zum Beispiel als Bildschirmschoner an den Waldausflug.

Was für eine Erheiterung, wenn die fotografierte Schnecke auf dem Handy-Bildschirm auftaucht!

TESTIMONIAL

„Obwohl ich seit über 25 Jahre alleine in den Wald gehe und ich mich danach immer sehr gut fühle, habe ich den Waldbaden-Einführungskurs mit Zoë D. Lorek einfach unbeschreiblich schön empfunden.

Das ist Gesundheitsprävention pur. Achtsamkeit, Stille, Staunen, Demut.

Die Natur mit allen Sinnen wahrzunehmen, ist wunderbar. Die Teezeremonie am Schluss war für mich das Highlight!"

Ursula D. Christen

15 Feuer

„Wir lieben den Wald und wollen ihn erhalten,
deshalb diese Bitte an dich:
Lasse Vorsicht walten."

Zoë. D. Lorek

15.1 Ein Feuer machen – ja oder nein?

Da Wald und Feuer miteinander eng in Beziehung stehen können, soll hier dem Thema Feuer ein eigenes Kapitel gewidmet werden.

Ein Feuer ist in Waldbadenkursen ein sehr schönes Angebot. Viele TN mögen das Feuer. Es kann einen Fokus geben und beruhigend wirken. Die meisten TN verbinden mit Feuer ein Wohlgefühl. Dennoch muss die KL immer berücksichtigen, dass manche Menschen kein positives Erlebnis damit verbinden. Peter Wohlleben (2019) meint in seinem Buch „Das geheime Band zwischen Mensch und Natur", dass das Feuer eine ganz frühe Erfahrung der Menschen gewesen sei und der Umgang damit zu den fundamentalen Errungenschaften der Menschheit zähle. Funde in der Wonderwerk-Höhle in Südafrika[25] weisen darauf hin, dass der Mensch das Feuermachen seit über einer Million Jahren beherrscht – viel länger als bisher angenommen.

In jüngster Zeit wurde viel Kritik am Feuermachen geübt, da durch das Verbrennen von Holz gegebenenfalls viel Feinstaub produziert wird und giftige Partikel entstehen. Aus diesem Grunde empfehlen verschiedene Behörden im DACH-Raum inzwischen, im Sinne des Gesundheits- und Umweltschutzes gar kein offenes Feuer mehr zu machen.

AUS DER PRAXIS

Ich erinnere mich an eine Dokumentation über eine Person, die einen Flugzeugabsturz überlebt hat. Sie hat eindrücklich geschildert, wie sie plötzlich eine Feuerwand vor sich sah. Für diese Person hat Feuer nichts Anziehendes und sie meidet deshalb Feuer oder dessen Geruch. Es löst in ihr immer wieder die Erinnerung und die Gefühle an das schreckliche Erlebnis aus.

Auch hier gilt: Die KL darf nicht von sich auf andere schließen. Ich empfehle deshalb, Angebote mit und ohne Feuer auszuschreiben. So ist stets eine Wahlmöglichkeit gegeben.

Obwohl das Wissen ums Feuer selbstverständlich erscheint, gehen manche Menschen fahrlässig damit um und entzünden zum Beispiel ein Feuer, wo es ihnen gerade passt. So ist der größte Feind des Waldes immer noch der unachtsame Mensch. Brennt der Wald ab, verlieren viele Pflanzen und Tiere ihre Lebensgrundlage und es gibt keinen Ort mehr für Waldbaden.

Ein Feuer muss deshalb immer genau geplant und vorbereitet werden.

Bevor ein Feuer gemacht wird, müssen die nationalen und lokalen Gesetze oder Anweisungen für Feuer abgeklärt werden. Nicht überall darf ein Feuer entzündet werden. Informationen erteilen vorgängig die Behörden, das Forstamt und natürlich die Waldbesitzer. Verantwortungsvolle KL halten sich unbedingt daran (auch an Rauchverbote) und verzichten gegebenenfalls vorsorglich auf ein Feuer, selbst wenn (noch) kein Feuerverbot ausgesprochen wurde. Denn: Bei langer Trockenheit kann ein Feuer – für uns nicht erkennbar – im Boden weiterglimmen und sich beim nächsten Windstoß ganz schnell entfachen. Die meisten Waldbrände entstehen aufgrund von fahrlässigem Verhalten des Menschen.

Der Ergänzung halber soll auch erwähnt werden, dass gewisse Pflanzen und Tiere Feuer unbeschadet überstehen oder sogar benötigen zum Beispiel zur Keimung. So kann ein Feuer der Douglasie fast gar nichts anhaben. Sie besitzt eine relativ feuerresistente Borke und sogenannte Erneuerungsknospen, die nach einem Brand zerstörte Organe ersetzen können. Ein Beispiel aus der Tierwelt ist der Schwarze Kiefernprachtkäfer, der seine Eier in verkohlte Rinde ablegt. Da sind sie vor Fressfeinden geschützt.

Grundsätzlich ist ein Waldbrand aber immer ein großer Einschnitt und eine Verletzung der Natur. Im Zusammenhang mit dem Klimawandel kann nicht abgeschätzt werden, wie sich Gebiete entwickeln werden, die von Waldbrand betroffen sind.

15.2 Vorsichtsmaßnahmen beim Feuermachen

Wichtig zu wissen: Je nach Baumart befinden sich die Wurzeln im Umkreis von mindestens der Größe der Baumkrone, der Umfang kann aber bis zu sechsmal größer sein als jener der Baumkrone. (Die Angaben variieren je nach Quelle zwischen 5 und 100 Metern). Die Wurzeln können durch ein Feuer großen Schaden nehmen und sich aufgrund des Harzes sogar unterirdisch entzünden.

Wird nun inmitten einer Baumgruppe ein Feuer gemacht, wird eventuell das Wurzelwerk beschädigt. Ebenso wenn das Feuer zu nah an den Baumstamm, an die Blätter oder die Nadeln gerät. Zudem sollte im Nadelwald unbedingt beachtet werden, dass die Nadelforste oft schneller austrocknen und somit schneller brennen als Laubbäume. Wer mal einen trockenen Kiefernzweig ins Feuer gelegt hat, weiß, wie explosionsartig sich die Nadeln entzünden.

Vorsicht ist bei giftigen Bäumen geboten. Der Rauch kann im schlimmsten Fall zum Tod führen.

Auch wenn alle Gesetze eingehalten und alle entsprechenden Vorsichtsmaßnahmen beachtet werden, gelten folgende Regeln:

- Offizielle Feuerstellen sind zu bevorzugen. Falls keine Feuerstelle vorhanden ist, wird mit dem zuständigen Förster oder dem Waldbesitzer abgesprochen, wo der beste Ort ist.

- Wenn es keine Feuerstellen gibt: das Feuer durch Steine begrenzen und Steine als Basis für das Feuer hinlegen. Noch besser: eine Feuerschale mitbringen, weil in einer solchen das Feuer unter Kontrolle gehalten werden kann.

- Darauf achten, dass genügend Abstand zu den Bäumen besteht.

- Genügend Löschwasser organisieren (evtl. mitnehmen) und bereithalten. Das Feuer sollte beim Verlassen der Feuerstelle weder glimmen noch rauchen. Es muss vollständig mit Wasser gelöscht sein.

- Gut gelagertes, trockenes Holz mitbringen oder vor Ort möglichst trockene Äste suchen. Wird das Holz am Vorabend bereitgelegt, sollte es über Nacht zugedeckt werden.

- Es gibt diverse Feuerschichttechniken, die je nach Bedarf, Ort und Windrichtung eingesetzt werden. Verantwortungsvolle KL nehmen ausschließlich trockenes Material.

- Anzündmaterial (z. B. auch Kienspäne) kann das ganze Jahr über gesammelt und in einem Beutel mitgenommen werden. Von Benzin oder Sprit zum Anzünden wird dringend abgeraten!

Besonders wenn Kinder mitkommen, ist auf Folgendes zu achten:

- Weder Glut noch Kohle vom Feuer weg oder in den Wald hinaustragen. Es wird nie mit Glut oder Kohle gespielt.

- Wenn ein Ast einmal im Feuer ist, bleibt er dort.

GUT ZU WISSEN: KLEIDUNG

Synthetische Fasern können beim Kontakt mit Feuer schnell schmelzen, zum Beispiel, wenn Fichtenholz beim Abbrennen herumspickt. Deshalb sollten beim Feuermachen Naturmaterialen getragen werden, um das Risiko für Verbrennungen einzudämmen.

Es gibt viele Möglichkeiten, das Feuer in einen Kurs zu integrieren. Das Erleben des Feuers kann jederzeit mit Wahrnehmungsübungen mit Fokus auf das Hören und das Sehen kombiniert werden.

Dem Feuer zuhören
Die folgende Übung eignet sich für den Einstieg in das Thema Feuer. Die KL lädt die TN ein, sich für einen Moment mit den Geräuschen und Tönen des Feuers zu befassen. Da die TN vermutlich rund ums Feuer sitzen oder stehen, kann die KL die Übung mit einem Austausch beenden (Kap. 14.8.2).

AUSPROBIEREN: „DEM FEUER ZUHÖREN"

Diese Anregungen können eingebracht werden:

„Gibt es eine Feuer-Melodie?"

„Gibt es einen Rhythmus?"

„Gibt es Wiederholungen?"

„Gibt es leise und laute Töne?"

„Gibt es spezielle Feuer-Geräusche?"

„Klingt das Feuer immer gleich?" (bei Positionswechsel)

„Gibt es Momente der Stille?"

„Gibt es noch andere Töne und Geräusche?"

Dem Feuer zusehen
Die meisten Menschen tun es sowieso, wenn ein Feuer brennt: Sie schauen in die Flammen oder in die Glut. Beim Waldbaden kann dies als spezieller Fokus gewählt werden.

AUSPROBIEREN: „DEM FEUER ZUSEHEN"

Die Farben des Feuers betrachten

Die Form der Flammen betrachten

Einem Stück Holz zusehen, wie es verbrennt, und dabei auf die Strukturen achten (Holz behält die Struktur, auch im verkohlten Zustand)

Die Glut betrachten und beobachten, wie sie erlischt. Ist sie (vermeintlich) ganz erloschen, können die Hände darüber gehalten werden. Meistens wird noch Wärme abgestrahlt, obwohl keine Glut mehr zu sehen ist.

Möglich ist auch, dass das Feuer einfach als Ort der Behaglichkeit eingerichtet wird. Essen als Akt der Begegnung ist rund um ein Feuer immer etwas Besonderes. Ob dies in Stille geschieht, hängt vom Kursthema ab. Und so, wie sich in früheren Zeiten die Menschen ums Feuer versammelt haben, um sich Geschichten zu erzählen, kann dieser Ort auch für gestalterische Tätigkeiten genutzt werden.

Weitere Übungen zum Thema Feuer finden Sie im Kartenset.

Mit diesem Kapitel sind die acht Elemente eines Kurses und verschiedene Vorschläge zur Umsetzung anhand einiger exemplarischer Übungen abgeschlossen.

Nun geht es um Ihr inneres Feuer und darum, dass Sie es immer wieder nähren. Als KL benötigen Sie verschiedene Kompetenzen, die im folgenden Kapitel aufgeführt sind. Das Kompetenzmodell enthält einerseits Fähigkeiten, andererseits auch Fertigkeiten und lehnt sich an bestehende Modelle an. Kein Mensch ist perfekt, deshalb ist es wichtig, sich immer wieder zu reflektieren, um herauszufinden, wo noch Wissens- oder Übungsbedarf besteht. Denken Sie an Ihre Ressourcen und Ihre Stärken: Diese sind es, was Sie als KL-Persönlichkeit ausmacht!

Teil 4

Waldbadenkurse fachkundig anleiten

16 Die kompetente Kursleitung

Eine Kursleitungsperson zu sein, bedeutet viel mehr, als ein paar Übungen zu kennen und diese anzuleiten. Wer Menschen anleitet, sollte sich der Verantwortung, die diese Rolle mit sich bringt, bewusst sein. Im Leben können wir unterschiedliche „Hüte" tragen, die sich aus den Lebensumständen, Erfahrungen, dem Beruf und anderen Aufgaben ergeben. Menschen können gleichzeitig Eltern, Lernende, Reisende, Führungskräfte sowie Freunde und vieles mehr sein. Sie nehmen in verschiedenen Situationen unterschiedliche Rollen ein, die ihr Verhalten und auch ihr Erleben beeinflussen.

Erläuterung: *Die Grafik zeigt die Waldbadentriade: Die KL (Symbol Blume) ist neben dem Wald (Symbol Bäume) und der Achtsamkeitsmethode (Symbol Kopf/Herz) die Dritte im Bunde. Die KL trägt einen wesentlichen Anteil dazu bei, dass sich die TN sicher und aufgehoben fühlen.*

Um ein Waldbadenangebot professionell anleiten zu können, muss sich eine KL darüber im Klaren sein, was ihre Rolle ist. Würde eine kursleitende Person in Wort und Tat als Elternteil, Lehrerschaft oder Pflegepersönlichkeit agieren, würde dies bei den TN für viel Irritation sorgen. Ein bewusster Einstieg in die Rolle als KL ist sehr zu empfehlen.

Eine KL ist auch nur ein Mensch und somit fehlbar. Das Wichtigste ist, sich jederzeit zu reflektieren, das Verhalten zu überdenken oder sich außenstehende Unterstützung zu holen. Es kann durchaus passieren, dass sich im Leben der KL ein Vorfall ergibt, der sie zum Beispiel kurz vor einem Kurs komplett in einen anderen Gefühlszustand und damit vielleicht auch in eine andere Lebensrolle katapultiert. Dann braucht es gute Strategien im Umgang mit sich selbst (Kap. 7 *Resilienz entwickeln*, Kap. 7.1.2 *Äußere Schutzfaktoren* und Kap. 10.5 *Empathie und Mitgefühl*) und das Praktizieren des Selbstmitgefühls. Die TN sollten nicht mit den „Sorgen und Nöten" der KL belastet werden. Wenn die KL auch mit sich selbst professionell umgeht, indem sie gemäss Kapitel 16.5 ihre *Reflexionsfähigkeit* übt, kann sie die beste Version von sich selbst werden.

Damit die KL fachkundig in ihre KL-Rolle findet, braucht es fünf unterschiedliche Kompetenzen.

GUT ZU WISSEN: KOMPETENZMODELLE

Es gibt andere Kompetenzmodelle, die auch ihre Gültigkeit haben. Ich habe mich für das folgende Kompetenzmodell entschieden, weil es für die spezifische Tätigkeit der Waldbaden-Kursleitung meines Erachtens am besten passt.

Das Kompetenzmodell deckt fünf Bereiche ab, die eine Person in ihrer Rolle als Waldbaden-KL beherrschen muss. Vielleicht bemerken Sie, dass Sie nicht in jedem Bereich in Ihrer Geniezone sind. Das macht nichts, denn Perfektion ist nicht gefragt und kann sogar hinderlich sein. Wichtig ist, zu erkennen und sich zu verinnerlichen, was zu einer erfolgreichen Kursleitungstätigkeit gehört, und sich immer wieder weiterzuentwickeln.

Das Symbolbild der fünfblättrigen Blume zeigt, um welche Kompetenzbereiche (Blütenblätter) es sich handelt:

- Moderation
- Fachwissen (inkl. Fachwissen Sicherheit)
- Organisation
- Vorbild
- Reflexionsfähigkeit

Alle Kompetenzbereiche sind gleichermaßen wichtig. Leitet die KL eine Gruppe von Menschen an, sind zwar Fachwissen und Vorbildrolle auch gefragt, aber die Fähigkeit zur Moderation tritt in den Vordergrund.

16.1 Moderation

16.1.1 Achtsam moderieren

Mit Moderation ist die Kompetenz im Umgang mit Menschen gemeint. Der Moderator und die Moderatorin achten auf eine gute Atmosphäre und lenken die Kommunikation zwischen den Teilnehmenden. In der Moderationsrolle fördert die KL den Wissensaustausch und koordiniert die Gruppenaktivitäten. Sie ist für eine offene und konstruktive Kommunikation verantwortlich, bezieht also verschiedene Standpunkte ein und stellt sicher, dass alle Teilnehmenden die Möglichkeit haben, ihre Meinungen und Ideen zu äußern. Der Fokus liegt auf der Schaffung eines förderlichen Umfelds für den Austausch von Informationen und Perspektiven.

Eine KL muss aus den genannten Gründen im Umgang mit Menschen versiert sein. Tulku Lobsang, ein tibetischer Mönch, sagte dazu: „You must love the people." Damit ist eine unvoreingenommene und wohlwollende Haltung gemeint. Diese drückt sich in der Sprache, in der Mimik und der Gestik aus, umso mehr, wenn etwas nicht verbal kommuniziert wird. Für eine klare und unzweideutige Kommunikation braucht die KL eine gute Selbstregulation im Umgang mit ihren eigenen Gefühlen und Stimmungen, sodass im Kurs keine unterschwellig doppeldeutige Botschaften mitschwingen, aber genauso ein Bewusstsein über ihre ethische Grundhaltung. Daraus entwickelt sich die Anleitungskompetenz mit der achtsamen Sprache.

TIPP: SELBSTREGULATION

Ich rate dringendst davon ab, den TN vor einem Kurs die eigene Befindlichkeit ungefiltert zuzumuten! Zur Selbstregulation kann die KL vor dem Kurs gegebenenfalls ein Ritual für sich selbst gestalten, um sich auf den Einsatz vorzubereiten.

Vor Menschen hinzustehen, kann eine große Herausforderung sein, wenn Sie das zum ersten Mal tun. Auch für mich war es am Anfang schwierig, trotz gefühlter Berufung. Nach vielen Aus- und Weiterbildungen und langjähriger Praxiserfahrung sowie vielen geglückten und missglückten Angeboten komme ich aber immer wieder zum gleichen Schluss: Es lohnt sich. Menschen nachhaltig zu einem bereichernden Erlebnis zu führen, ist eine beglückende Tätigkeit und viel mehr als ein Job.

16.1.2 Sprachmelodie

Wie klingen Sie, wenn Sie reden? Wenn Sie sich selbst zuhören, klingt das mitunter ganz anders, als wenn Sie Ihre Stimme ab einer Tonaufnahme hören. Viele sind ihrer eigenen Stimme gegenüber sehr kritisch eingestellt. Das ist schade, denn die Stimme ist ein Teil der eigenen Identität. Das menschliche Gehör ist zudem sehr stark im Erkennen von Stimmen und auch von Stimmung. Die Stimme transportiert Ihre Stimmung. Und auf Ihre Stimmung haben Sie Einfluss. Zum Beispiel indem Sie sich körperlich und mental auf eine Kurseinheit vorbereiten und sich Strategien zurechtlegen. Ein guter Stand sowie eine ruhige Atmung verhelfen zu einem entspannten Redefluss. Aber auch das bewusste langsame Sprechen strahlt Ruhe aus. Alle in diesem Buch vorgestellten Atem- (Kap. 14.3) und Bewegungsübungen (Kap. 14.5) können Sie für sich selbst anwenden. Eine gute Vorbereitung ist auch, die Anleitungen vorab laut auszusprechen. Sie können den Bäumen im Wald Ihren „Vortrag" präsentieren. Vielleicht erstellen Sie sich dazu eigene Moderationskarten. Sie können aber auch zu diesem Buch passende beziehen, die ganz auf die EDSE-Methode nach Lorek abgestimmt sind.

16.1.3 Vorzeigen – tun lassen

„Was du mir sagst, das vergesse ich.
Was du mir zeigst, daran erinnere ich mich.
Was du mich tun läßt, das verstehe ich."
Konfuzius

Beim Erleben und selbst Tun kann sich der Mensch als selbstwirksam erfahren. Dies sollte immer das Ziel eines Shinrinyoku-Angebotes sein. Obwohl Informationen wichtig sind, soll eine Anleitung nicht zum Vortrag verkommen. Deshalb steht das Tun an erster Stelle. Lässt es die Übung zu, werden die TN von Anfang an eingebunden. Dies bedeutet, dass die KL gleichzeitig vorzeigt, die TN zum sofortigen Mitmachen einlädt und die Übung sequenziell mit Varianten anleitet. Die Herausforderung besteht darin, dass beim Vorzeigen ebenso Varianten einbezogen werden. Varianten und Alternativen können auch aus dem Tun der TN heraus entstehen, die KL kann sich davon inspirieren lassen und die TN dazu anregen, die Übung selbst weiter zu verändern.

Nun haben Sie sich bis hierhin alles Nötige erarbeitet, damit Sie bereit sind, mit offenem Herzen, achtsamer Sprache und versierten Anleitungstechniken vor Ihre TN zu stehen. Dennoch braucht es eine weitere Kompetenz: das Fachwissen.

16.2 Fachwissen

Ein wichtiger Hinweis vorab: Es wird in Ihren Kursen immer wieder Menschen geben, die in einem speziellen Bereich ein spezifischeres Fachwissen haben als Sie. So können Personen aus den Fachbereichen Biologie, Forst, Jagd, Geologie, Bergführung, Pilzsammlung oder Ornithologie in Ihrem Kurs erscheinen. Eine professionelle KL kann dieses Wissen kooperativ in ihren Kurs mit einbeziehen. Dass die TN gerne etwas Neues lernen und gleichzeitig selbstbestimmt bleiben möchten, ist in der EDSE-Methode nach Lorek als Grundannahme gesetzt.

Für eine Waldbaden-KL ist es nicht nötig, Spezialwissen (zum Beispiel in Biologie) zu haben. Unabdingbar für die KL ist jedoch ein Minimalwissen über die lokale Flora und Fauna: Der Unterschied zwischen einer Fichte und einer Weißtanne oder einer Buche und einer Erle sollte bekannt sein, ebenso jener zwischen einem Sperling und einem Specht. Diese Art von Wissen wird in diesem Buch nicht vermittelt, es muss über Literatur, Weiterbildungen oder in direktem Kontakt zum Beispiel mit dem Förster zusätzlich beschafft und entsprechend gefestigt werden. Notwendig sind auch die Kenntnisse darüber, welche Baum- und Pflanzenarten sich auf dem ausgewählten Weg befinden. Dazu gibt es tolle Pflanzenbestimmungs-Apps.

TIPP: UMGANG MIT FACHWISSEN

Fachwissen kann auch hinderlich sein. Die KL muss sich immer wieder überlegen, was das eigentliche Ziel von Shinrinyoku ist: Entspannung, Regeneration und Gesundheitsförderung sollten an oberster Stelle stehen. Natürlich ist es toll, wenn Sie beispielsweise Geologie oder Biologie studiert haben. Entspannung geschieht aber eher dadurch, dass die Wahrnehmung über die Sinne und weniger das Denken angeregt wird. Dies bedeutet konkret, dass bei Shinrinyoku-Kursen die folgenden Übungen zu bevorzugen sind:

Wahrnehmungsübungen

Atemübungen

Gestalterische Übungen

Informationen sollten kurzgehalten werden, ebenso sollten im Kontext von Shinrin-yoku nur sinnvolle fachliche Inputs erfolgen. Ab und zu eine Frage zu beantworten, kann für kognitiv orientierte TN hilfreich sein, weil der Wissensdurst befriedigt wird. Das reicht dann auch schon. Besonders Personen, die alles mit dem Verstand erklären wollen, ist anzuraten, sich für einen Moment auf die Sinne zu fokussieren. Hier mag die Information dienen, dass die Wahrnehmung über die Sinne die Entspannung fördern kann. Manchmal braucht es auch den Hinweis, dass die Übung sich wie ein Experiment gestaltet: für fünf bis zehn Minuten mal ausprobieren, wie es sich anfühlt. Was sind schon fünf bis zehn Minuten in Bezug auf einen Tag, eine Woche, ein Jahr oder ein Leben? Experimente werden von kognitiv orientierten Personen eher gerne gemacht.

Falls Sie als Fachperson zusätzliche Informationen zu Shinrinyoku anbieten wollen, empfiehlt es sich, dies in der Kursausschreibung klar zu kommunizieren. Zum Beispiel: *Waldbadenausflug mit der Geologin: anschauliche Begehung des Gebietes XY am Morgen, Waldbadenübungen am Nachmittag.*

Die Interessierten können sich entsprechend für den Morgen oder den Nachmittag (oder für beide) entscheiden und so ihren persönlichen Interessen nachgehen.

Welche Art von Fachwissen die KL für Waldbaden und achtsame Angebote im Wald mitbringen muss, erläutert das nächste Kapitel.

16.2.1 Fachwissen Natur

Fachwissen und Erkenntnisse können sich ändern. In der Natur wurde noch nicht alles entdeckt und verstanden. So wie Daniela Lackner in ihrem Gastbeitrag schreibt, sind Einsichten und Erkenntnisse manchmal ihrer Zeit voraus und werden von manchen Menschen (noch) nicht verstanden. Deshalb ist es notwendig, sich immer wieder mit den Themen rund um Shinrinyoku und Waldbaden oder auch Achtsamkeit auseinanderzusetzen.

Weiterbildung ist wichtig. Es zeugt von Ihrer Kompetenz, wenn Sie sich als Fachperson auf einem möglichst hohen Ausbildungsstand halten. Trotzdem: Kein Mensch kann alles wissen und Sie dürfen durchaus auch einmal sagen: „Das muss ich nachschlagen. Ich liefere die Antwort nach."

GUT ZU WISSEN: NOTWENDIGES FACHWISSEN

Folgendes Fachwissen über die Natur sind für eine kompetente Kursführung von Bedeutung:

Fundierte Kenntnisse über Shinrinyoku/Waldbaden.

Wissen über die Flora im besuchten Waldabschnitt: Dazu gehört das Wissen, wie genau dieser Wald entstanden ist und welche Pflanzen auf dem Weg vorhanden sind, zum Beispiel auch Giftpflanzen. Wie sieht dieser Waldabschnitt zu den verschiedenen Jahreszeiten aus?

Tiere im Waldabschnitt des Kurses: Rehe, Hasen, Mäuse, Füchse, Wildschweine, Vögel usw. Ein spannender Aspekt wäre zum Beispiel, wie die Vögel, die im Wald vorkommen, leben und brüten. Wie sehen sie aus? Sind sie ganzjährig anwesend oder Durchzügler? Mithilfe von Büchern und Apps können Tiere und Pflanzen leicht bestimmt werden.

Ortskenntnisse: Die KL muss die Wege, auf denen sie sich bewegt, in- und auswendig kennen. Sie kann den Wald aufzeichnen und so eine Karte erstellen. Sie setzt sich mit der Geologie auseinander. Sie kennt die verschiedenen Erden und weiß, wie die Schichtung aussieht. Gibt es irgendwo Geröll, das gefährlich werden könnte? Solche Angaben werden auf die Gefahrentabelle übertragen (Kap. 16.2.2). Übrigens: In der Schweiz können alle Karten gratis bezogen werden, siehe Kapitel *Internetadressen*.

Kenntnisse über die Ökologie: das Wissen um Zusammenhänge des Zusammenlebens zwischen Pflanzen, Tieren und Mensch und wie sich diese gegenseitig beeinflussen. Dazu gibt es immer wieder spannende Dokumentationen. Auch Fachleute geben gerne Auskunft. Wenn eine entsprechende Fachperson an Ihrem Kurs teilnimmt, könnten Sie sie für einen Austausch zu einem späteren Zeitpunkt (natürlich nicht während Ihres Kurses) anfragen.

Manchmal kann es schwierig auszuhalten sein, wenn andere Menschen ihr Wissen einbringen oder darüber diskutieren wollen. Auf Basis der ethischen Grundhaltung begegnet die KL den Fachpersonen wie allen anderen TN mit Respekt, Neugierde und Interesse. Im Sinne einer Anerkennung kann das Fachwissen auch einbezogen werden. Je nachdem stellt dies eine wertvolle Bereicherung Ihres Kurses dar oder gibt Ihnen sogar eine neue Idee für ein weiteres Kursangebot.

Die KL legt jederzeit hohen Wert auf die Sicherheit der TN. Neben den notwendigen Vorkehrungen innerhalb eines Waldbadenkurses nimmt sie ihre Verantwortung auch in den nachfolgenden Bereichen wahr.

16.2.2 Sicherheitsvorkehrungen

Aufgrund der langsamen Vorgehensweise ist beim Waldbaden keine so umfassende Gefahreneinschätzung erforderlich wie zum Beispiel bei Risikosportarten. Dennoch sollten gewisse Aspekte beachtet werden, damit die Sicherheit der Kursteilnehmenden und auch jene der KL jederzeit gewährleistet sind. Dazu gehören:

- *Wetterbedingungen:* Bei starkem Wind, Gewitter oder anderen extremen Witterungsbedingungen sollte das Waldbaden vermieden werden. Informationen über Wetterwarnungen einzuholen ist unabdingbar.

- *Sonnenschutz:* Ebenso ist auf ausreichenden *Sonnenschutz* zu achten (großflächige Kleidung tragen, Kopfbedeckung, Sonnenschutzmittel verwenden). Die TN und auch die KL selbst sollen immer genügend Wasser trinken, um einer Dehydration vorzubeugen. Merke: Vor allem ältere Menschen verspüren oft wenig Trinkbedürfnis.

- *Passende Kleidung:* Wetterfeste Kleidung soll Wind und Regen sowie Kälte trotzen. Den Bedingungen angepasstes Schuhwerk gehört zu einer guten Ausrüstung. Auch wenn keine steilen Hänge erklommen werden, sollte das Schuhwerk eine stabile Sohle haben, die genügend Halt bietet. Im Winter und bei nasskaltem Wetter besteht eine hohe Gefahr der Auskühlung, wenn zum Beispiel Turnschuhe getragen werden.

- *Körperliche Verfassung:* Die körperliche Verfassung der TN muss bei der Gefahreneinschätzung berücksichtigt werden. Menschen mit bestimmten gesundheitlichen Problemen, wie zum Beispiel Herzproblemen, sollten sich vorher ärztlich beraten lassen.

- *Zecken:* Im Wald besteht je nach Jahreszeit das Risiko von Zeckenbissen. Es ist daher ratsam, entsprechende Schutzmaßnahmen zu treffen, wie lange Kleidung zu tragen und Insektenschutzmittel zu verwenden. Eine Zeckenschutzimpfung gegen FSME (Frühsommer-Meningoenzephalitis, Virusinfektion) kann vorteilhaft sein.

- *Unfälle:* Im Wald können lose Äste, Wurzeln, Felsen, steinige Wegabschnitte, mit Moos bewachsene Stellen und bei Regen auch Matsch eine Gefahrenquelle sein.

Um Unfälle zu vermeiden, ist es ratsam, sich auf markierten Wegen zu bewegen, aufmerksam zu sein und gutes Schuhwerk zu tragen.

- *Personenbezogene Aspekte:* Sollte die KL Kenntnisse von Lebensmittelallergien oder -unverträglichkeiten haben, müssen Alternativen geplant werden.

- *Giftige Tiere:* Raupen wie jene des Prozessionsspinners oder Schlangen wie zum Beispiel die Viper können für den Menschen gefährlich werden. Tiere können auch mal zubeißen oder stechen, wenn sie sich bedroht fühlen. Dies ist bei Wespen der Fall, aber auch bei den als friedlich geltenden Hornissen oder Bienen. Begegnen Sie kranken oder verletzten Tieren, halten Sie sich von ihnen fern und benachrichtigen den Wildhüter.

- *Giftige Pflanzen:* Hier ist allen voran die Schwarze Tollkirsche (*Atropa belladonna*) zu erwähnen, die hochgiftig ist. Nur schon von der Berührung der Pflanze wird dringend abgeraten. Ebenso sind beim Aronstab (*Arum*) alle Pflanzenteile giftig und können bei Kontakt mit der Haut allergische Reaktionen hervorrufen. Beim Gefleckten Schierling (*Conium maculatum*) sind alle Pflanzenteile hochgiftig; zudem ist die Verwechslungsgefahr mit Wiesenkerbel und Petersilie sehr hoch. Auch der Riesenbärenklau (*Haracleum mantegazzianum*) wächst häufig am Wegrand. Er ist dafür bekannt, bei Berührung starke Kontaktallergien auszulösen. Dies ist nur eine kleine Auswahl. Bitte informieren Sie sich entsprechend. Hier gibt es eine Liste der Giftpflanzen:
  https://www.botanikus.de/informatives/giftpflanzen/alle-giftpflanzen

Die möglichen Gefahren müssen benannt und beurteilt werden, dabei sind Alternativen zu planen. Diese richten sich danach, wie hoch eine Gefahr eingeschätzt wird. Die KL muss auch geeignete Massnahmen präsent haben: Bei einem Wespenstich reicht mitunter kühlendes Wasser, vielleicht reagiert die Person aber allergisch, dann sind drastischere Maßnahmen gefragt. Die KL kann auf Basis einer Gefahrentabelle beispielsweise mit einem Ampelsystem oder auch einer Skala arbeiten. Eine detaillierte, tabellarische Auflistung ist in jedem Fall hilfreich.

Beispiel einer Gefahrentabelle

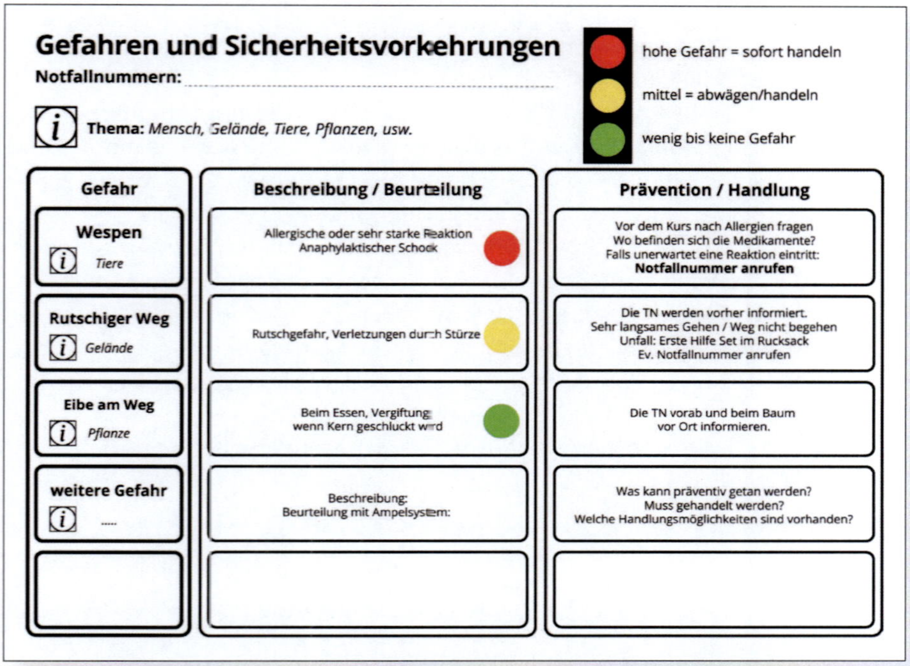

Gefahren und Sicherheitsvorkehrungen

Notfallnummern: ....

Thema: *Mensch, Gelände, Tiere, Pflanzen, usw.*

- Rot: hohe Gefahr = sofort handeln
- Gelb: mittel = abwägen/handeln
- Grün: wenig bis keine Gefahr

Gefahr	Beschreibung / Beurteilung	Prävention / Handlung
Wespen *Tiere*	Allergische oder sehr starke Reaktion Anaphylaktischer Schock (rot)	Vor dem Kurs nach Allergien fragen Wo befinden sich die Medikamente? Falls unerwartet eine Reaktion eintritt: **Notfallnummer anrufen**
Rutschiger Weg *Gelände*	Rutschgefahr, Verletzungen durch Stürze (gelb)	Die TN werden vorher informiert. Sehr langsames Gehen / Weg nicht begehen Unfall: Erste Hilfe Set im Rucksack Ev. Notfallnummer anrufen
Eibe am Weg *Pflanze*	Beim Essen, Vergiftung wenn Kern geschluckt wird (grün)	Die TN vorab und beim Baum vor Ort informieren.
weitere Gefahr	Beschreibung: Beurteilung mit Ampelsystem:	Was kann präventiv getan werden? Muss gehandelt werden? Welche Handlungsmöglichkeiten sind vorhanden?

GUT ZU WISSEN: LAGEPLAN

Als KL haben Sie während der ganzen Kurszeit die Verantwortung für die Sicherheit Ihrer TN. Dies bedeutet, dass Sie alles dafür tun, um diese Sicherheit zu gewährleisten. Der gewählte Weg muss gründlich ausgekundschaftet werden und alternative Wege müssen bekannt sein. Informationen über die Schonzeiten von Tieren und Pflanzen sind bei den entsprechenden Stellen einzuholen. Ebenso sollte die Eigentümerschaft eines Waldes oder das Forstamt informiert werden. Dort können auch Auskünfte über Forstarbeiten und allenfalls die Jagd eingeholt werden. Es ist empfehlenswert, einen Lageplan zu erstellen, in dem spezifische Beobachtungen eingetragen werden, wie zum Beispiel giftige Pflanzen oder Tiere und wetterabhängige Gefahren, aber auch interessante Naturbegegnungen und schöne Orte sowie lokal- und jahreszeitenspezifische Besonderheiten.

TIPP: HANDY-EMPFANG

Im Wald gibt es manchmal keinen Handy-Empfang. Die KL soll vorab diese Stellen auskundschaften und auf einer Karte eintragen. Die Koordinaten können mit einer entsprechenden App notiert werden.

Ein weiteres Thema ist die Haftpflichtversicherung. Würde sie im Schadensfall für die Kosten aufkommen? Dies sollte abgeklärt werden. Manche Berufsverbände bieten eine Berufshaftpflichtversicherung an, deren Prämie in der Regel günstiger ist, als wenn eine Person sich einzeln versichern lässt.

Glücklicherweise passiert beim Waldbaden wenig bis gar nichts Problematisches, weil die Abläufe langsam vonstattengehen und die Kurse meist in flachem Gelände abgehalten werden.

Damit die KL dennoch für alle Fälle optimal vorbereitet ist und in jeder Situation professionell handeln kann, empfiehlt es sich, einen Erste-Hilfe-Kurs zu absolvieren:

16.2.3 Medizinische Erste Hilfe

Medizinische Notfälle können immer und überall auftreten. Die KL steht dabei in der Verantwortung, das Richtige zu tun. Deshalb ist ein Erste-Hilfe-Kurs beziehungsweise ein Auffrischungskurs für alle angehenden KL ein Muss. Das Wissen sollte alle zwei Jahre aufgefrischt werden, damit es aktuell bleibt. Auch hier ändern sich manchmal die Vorgaben, so galt bis vor einigen Jahren in Europa das Ablaufschema GABI, das nun aber durch das international bekannte ABCD-Handlungsschema ersetzt wurde. Mehr dazu in Kapitel 17.7 *Ende vorschlagen*.

Ein Erste-Hilfe-Set gehört immer in den Rucksack einer KL.

16.2.4 Psychologiekenntnisse

Neben einem medizinischen Erste-Hilfe-Kurs kann auch eine Schulung darüber, wie bei psychischen Problemen fachkundig gehandelt wird, nützlich sein.

Wenn es einem Menschen mental schlecht geht, sind viele im Umfeld hilflos. Gemäss Ensa, einer Organisation für Erste Hilfe bei psychischen Problemen, ist ignorieren immer falsch. „Ersthelfer:innen-Kurse für psychische Gesundheit" gibt es in der Schweiz, in Deutschland und in Österreich. Die entsprechenden Websites sind im Anhang aufgeführt. Solche Kurse vermitteln einfach anzuwendende Instrumente im Umgang mit Betroffenen. Das schafft Sicherheit und kann die Betroffenen unterstützen beziehungsweise ermutigen, sich professionelle Hilfe zu holen.

16.2.5 Hygiene

Hygiene ist beim Waldbaden dann ein wichtiges Thema, wenn die KL Esswaren für die TN mitbringt. Das saubere Zubereiten und Verpacken der Speisen beugt Erkrankungen durch verunreinigte Lebensmittel vor.

GUT ZU WISSEN: HÄNDE WASCHEN

Folgende Regeln gelten beim Umgang mit Esswaren:

Die Hände müssen vor der Zubereitung von Mahlzeiten und zwischen Arbeitsgängen gründlich gewaschen werden. Die Hände sind immer zu waschen:

nach dem Kontakt mit rohen Lebensmitteln

vor der Verarbeitung roh verzehrter Speisen

nach dem Kontakt mit Abfällen

nach dem Kontakt mit Haustieren

vor dem Essen

Es gibt die Möglichkeit, sich in Kursen bezüglich Hygiene zu schulen. Entsprechende Links sind im Anhang aufgeführt.

Übrigens: Wie bereits mehrmals geschehen, können Behörden kurzzeitig Anweisungen bezüglich des Teilens oder Abgebens von Lebensmitteln geben. Diese Anweisungen und Verordnungen müssen unbedingt befolgt werden.

16.2.6 Vernetzung

Da Waldbaden im deutschsprachigen Raum keiner behördlichen Kontrolle unterworfen ist, gibt es zurzeit viele verschiedene Organisationen, die entweder Aus- und Weiterbildungen anbieten oder Vereine und Vereinigungen gegründet haben oder gründen. Oftmals wird der Gedanke der Vernetzung wieder verworfen, wenn der eigene „Konkurrenzvorteil" gefährdet ist. Die verschiedenen Ziele und Ausrichtungen der Ausbildungsinstitute machen das Thema interessant und reichhaltig und es ist davon auszugehen, dass alle Institutionen das gleiche Ziel haben: Gesundheitsförderung und Stressreduktion. Demzufolge wäre eine Vernetzung auf einer minimalen Basis möglich.

Vernetzung bedeutet mehr, als sich einer Organisation anzuschließen, sondern auch mit Gleichgesinnten zu diskutieren und sich weiterzubilden. Da Shinrinyoku in diversen Kontexten möglich ist (wie z. B. als Wellnessangebot eines Hotels, als Freizeitangebot zur Stressreduktion, aber auch als präventive oder therapeutische Maßnahme), können sich auch diverse Arten von Netzwerken bilden. Beispiele sind: Tourismusvereine, lokale Vereine und Verbände im medizinischen Bereich.

16.3 Organisation

Zu einer guten Organisation gehört eine gute Planung. Diese umfasst sowohl das ganze Kurskonzept vom Thema über den Inhalt bis zur Ausschreibung als auch den spezifischen Kursinhalt. Auch Marketing gehört dazu, würde als Thema aber den Rahmen dieses Buches sprengen.

Um eine gute Organisation der Kurse gewährleisten zu können, sollte die KL einige Eigenschaften mitbringen, die unabdingbar für die erfolgreiche Durchführung eines Angebots sind. Die nachfolgende Aufzählung mag selbstverständlich erscheinen. Erzählungen von Erlebnissen der TN haben aber gezeigt, dass dem nicht so ist. Deshalb sei der Vollständigkeit halber auch erwähnt, dass die KL zuverlässig sein muss:

- Pünktlichkeit: Die KL sollte frühzeitig vor Ort sein. Als Empfehlung gilt: mindestens eine halbe Stunde vor Kursbeginn.

- Verlässlichkeit: Versprechen, die mündlich oder schriftlich gemacht werden, müssen eingehalten werden. Kurszeiten gehören zur vertraglichen Vereinbarung zwischen Organisation und Kundschaft und müssen beherzigt werden. Es empfiehlt sich, das Vorgehen mit den TN abzusprechen (zum Beispiel, wenn der Kurs etwas länger geht) und die Meinung der Anwesenden zu akzeptieren (wenn sie z. B. pünktlich nachhause gehen möchten).

- Glaubwürdigkeit: Aussagen halten Kritik stand. Wenn die KL etwas nicht weiß, kann sie dazu stehen und sich die Informationen aneignen.

- Einhaltung der Lauterkeit: Waldbaden/Shinrinyoku ist unvereinbar mit unlauterem oder sittenwidrigem Verhalten. Auch bezüglich des Verhaltens gegenüber Mitbewerbern und Mitbewerberinnen ist Fairness zu empfehlen. Geht es um den Wettbewerb, regeln dies die entsprechenden Gesetze. In der Schweiz sind dies das Bundesgesetz gegen den unlauteren Wettbewerb (Lauterkeitsgesetz, UWG)[26] und die Grundsätze zur Lauterkeit in der kommerziellen Kommunikation der Schweizerischen Lauterkeitskommission (SLK)[27], in Deutschland ist es das Gesetz gegen den unlauteren Wettbewerb (UWG) und in Österreich das Bundesgesetz gegen den unlauteren Wettbewerb (UWG).

Hält sich die KL an diese Empfehlungen, wird sie als Vorbild wahr- und ernst genommen.

16.4 Vorbild

In der Rolle der KL sind Sie vor allem eines: eine weiße Leinwand. Auf diese Leinwand können mannigfaltige Projektionen gemacht werden. Es gibt solche, die sind stimmig, mit anderen sind Sie nicht zufrieden oder einverstanden. Was Sie tun oder unterlassen, wird von den TN beobachtet. Manchmal streng und kritisch, manchmal mit Verehrung und Idealisierung. Sie sind Vorbild. Tun Sie etwas Unüberlegtes, wird das von aufmerksamen TN bemerkt. Übergehen Sie selbst die definierten Regeln, werden Sie bestimmt von der einen oder anderen Person darauf aufmerksam gemacht. Genauso wird auch Ihr positives Handeln bemerkt.

Als KL sind Sie Vorbild in allem, was Sie als Person darstellen und tun. Dies bedeutet, dass Sie gegenüber Umwelt, Menschen, Tieren und Pflanzen sowie Gegenständen eine respektvolle Haltung vorlegen. Es bedeutet aber nicht, dass dadurch eine dogmatische Haltung eingenommen wird oder Ratschläge und belehrende Anweisungen erteilt werden. Die KL hält die notwendige Distanz zu den TN und ist dennoch nahbar und authentisch. Die KL achtet zudem auf den eigenen Körper und grenzt sich, wenn notwendig, achtsam ab.

16.4.1 Respektvolles Handeln

Von Respekt ist in diesem Buch immer wieder die Rede. In der Vorbildrolle zeigt die KL durch ihr Handeln auf, was sie mit Respekt meint. So empfehle ich, bei Waldbadenkursen grundsätzlich nichts ab- oder auszureißen. Die Regel könnte lauten: „Bitte lass alles stehen, was mit einer Pflanze oder der Erde verbunden ist." So sollten während eines Kurses mit dem Fokus auf Shinrinyoku/Waldbaden keine Pflanzen geerntet und die TN sollten auch nicht dazu animiert werden. Vielleicht denken Sie jetzt: „Aber Tannenspitzen darf ich doch für die Teezeremonie pflücken, oder?" Ich empfehle: lieber nicht. Stellen Sie sich vor, wie Sie in jedem Kurs in der Vorbildrolle den TN vorzeigen, dass Blumenblüten, Pilze, Tannenspitzen und anderes gesammelt und gepflückt werden können. Die (sagen wir) zehn TN werden danach genau das in ihrem Umfeld auch praktizieren. Achtsame Waldbesuchende leben für ein nachhaltiges Erlebnis den Respekt vor den Lebewesen und Dingen vor. Und ja, manchmal gibt es deswegen eine reduzierte Auswahl an Materialien zum Beispiel für ein Waldbild. Die gute Nachricht ist, dass es auch ohne abgerissene Blätter ein interessantes Waldbild geben kann. Die Tannenspitzen für den Tee sollten ausschließlich von einem Baum genommen werden, der schon umgefallen ist. Dies wird den TN genauso kommuniziert. Ich selbst habe meine Kurse evaluiert, und in einigen der Rückmeldungen wird genau diese Haltung lobend erwähnt, nämlich dass die KL durch ihre Achtsamkeit gegenüber Wald, Tier und Mensch einen positiven Eindruck hinterlassen hat.

16.4.2 Respektvolle Abgrenzung

Weil Sie eine Projektionsfläche sind, dürfen oder müssen Sie sich auch abgrenzen. Diese Abgrenzung geschieht dadurch, dass Sie sich liebevoll sich selbst zuwenden und Zurückhaltung praktizieren. Wie bereits vorab ausgeführt, ist eine gewisse Bescheidenheit anzustreben. Abgrenzung kann auch dadurch praktiziert werden, indem Sie sich Ihre Qualitäten vor Augen führen. Gleichzeitig wissen Sie, dass es Ihr Bestreben ist, die TN in die Selbstwirksamkeit zu führen. Wenn Sie sich an die ethische Grundhaltung halten, ist für Sie klar, dass Sie nicht verantwortlich sind für die Wahrnehmung der anderen Menschen. Somit dürfen Sie einen Atemzug Distanz einnehmen und aus der Ruhe heraus agieren.

16.4.3 Selbstsicherheit und Erscheinungsbild

Selbstsicherheit ist eine wichtige Grundlage für eine kompetente KL. In der Vorbildrolle verbreitet die KL keine rigide Haltung, erteilt keine Ratschläge oder belehrende Anweisungen. Sie agiert nahbar und hält trotzdem die notwendige Balance zwischen Nähe und Distanz zu den TN.

Selbstsicherheit erwächst aus den persönlichen Ressourcen, aus dem wohlwollenden Umgang mit sich selbst und natürlich aus dem Fachwissen. Diese Sicherheit lässt sich übrigens auch bestärken, indem die KL ganz im Sinne der *Selbstfürsorge* (Kap. 7.2) selbst in den Wald geht und Waldbaden praktiziert. Dass das entsprechende Fachwissen vorhanden ist beziehungsweise dieses erarbeitet wird, versteht sich von selbst. Die KL ist von der Richtigkeit ihres eigenen Handelns überzeugt und überprüft dies anhand der Selbstreflexion immer wieder (Kap. 16.5.1).

Die TN beobachten zum Beispiel, was die KL isst oder was sie trägt. Die KL wird immer mehr oder weniger genau beobachtet. Deshalb ist es wichtig, dass die KL authentisch und glaubwürdig ist. Natürlich kann die Frisur bleiben, aber ab und zu soll das Erscheinungsbild überprüft werden. Ein professionelles Auftreten mit der passenden Kleidung fördert zumindest einen guten ersten Eindruck.

Wer noch nie vor einer Gruppe Menschen stand, aber auch wer schon viel Unterrichtserfahrung hat, kann mal weiche Knie bekommen. Deshalb befasst sich das nächste Kapitel mit den Strategien, die einem helfen, falls das Lampenfieber einmal zuschlagen sollte.

16.4.4 Strategien bei Lampenfieber

Eine der häufigsten Ursachen für Lampenfieber ist die übersteigerte Anspruchshaltung an sich selbst beziehungsweise das Streben nach Perfektion. Oft wird aber zu wenig konkret festgelegt, wie diese Perfektion aussehen soll, und so bleibt sie abstrakt und nicht greifbar, wodurch sich die Nervosität noch steigert.

Neben der praktischen Vorbereitung braucht es auch eine innere Vorbereitung, um eine Gruppe von Menschen souverän zu leiten.

TIPP: ORIENTIERUNGSFRAGEN

Die folgenden Fragen können der KL Orientierung und Unterstützung geben. Auch wenn die KL eine gute Planung durchgeführt hat, kann es hilfreich sein, sich nochmals Folgendes zu überlegen:

Was genau ist das Ziel des Kurses?

Was sollen die TN lernen?

Welche Rolle fülle ich am Kurstag aus?

Wie fühle ich mich authentisch und agiere stimmig?

Wie muss der Kurs ablaufen, damit ich als KL persönlich zufrieden bin?

Mit den Antworten auf diese Fragen kann sich die KL nochmals auf ihre Mission besinnen. Authentisch und sich selbst zu sein, nimmt Druck weg und gibt Energie.
☆ Inspirationsbuch

Im Anschluss an den Waldbadenkurs kann die KL anhand von erweiterten Fragen den Kurs und sich selbst – in der Rolle als KL – evaluieren. Hierzu gibt es einige Tricks, damit der Aspekt der Selbstfürsorge einbezogen wird. Wie dies gelingt, verrät das nachfolgende Kapitel.

16.5 Reflexionsfähigkeit

Die Selbstreflexion ist eine überaus wichtige Kompetenz, denn durch sie kann sich eine Person in allen anderen Kompetenzbereichen verbessern. Reflexionsfähigkeit setzt voraus, dass eine Methode zur Selbstreflexion vorhanden ist und eine Auseinandersetzung mit sich selbst stattfindet. Es ist irrelevant, ob als Erstes die Kursevaluation oder die Selbstreflexion betrachtet wird. Beide Instrumente haben einen gleichberechtigten Platz. Wichtig ist, *dass* sie gemacht werden.

16.5.1 Kursevaluation und Selbstreflexion

Das Feedback der TN wird durch eine Kursevaluation eingeholt. Dies kann kurz und in mündlicher Form geschehen, noch besser schriftlich in Form eines Evaluationsformulars. Im Sinne einer Qualitätsverbesserung kann auch bei überwiegend positiven Rückmeldungen überlegt werden, wo ein Ablauf, eine Übung oder die Anleitung verbessert werden kann.

Die Selbstreflexion wird anhand eines Kriterienkatalogs nach jedem Kurs durchgeführt. Dabei ist es wichtig, zwischen einer Situation an und für sich (Beschreibung/Beobachtung) und deren Einstufung von „hohe Bedeutung" bis „unbedeutend" (Bewertung) zu unterschieden.

Es erfordert genaueres Betrachten, um *Beschreibung* und *Bewertung* auseinanderzuhalten. Das Bewerten findet oft unmittelbar und unbewusst statt. Was aber ist genau der Unterschied?

Beim Beobachten wird der Ablauf einer spezifischen Situation beschrieben. Dazu gehört auch, was sinnlich mit Sehen, Riechen, Schmecken, Hören und Tasten wahrgenommen wurde. Dabei kann helfen, eine Situation auf eine Art Bühne zu stellen und wie ein Theaterstück zu betrachten. Das Betrachten soll in einer neutralen Haltung mit wenig Emotionen geschehen. Durch diese innere Distanz ergeben sich vielleicht ganz neue Erkenntnisse.

Das Beurteilen geschieht danach anhand einer emotionalen Skala. Die Bewertung einer Situation fällt aufgrund der eigenen Erfahrungen und Erlebnisse, des Vorwissens sowie durch Interpretieren der Situation und das Ziehen von Rückschlüssen immer individuell aus. Zwei Personen erleben dieselbe Situation verschieden. Grundsätzlich gilt hier: „Das Gleiche ist nicht dasselbe."

☆ Inspirationsbuch

Die Selbstreflexion ist einer der Schlüssel zur persönlichen Weiterentwicklung und damit zum Erfolg. Die KL soll die Fähigkeit trainieren, sich selbst ehrlich zu reflektieren. So kann sie ihre eigene Haltung überprüfen und sich persönlich und professionell entwickeln.

Eine so durchgeführte Selbstreflexion strebt eine maximale Objektivität an und zeigt auf, welches die persönlichen Stärken und Möglichkeiten sind. In einem nächsten Schritt entscheidet sich die KL, welche Veränderungen passend sind.

GUT ZU WISSEN: SELBSTREFLEXION

Selbstreflexion bedeutet nicht, sich selbst zu entwerten. Oft werden wir in unserem Umfeld dazu erzogen, den Blick auf das Negative, auf die Fehler zu richten. Dies führt zu schlechten Gefühlen und zu Selbstzweifeln. Ressourcenorientierte Selbstreflexion wirkt kurz-, mittel- und langfristig aufbauend.

Dabei kann die Erkenntnis helfen, dass Verbesserungen nur durch Tun möglich sind. Erst durch das Tun wird klar, wo etwas verändert oder verbessert werden kann.

Wichtig zu wissen: Um eine einzige Kritik aufzuheben, braucht es mehrmals ein Lob. Deshalb: Füllen Sie Ihren Ressourcentank im Sinne der Selbstfürsorge immer wieder mit Eigenlob auf. Für unser Gehirn ist es einerlei, ob eine Aussage der Realität entspricht oder nicht, deshalb dürfen positive Assoziationen immer mal wiederholt werden. Gemäß ZRM®-Technik nach Maja Storch soll ein positives Motto zudem mit einer Bewegung verstärkt werden.

Probieren Sie es mal aus. Wiederholen Sie die folgenden Worte in Gedanken: „Ich bin die beste Kursleiterin [der beste Kursleiter] auf der Welt, mir geht es wunderbar, ich bin voller Energie!“ Nun suchen Sie eine Körperhaltung oder Bewegung, die diese Aussage verstärkt. Vielleicht wollen Sie die Popeye-Pose einnehmen (Beine breit, Ellenbogen auf Schulterhöhe seitlich kraftvoll angewinkelt)? Oder Sie wollen einen Hüpfer machen? Körperhaltung und lautes Sprechen: „Ich bin die beste Kursleiterin [der beste Kursleiter] auf der Welt, mir geht es wunderbar, ich bin voller Energie!“

Zur Selbstreflexion gehört auch, sich jener Impulse bewusst zu sein, die in einem selbst eine Reaktion auslösen. So können zum Beispiel das Aussehen, der Name, der Geruch oder die Art des Sprechens einer teilnehmenden Person an einen Menschen erinnern, mit dem die KL Gefühle verbindet. Hier hilft es, sich schon im Vorfeld Gedanken über mögliche Strategien dazu zu machen und die eigenen „roten Linien" zu kennen. Die Akzeptanz des Gegenübers öffnet dabei die Tür, respektvoll, wohlwollend und entspannt zu bleiben.

Wenn sich die Selbstreflexion als schwierig erweist, kann eine Intervision, eine Supervision oder allenfalls eine Beratung durch Coaching helfen. Rat einzuholen, ist eine gute Sache, wenn Sie auf einige Punkte achten. Das nächste Kapitel greift diese Themen auf.

16.5.2 Intervision

Menschen erkennen Probleme der anderen meist schnell, während einem der Zugang zur Lösung der eigenen Probleme manchmal verwehrt bleibt. In diesem Fall eignet sich die Intervision.

Intervision bedeutet kollegialer Rat, also Hilfe zur Selbsthilfe. Die Intervision findet mit einer wohlwollenden Person statt, die in einer gleichen oder ähnlichen Funktion ist. Zum Beispiel können die Mitglieder einer Berufsgruppe sich gegenseitig zu zweit oder zu dritt für eine Intervision zur Verfügung stellen. Wichtig zu beachten: Die Intervision ist keineswegs ein Alltagsgespräch unter Kollegen und Kolleginnen, sondern läuft nach bestimmten Regeln ab. Die ratsuchende Person muss eine klare Frage stellen, die sie in ihrer Selbstreflexion herausgefunden hat. Das beratende Kollegium soll immer die Ressourcen der ratsuchenden Person im Auge behalten. Belehrungen sind fehl am Platz, denn diese können die ratsuchende Person frustrieren. Eine gut geführte Intervision stärkt alle Beteiligten. Denn während das Kollegium Lösungen sucht, können sich für die einzelnen Beteiligten viele wertvolle Anregungen und Ideen für eigene Fragestellungen ergeben.

16.5.3 Supervision

Bei einer Supervision übernimmt eine professionell ausgebildete Person die Aufgabe, die Selbstreflexion anzuregen und die ratsuchende Person zu unterstützen. Supervisor:innen halten sich mit Empfehlungen, Handlungsanweisungen oder Lösungsvorschlägen zurück. Das Ziel der Supervision ist die Sicherung und Verbesserung der Arbeitsqualität der ratsuchenden Person. Es gibt verschiedene Verbände, die professionell ausgebildete Supervisor:innen auflisten. Es ist ratsam, sich an den Verbandslisten zu orientieren oder Empfehlungen einzuholen.

16.5.4 Coaching

Ein sogenanntes Coaching gibt es inzwischen für unzählige Belange. Der Begriff Coaching ist in vielen Ländern nicht geschützt, da er eine allgemeine Methode der Förderung der persönlichen Entwicklung, Beratung oder Unterstützung darstellt und keine spezifische, zertifizierte Berufsausbildung voraussetzt. Deshalb muss die ratsuchende Person unbedingt abklären, ob das Angebot zu ihr passt. Auch wenn nichtausgebildete Coaches in ihrem Gebiet gut sein können, muss vor Beratungsfallen und monetärer Ausbeutung gewarnt werden. Informieren Sie sich vorab, was das Coaching genau beinhaltet und zu welchem Preis. Überlegen Sie sich, was Ihr Ziel ist und welche Änderungen sich aus dieser Beratung ergeben sollen.

16.6 Die 5 Kompetenzen zusammengefasst

Alle fünf Kompetenzen – Moderation, Fachwissen, Organisation, Vorbild und Reflexionsfähigkeit – sind zwar als solche einzeln aufgeführt, aber die eine kann nicht ohne die andere umgesetzt werden. Die Selbstreflexion gehört unabdingbar zum professionellen Umgang mit sich selbst und dem eigenen Angebot. Mit der Moderation offenbart die KL ihre Haltung, die sie in der Vorbildrolle lebt. Fachwissen trägt dazu bei, dass die Moderation gut gelingt und die Selbstsicherheit gepaart mit Bescheidenheit zum Tragen kommt. Die Organisation zeigt auf, ob die KL verlässlich ist und in der Vorbildrolle wiederum zeigt sich die Umsetzung. Die Persönlichkeit der KL jongliert mit ihren Fähigkeiten. Manche KL haben enormes Fachwissen, müssen sich aber erst in dessen adäquater Umsetzung üben. Andere wiederum fühlen sich unsicher mit der Organisation, leiten eine Gruppe aber mit viel Achtsamkeit an. Nehmen Sie den Schwung Ihrer vorhandenen Ressourcen und entwickeln Sie Ihr schlummerndes Potenzial in den weniger entwickelten Kompetenzbereichen.

17 Interventionen

Mit Intervention ist das vermittelnde Eingreifen in eine bestimmte Situation gemeint. Dass manches anders läuft, als es sich die KL in der Vorbereitung ausmalt, ist völlig normal und in der Regel kein Problem. Wichtig ist das Anerkennen, dass jeder Mensch das Recht hat, ein Angebot abzulehnen und nein zu sagen. Im Sinne der Eigenverantwortung und mit Blick auf die Selbstwirksamkeit ist dies in jedem Fall zu respektieren.

Die KL hat in ihren Angeboten mit vielen verschiedenen Menschen zu tun, die unterschiedliche Hintergründe haben. Immer wieder kommt es deshalb vor, dass TN während des Waldbadenkurses mit etwas Mühe bekunden oder auch zu weinen beginnen. Vielleicht sind sie von ihren Eindrücken überflutet. Es kann auch vorkommen, dass sich jemand stark abgrenzt oder sich in die eigene Gedankenwelt zurückzieht. Möglicherweise möchte eine Person gar den Kurs abbrechen und nachhause gehen, weil sie gerade in einer sehr belastenden Situation „hängt". Eventuell ist gerade jemand verstorben, eine Beziehungskrise ist entbrannt, das eigene Kind hatte einen Unfall oder es bahnt sich ein Burn-out an. Solche anspruchsvollen Situationen ergeben sich eher selten, aber sie kommen vor. Die Gründe sind immer vielfältig und die KL hat keinen therapeutischen Auftrag. Aber sie kann liebevoll reagieren.

Es hat sich bewährt, dass sich die KL vorbereitet und vor dem Kurs einige Reaktionsmöglichkeiten erarbeitet. Eine weiterreichende Auseinandersetzung mit Interventionen inklusive Coaching sollte Teil der Ausbildung für KL sein, würde den Rahmen dieses Buches aber sprengen.

Die grundlegenden Interventionen werden hier wie folgt eingeteilt:

- Sanfte Interventionen
- Erinnerungen
- Stoppende Interventionen

Wichtig: Die KL bleibt mit den hier vorgestellten Interventionen auf der Ebene der Erwachsenenbildung. Die Interventionen helfen, schwierige Situationen zu entschärfen.

17.1 Fragen stellen

Die beiden folgenden Fragen können zum Beispiel dann gestellt werden, wenn eine Person zu weinen beginnt oder geweint hat. Hilfreich kann sein, sich neben die Person zu stellen und dies auch vor der Gruppe so zu kommunizieren: „Ich stelle mich jetzt einmal neben dich. Ist das okay?“ Ein Nein ist zu respektieren.

- „Was möchtest du jetzt tun?“
- „Was kann ich für dich tun?“

Manchmal gibt es TN, die sich unwohl fühlen und dies im Plenum stark ausdrücken. Auch hier können diese beiden Fragen Wunder wirken. Allerdings ist darauf zu achten, dass eine Person nicht zu sehr die ganze Gruppe beansprucht, aber auch nicht in der Gruppe zur Schau gestellt wird. Die KL muss abwägen, ob es sinnvoll ist, einer Person etwas mehr Raum zu geben, zum Beispiel wenn sie ein Thema zur Sprache bringt, welches die ganze Gruppe interessieren könnte. Die Frage „Wem geht es gleich oder anders?“ (Kap. 11.6) zeigt, ob ein Gespräch im Plenum angesagt ist.

17.2 Das bilaterale Gespräch

Sucht eine Person einen intensiven Dialog, eine Auseinandersetzung oder eine Widerrede, kann die KL ein bilaterales Gespräch anbieten. Dies kann so geschehen:

1. Das Gespräch findet in der Pause oder nach dem Kurs statt.
2. Das Gespräch findet während des Kurses in einer passenden Situation statt.

Das Gespräch in der Pause oder nach dem Kurs fortzusetzen, lässt sich mit diesen Worten einleiten:

- „Das ist ein sehr spannendes Thema, das wir gerne in der Pause / nach dem Kurs vertiefen können, wenn du das wünschst. Ich möchte die Zeit jetzt gerne für die nächste Übung nutzen. Ist das okay für dich?“ oder
- „Danke für deine Gedanken. Sehr gerne möchte ich mir Zeit dafür nehmen, die jetzt gerade aber fehlt, denn ich habe noch ein paar Übungen vorgesehen. Ist das okay für dich, wenn wir uns in der Pause / nach dem Kurs weiter unterhalten?“
- „Danke für deine Gedanken. Ist es okay, wenn ich zuerst die nächste Übung erkläre und wir uns danach unterhalten?“

Gewisse TN benötigen eine persönlichere Zuwendung außerhalb der Gruppe. Dann kommt das bilaterale Klärungsgespräch zum Tragen. So kann auch die Teilnehmerin / der Teilnehmer davor geschützt werden, dass sie oder er im Plenum allzu persönliche Aussagen macht. Die KL benötigt eine gute Beobachtungsgabe, denn sie soll dieses Gespräch diskret anbieten.

Und so geht es: Die KL stellt sich zur Erklärung der nächsten Übung neben die Person, zu der sie etwas sagen möchte. Sie erläutert die nächste Übung und entlässt die TN in die Übung. Gleichzeitig wendet sie sich der betreffenden Person zu und fragt:

- „Darf ich dich kurz etwas fragen?“ oder
- „Darf ich kurz etwas mit dir besprechen?“

Wichtig ist auch hier, dass die TN Zeit erhalten, sich einzustellen. Deshalb wird das laufende Gespräch wiederum fragend und achtsam weitergeführt, zum Beispiel mit den Worten:

- „Habe ich richtig gehört, dass ...“
- „Habe ich richtig wahrgenommen, dass ...“
- „Ich nehme gerade wahr, dass ... Ist meine Wahrnehmung richtig?“
- „Magst du mir kurz erzählen, was dich gerade [wütend] macht?“
- „Kann ich etwas dazu tun oder soll ich etwas nicht tun?“
- „Was würde dich jetzt unterstützen?“
- „Was möchtest du von mir?“
- „Was würde dir jetzt helfen?“

Möglich sind auch folgende Angebote:

- Wasser trinken
- Taschentuch geben
- Fragen, ob die Hand auf die Schulter legen eine Möglichkeit wäre
- Tee anbieten
- Fragen, ob die Person gerne allein sein möchte, und eine Vereinbarung treffen
- Eine alternative Übung anbieten
- Anbieten, bei der Person zu bleiben
- Und natürlich alle Formen der vorherigen Interventionen

17.3 Blickkontakt suchen

Diese Intervention muss mit Bedacht angewandt werden, denn sie erfordert viel Fingerspitzengefühl. Sollte sich jemand abschotten, stark zurückziehen oder stark weinen, kann diese Person sanft aufgefordert werden, kurz den Blick zu heben und Sie anzusehen. Es passiert selten, dass sich jemand in den Emotionen vollständig verliert. Dennoch kann es geschehen, dass eine Person aus verschiedenen Gründen von ihren Gefühlen überwältigt wird. Der Augenkontakt hilft dabei, wieder in Kontakt mit der Außenwelt zu kommen. Der Blick in die Augen sagt Ihnen als KL auch, welches weitere Vorgehen adäquat ist. Sie können beispielsweise die Person nach ihrem Bedürfnis fragen oder sie einladen, den Blick schweifen zu lassen (Kap. 11.5.5). Manchmal muss die KL auch ihre Intuition walten lassen, immer mit dem Fokus auf die ethische Grundhaltung.

17.4 Sich entschuldigen

Fehler zu machen, ist menschlich. Also kann es auch der KL passieren, dass sie etwas falsch macht. Es gibt dann nur eine Möglichkeit, gut aus der Sache herauszukommen: sich zu entschuldigen. Dies funktioniert auch präventiv: Die KL kann vorweg kommunizieren, dass sie sich möglicherweise irrt, und sich im Voraus entschuldigen. Die Absicht beim Shinrinyoku ist immer die Stressreduktion. Wenn eine Aussage oder eine Handlung bei den TN Unangenehmes auslöst, nimmt diese Art der Kommunikation den Druck aus der Situation.

Eine Einschränkung: Sich entschuldigen sollte in jedem Kurs nur einmal gemacht werden. Wenn sich die KL mehrmals entschuldigt, kann das als Unsicherheit interpretiert werden und die TN dazu veranlassen, die KL als inkompetent wahrzunehmen.

In gewissen Situationen müssen die Regeln wiederholt werden. Lesen Sie dazu das nächste Kapitel.

17.5 Regeln wiederholen

Da die Regeln des Angebots zu Beginn des Kurses kommuniziert werden, ist es möglich, dass sie während des Kursverlaufs vergessen gehen oder manchmal auch übergangen werden. Außerdem ist es mit Regeln so eine Sache: Manche Menschen akzeptieren sie ungefragt und halten diese genau ein, andere werden durch Regeln zur Opposition verleitet. Jeder Mensch ist anders, deshalb gilt für die kompetente KL: durchatmen, Ruhe bewahren und aus der Gelassenheit heraus handeln. Um wieder an den Shinrinyoku-Knigge zu erinnern, können diese Aussagen helfen:

- „Darf ich dich kurz nochmals an die Regeln erinnern: ..."
- „Darf ich dich bitten, (nicht) zu ...?"
- „Ich bitte dich, (nicht) zu ..."
- „Gerne möchte ich dich nochmals an diese Regeln erinnern: ..."
- „Ist es dir möglich, (nicht) zu ...? Danke."
- „Danke fürs Einhalten der Regeln."

Hinweis: Die obigen Formulierungen enthalten *(nicht)* im Text. Es steht anstelle des unerwünschten Verhaltens und wird durch eine positive Wortwahl ersetzt (erwünschtes Verhalten). Beispiel: „Ist es dir möglich, einen Augenblick leise zu sein und zu schweigen?"

Es gibt Augenblicke in einem Kurs, die klare Grenzen erfordern. Welche dies sind und wie damit umgegangen werden kann, verraten die nächsten Kapitel.

17.6 „Stopp!“

In gewissen Situationen ist ein klares „Stopp!“ nötig. Zum Beispiel:

- Eine Person tut, was sie will, und reißt zum Beispiel Pflanzen aus.
- Eine Person verhält sich fahrlässig und/oder gefährdet andere, sie macht selbst Feuer oder verschleppt brennende Holzscheite in den Wald.

Der Stopp-Ruf ist eine konfrontative Methode. Deshalb sollte sie nur in zwingenden Fällen eingesetzt werden. Je nach Situation folgen weitere Interventionen.

17.7 Ende vorschlagen

Das Kursende kann vorzeitig für die ganze Gruppe oder nur für eine einzelne Person ausgesprochen werden. Dieser Vorgang benötigt viel Taktgefühl, denn eine frühzeitige Beendigung wirkt gegebenenfalls brüskierend. Die KL muss entscheiden, was für sie stimmig ist. Im besten Fall hat sie vorher andere Interventionen angewandt, die jedoch erfolglos geblieben sind.

Diese Notfallmaßnahme muss ergriffen werden, wenn:

- ein medizinischer Notfall eintritt
- eine Person dies für sich wünscht
- die KL dies als letzte Möglichkeit zur Entlastung sieht

Ein medizinischer Notfall tritt sehr selten ein. Damit die KL trotzdem gut vorbereitet ist, absolviert sie im Rahmen der Ausbildung zur Waldbaden-KL einen Erste-Hilfe-Kurs. Zur weiteren Unterstützung in einer solchen Situation dienen eine gute Vorbereitung sowie die Sicherheitsvorkehrungen (Kap. 16.2.2), um ruhig und kompetent agieren zu können.

Spitzt sich eine Krise zu und helfen andere Interventionen nicht (z. B. fragen: „Was möchtest du jetzt tun?“ oder „Was kann ich für dich tun?“), kann auf Wunsch der TN und auch der KL der Kurs vorzeitig beendet werden.

Wenn sich eine Person wiederholt störend verhält oder sich oder andere gefährdet, hat die KL die Möglichkeit, präventiv zum Verlassen des Kurses aufzufordern.

Bei einem vorzeitigen Ende kann im Nachhinein ein Gespräch mit den Betroffenen vereinbart werden. Zudem braucht es eine Klärung der finanziellen Situation, da die KL als Anbieter:in die vereinbarte Leistung nicht erbracht hat. Das Waldbaden Institut Schweiz empfiehlt hier ganz klar, das Kursgeld (abzüglich Bearbeitungsgebühren) zurückzuerstatten.

AUS DER PRAXIS

Eines Tages durfte ich im Auftrag einer Organisation einen Einführungskurs fürs Waldbaden geben, der innerhalb kürzester Zeit ausgebucht war.

Am vereinbarten Samstagmorgen trafen sowohl erfahrene Waldbaden-Teilnehmende als auch Menschen, die sich selten in der Natur aufhielten, ein. Es regnete heftig und eine Person war zwar stilsicher, aber nicht wasserfest gekleidet. Als noch unerfahrene Kursleiterin reagierte ich nicht sofort auf ihre Kleidung. Doch schon nach dem ersten Schlendern wurde der Person kalt und sie begann zu schlottern. Trotz Unterstand, heißem Tee und des Angebots, schneller zu gehen, konnte sie sich nicht aufwärmen.

So nahm ich sie beiseite für ein bilaterales Gespräch. Ich fragte sie, ob ich sie anderweitig unterstützen könne, worauf sie nur mit den Schultern zuckte. Wir diskutierten dann die Möglichkeit, dass sie den Kurs vorzeitig beenden würde. Da noch nicht einmal die Hälfte der Kurszeit verstrichen war, musste sie allein zurückgehen. Glücklicherweise war sie ortskundig und wir vereinbarten, dass sie mir eine SMS schreiben würde, sobald sie zuhause angekommen war. Als ich ihre SMS erhielt, war ich sehr erleichtert.

Diese Situation hat mich als Kursleiterin sehr beschäftigt, da mir das Wohlbefinden aller Teilnehmenden am Herzen liegt.

Unser Gespräch am folgenden Tag brachte für uns beide eine Entspannung. Später schrieb sie mir eine SMS und bedankte sich für den professionellen Umgang mit der Situation. Sie hatte sich sehr darüber gefreut, dass ich mich nochmals nach ihr erkundigt hatte.

17.8 Zusammenfassung Interventionen

„Wenn es überhaupt ein Rezept für den Erfolg gibt, besteht es darin, sich in die Lage anderer Menschen zu versetzen.“

Arthur Schopenhauer

Wenn der Mensch für eine bestimmte Erfahrung und ein eigenes Selbstverständnis mehr Zeit braucht, als er gerade zur Verfügung hat, fühlt er sich womöglich überfordert und/oder leistet Widerstand. Beim Waldbaden kann dies zum Beispiel bei den Themen Achtsamkeit, Langsamkeit oder Entschleunigung passieren.

Manchmal fordern die TN die KL heraus. Bei der EDSE-Methode nach Lorek geht die KL auch in diesem Fall wertschätzend und respektvoll mit dem Gegenüber um. Manche Menschen lösen bei der KL vielleicht unangenehme Gefühle aus, vielleicht wirken sie unabsichtlich aggressiv. Deshalb hat eine gute Vorbereitung auf solche Situationen höchste Priorität. Die KL muss nicht nur die Auslöser kennen, die ihre eigene Haltung ins Wanken bringen könnten, sondern sie muss auch wissen, wie sie auf solche Impulse reagieren kann. Wichtig für die KL ist: sich von einem zu invasiven Vorgehen einer teilnehmenden Person abgrenzen, sich als Leitungspersönlichkeit profilieren, klar kommunizieren und eine ebenso klare Körpersprache einsetzen.

GUT ZU WISSEN: EMPATHISCHE REAKTIONEN

Empathische Reaktionen der KL können sein:

Die TN an die Regeln erinnern

Die TN daran erinnern, dass die Übungen freiwillig sind

Den TN ermöglichen, aus einer Übung auszusteigen

Varianten anbieten oder einbauen

Echtes Interesse zeigen

Wertschätzendes Akzeptieren der Befindlichkeit der TN

Als KL durchatmen, den Blick schweifen lassen, alle ansehen

Partnerübungen oder Übungen zu dritt anbieten

Humor aktivieren: Humor löst oft ganz schnell schwierige Situationen. Es soll ein Lachen sein, weil die Situation lustig ist oder die Situation als lustig empfunden werden kann. Allerdings sollte es nicht als Auslachen interpretiert werden können. Und keinesfalls soll der Humor in Zynismus oder Sarkasmus abdriften (Kap. 11.9 *Humor in der achtsamen Sprache*). Dies provoziert schnell einmal eine Eskalation der Situation und soll vermieden werden.

Allenfalls die Übung abbrechen und in Bewegung kommen. Etwas ändern.

Nicht hilfreich ist: abwehren, emotional reagieren, sich auf eine einzelne Person im Kurs fokussieren, Dominanz einer teilnehmenden Person zulassen sowie grundsätzlich bewerten und beurteilen.

Beim Meistern von Herausforderungen helfen generell:

Fachwissen

Leichtigkeit in der Einstellung

Vorbereitung auf schwierige Situation anhand eines Planes

unter Umständen: Humor.

Manchmal sind die Herausforderungen auch etwas größer, zum Beispiel, wenn eine Person nicht merkt, dass Shinrinyoku für sie nicht geeignet ist. Folgende Kontraindikationen müssen beachtet werden, damit Sie als KL mit Ihren TN ein erfolgreiches Waldbaden erleben.

18 Kontraindikationen Waldbaden

Waldbaden ist grundsätzlich eine sehr sichere Praxis. In der Regel kann jeder Mensch von einem achtsamen Aufenthalt im Wald profitieren.

Allerdings gibt es Ausnahmen, bei denen Vorsicht geboten ist:

- Allergien: Menschen mit schweren Allergien auf Insekten, Pollen oder andere Allergene sollten sich für einen Aufenthalt im Wald und der Natur gut vorbereiten. Um auf allergische Reaktionen vorbereitet zu sein, könnten sie in Absprache mit dem Hausarzt oder der Hausärztin ein entsprechendes Medikament mitnehmen. Auch beim Verzehr von angebotenem Essen gilt es aufzupassen, wenn Lebensmittelallergien oder Unverträglichkeiten bekannt sind.

- Infektionen: Menschen, die an ansteckenden Krankheiten leiden, sollten nicht an einem Kurs teilnehmen.

- Schwangerschaft: Obwohl Waldbaden in der Regel als sicher gilt, sollten Frauen in der Schwangerschaft grundsätzlich mit ihrem Arzt oder ihrer Ärztin klären, ob allenfalls etwas gegen den Aufenthalt im Wald spricht.

- Verletzungen oder körperliche Behinderungen sind grundsätzlich kein Hindernis, um den Wald aufzusuchen. Die KL muss vorgängig informiert sein, damit sie dies bei der Auswahl des Geländes berücksichtigen kann. Falls sich die Strecke eignet, kann vielleicht auch eine Begleitperson mitkommen.

Außerdem:

- Walderlebnisse sind nicht für alle Menschen positiv. Es ist zu akzeptieren, wenn jemand den Wald beziehungsweise den Aufenthalt in der Natur nicht mag. Ebenso können traumatisierende Erfahrungen im Wald wie Forstunfälle oder andere schwierige Erlebnisse in der Vergangenheit zu Angst geführt haben, so dass der Wald abschreckend wirkt (Polz-Watzenig, 2020, S. 43).

- Aufenthalte im Wald und Achtsamkeitsübungen im Wald sind für Menschen, die sich gerade in einer körperlichen, geistigen oder emotionalen Krise befinden oder sich in einer Klinik aufhalten, nicht ohne Weiteres zu empfehlen. Die KL sollte für dieses Klientel eine therapeutische Ausbildung haben und mit den Ärzt:innen zusammenarbeiten.

- Menschen mit einer Störung aus dem Autismus-Spektrum (ASS) könnten allenfalls Schwierigkeiten haben, sensorische Informationen zu verarbeiten oder sich in neuen Umgebungen wohlzufühlen. Daher kann das Waldbaden für sie schwieriger sein, insbesondere durch die vielen Reize und Informationen. Es ist aber sehr wichtig, dass die KL mit der betreffenden Person abklärt, ob dies so ist. Falls ja, kann die kompetente KL ihre Anleitung variieren und anpassen.

Zur Erinnerung: Waldbadenangebote, wie in diesem Buch beschrieben, richten sich an gesunde Menschen. Nicht jeder Mensch, der sich körperlich, geistig, seelisch oder auch allgemein in Gesellschaft anderer nicht ganz wohl fühlt, bezeichnet sich als krank. So gibt es Lebensumstände, die Belastungen darstellen und nicht zwangsläufig eine medizinische Behandlung nach sich ziehen. Häufig haben unerkannte oder unbekannte Ursachen Auswirkungen auf das Wohlbefinden. Manchmal zeigen sich Beschwerden, lange bevor eine medizinische oder psychologische Intervention zwingend wird. Die EDSE-Methode nach Lorek eignet sich für diese Menschen wie auch für alle anderen sensiblen Personen, die sich in einem Kurs wohl und sicher fühlen möchten.

Die kompetente KL darf sich immer wieder daran erinnern, dass sie einen wertschätzenden Umgang mit sich selbst, mit anderen Menschen und der Natur nährt und pflegt. Der nachfolgende Ethik-Kodex empfiehlt sich als Grundlage für ihr Handeln.

19 Ethik-Kodex

Die ethische Grundhaltung ist das Fundament der EDSE-Methode nach Lorek. Die Kursleitenden sollten sich an einen Kodex halten und diesen gelegentlich wieder diskutieren und evaluieren. Ein Kodex hält die wichtigsten Elemente fest und ist ein Bekenntnis zu einem respektvollen und wertschätzenden Umgang. Ein solcher Ethik-Kodex wird hier vorgestellt. Dieser lehnt sich teilweise an bestehende Konzepte an, wurde aber in der Zusammenarbeit mit ausgebildeten Kursleitenden ergänzt und angepasst. Jeder Mensch fühle sich frei, für sich selbst einen solchen Ethik-Kodex zu erstellen.

GUT ZU WISSEN: ETHIK-KODEX

Die KL ist sich bewusst, dass sie eine Vorbildrolle einnimmt.

Eine KL übernimmt die klare Führung und handelt in dieser Rolle verantwortungsvoll.

Zu keinem Zeitpunkt sollte die KL die TN durch unsachgemäßes Handeln gefährden.

Die speziellen Bedürfnisse der TN sind zu respektieren. Allenfalls ist das Programm anzupassen.

Das Recht, die Würde und die Privatsphäre der TN sind jederzeit zu wahren und zu respektieren. Die respektvolle Haltung und Kommunikation ist eine Voraussetzung.

Alle persönlichen Informationen sind vertraulich zu behandeln und niemals an Dritte weiterzugeben.

Die KL hält sich bezüglich Gesetze, Waldwissen und Gefahren auf dem Laufenden.

Die KL bildet sich ständig weiter, liest relevante Informationen und Literatur, handelt selbstkritisch und reflektiert das eigene Handeln. Dies beinhaltet auch die Zuhilfenahme von externen Dritten, wie zum Beispiel einer Intervision und Supervision, oder den Besuch einer entsprechenden Weiterbildung.

Die KL anerkennt ihre persönlichen Grenzen, weiß über die Wetterbedingungen Bescheid und hält sich an die Vorschriften, die von einer übergeordneten Stelle angeordnet werden. Dies bedeutet, dass ein Angebot im gegebenen Fall abgesagt oder eine Stellvertretung organisiert werden muss.

Die KL spricht respektvoll über andere Anbieterinnen und Anbieter.

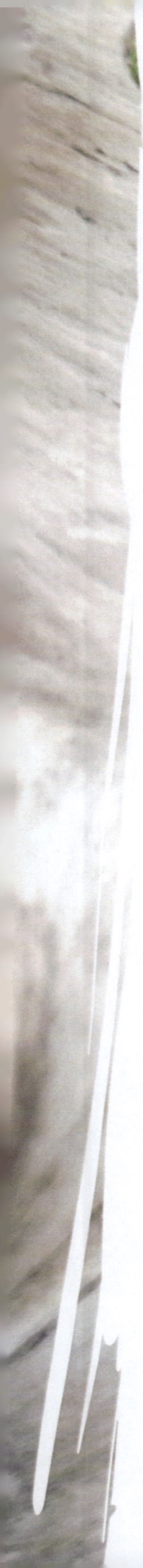

Zu guter Letzt

Fazit

Shinrinyoku ermöglicht es, uns von der Hektik des modernen Lebens zu lösen und die gesundheitsfördernde Kraft der Natur zu erleben. Indem wir in den Wald und die Natur eintauchen und die Umgebung bewusst wahrnehmen, schärfen sich unsere Sinne und unsere kreativen Kräfte entfalten sich neu. Dadurch kann Waldbaden unsere Gesundheit fördern und unser Wohlbefinden steigern.

Um die positiven Auswirkungen von Shinrinyoku für die Teilnehmenden zu verstärken, muss die Kursleitung entsprechend ausgebildet sein und über fundierte Kenntnisse in der Anleitung verfügen. Darüber hinaus ist es essenziell, dass die Kursleitung ein sicheres und einladendes Umfeld schafft, in dem sich die Teilnehmenden entspannen können.

Die Kursleitenden vermitteln nicht nur Wissen und leiten die Angebote achtsam an, sondern sie nehmen gegenüber den Teilnehmenden auch eine offene und unterstützende Haltung ein. Mit einer einfühlsamen Kommunikation können sie dazu beitragen, dass sich die Teilnehmenden sicher und wohl fühlen. So können sie sich ganz auf die Naturerfahrung einlassen, entspannen und neue Kraft tanken.

Insgesamt kann die Kursleitung einen wichtigen Beitrag dazu leisten, dass Shinrinyoku als ganzheitliche und gesundheitsfördernde Methode in unserer Gesellschaft anerkannt wird.

Schlusswort

Dieses Buch, so wünsche ich es mir, soll dazu beitragen, dass auf dieser Welt etwas mehr Sorgfalt, Respekt und vielleicht auch Herzenswärme verbreitet wird, so dass sich das Glück vermehren möge. Mit dem Anwenden der EDSE-Methode nach Lorek haben Sie ein wunderbares Instrument in der Hand, den Menschen das Glück im Wald und in der Natur näherzubringen, ohne zu belehren oder zu manipulieren.

Vielleicht haben Sie Shinrinyoku eben entdeckt und möchten sich in dieser Methode ausbilden. Es würde mich sehr freuen, Sie persönlich kennenzulernen. Inzwischen haben Sie sich ja das Basiswissen in Form dieses Buches angeeignet.

Sind Sie bereits als Kursleitung tätig, wurden Sie vielleicht durch dieses Buch in Ihrem Handeln bestätigt. Tritt der magische Moment ein, in dem Kursteilnehmende zu lächeln beginnen, einen vertieften Atemzug tun oder die streng zurückgebundenen Haare öffnen, ergriffen von der Begegnung mit einem Käfer erzählen oder noch einen Moment in der Stille verweilen wollen, dann haben Sie alles richtig gemacht. Sie haben Ihre Sprache achtsam angewandt, die ethische Grundhaltung überdacht, überprüft und zur Anwendung gebracht. Diese Arbeit, Menschen mithilfe von Waldbaden zu mehr Entspannung und zu nachhaltiger Regeneration zu führen, ist sinnvoll und macht Freude. Die Freude und das Lob, das Sie erhalten, haben Sie sich durch Ihre Professionalität verdient. Wenn Sie dieses Buch darin unterstützt hat, ist das wunderbar. Dann hat es seinen Zweck erfüllt.

Das Buch hat Sie inspiriert und Sie haben Lust, eine praktische Ausbildung zur professionellen Waldbaden-Kursleitung zu absolvieren? Informieren Sie sich gerne über die Webseite www.achtsamkeitimwald.ch.

Ich bin neugierig darauf, Sie persönlich kennenzulernen!

Ihre Zoë D. Lorek

„Das Wichtigste im Leben ist,
nicht aufzuhören, Fragen zu stellen."
Albert Einstein

Dank

Was ist eine Autorin ohne die Menschen, die sie unterstützen? Um ein Buch zu schreiben, bedarf es eines ganzen Dorfes an Unterstützung (in Anlehnung an eine afrikanische Weisheit). In diesem Sinne geht mein Dank an eine ganze Gemeinschaft.

Von ganzem Herzen sei mein Dank an meinen Partner Albert gerichtet, der mich auch in den intensivsten Schreibphasen ausgehalten hat und ab und zu eine starke Schulter sein musste.

Ebenso möchte ich mich bei meiner Lektorin Ingrid bedanken, die mich aus dem Sumpf des Zweifels gezogen und wertvolle Impulse für die Ausrichtung dieses Buches gegeben hat. Aber nicht nur das: Sie hat auch mit akribischer Genauigkeit meine Aussagen analysiert und mich dadurch motiviert, diese auf den Punkt zu bringen. Dass dies mit gegenseitigem Wohlwollen und in einem achtsamen Dialog geschehen durfte, ist für mich ein besonderes Geschenk! Sie hat dieses Buch durch ihre wertvolle Unterstützung möglich gemacht. Dies erfüllt mich mit Dankbarkeit und Freude. Es ist ein Privileg, einen so wunderbaren Menschen kennen zu dürfen.

Mein Dank geht auch an Uwe, der Ingrid und mich bei den intensiven Besprechungen mit liebevoll und fein gekochten Gerichten verwöhnt und gestärkt hat.

Apropos Humor: Ich danke Peter Gaymann für seine wundervolle Zeichnung, die ich in diesem Buch mit seiner Genehmigung abdrucken durfte.

Ganz herzlich möchte ich mich bei allen Gastautor:innen bedanken. Prof. Dr. Ahmed A. Karim hat mir mit seiner Zusage zum Vorwort ein immens großes Geschenk gemacht. Auch bei Monika Leitner, einer kompetenten Fachfrau mit der genialen Gabe, die Sache auf den Punkt zu bringen, bedanke ich mich herzlichst. Urs Honauer hat mit umfangreicher Fachkompetenz einen wichtigen Beitrag zu diesem Buch geleistet, ein großes Dankeschön! Daniela Lackner schreibt mit Herz und Verstand und hat in ihrem Artikel genau die Worte gefunden, die ich suchte, Danke dafür! Jochen Keiber, Christine Spiri, Judith, Fabienne und Ursula gaben wertvolle Rückmeldungen zu ihrem Erleben in einem der Kurse des Waldbaden Instituts Schweiz, was mich mit Freude und großer Dankbarkeit erfüllt. Ich möchte mich speziell bei Monika bedanken, die in der Ausbildung zur Kursleiterin immer die richtigen Fragen gestellt und meine Begrifflichkeiten auf die Praxistauglichkeit überprüft hat.

Mein Dank richtet sich auch an alle Kursteilnehmenden und ausgebildeten Kursleiter:innen, die mir mit ihrem Feedback Mut gemacht und mich mit ihren durchaus auch kritischen, aber immer wohlwollenden Anregungen dazu motiviert haben, mich stetig zu verbessern. Mehr als einmal konnten sie mir ein Schmunzeln entlocken.

Last but not least geht ein besonderer Dank an Tom. Als Waldbaden-Kursleiter und Layouter hat er meinem Werk feinfühlig zur richtigen Form verholfen; ein glanzvolles, würdiges Buch ist entstanden.

Über die Autorin

Zoë D. Lorek hat über 35 Jahre lang Menschen von Klein bis Groß als Bewegungspädagogin angeleitet und Kinder therapeutisch begleitet. Während des Studiums der Psychomotorik an der HfH Zürich entdeckte sie die ressourcenorientierten Ansätze in der Diagnosestellung und lösungszentrierte therapeutische Interventionen. Seither fokussiert sie sich auf dieses Thema, sei es im beruflichen oder privaten Kontext. Sie ist zudem Ausbilderin mit eidg. Fachausweis, hat 2019 das Waldbaden Institut Schweiz gegründet und leitet die Ausbildung zur zertifizierten Shinrinyoku Kursleitung für Achtsamkeit im Wald (Schweiz). Zusätzlich ist sie als Dozentin für Fachhochschulen und Verbände tätig. Zoë D. Lorek lebt in der Schweiz und ist häufig auf Reisen.

Weiterführende Informationen

Internetadressen

Alle Internetadressen waren am 10. Oktober 2023 aktuell. Für den Inhalt und die Gültigkeit der Adressen wird keine Haftung übernommen.

Ottawa-Charta zur Gesundheitsförderung, 1986:
https://intranet.euro.who.int/__data/assets/pdf_file/0006/129534/Ottawa_Charter_G.pdf

Schweizer Übersetzung der Verfassung der Weltgesundheitsorganisation (WHO):
https://fedlex.data.admin.ch/filestore/fedlex.data.admin.ch/eli/cc/1948/1015_1002_976/20200706/de/pdf-a/fedlex-data-admin-ch-eli-cc-1948-1015_1002_976-20200706-de-pdf-a.pdf

Datenbank PubMed zum Auffinden von Studien:
https://www.pubmed.ncbi.nlm.nih.gov

Erklärvideos „Faszination Gesundheitspsychologie“ von Prof. Dr. Ahmed A. Karim:
https://www.youtube.com/@wirhelfenfluchtlingeninreu8204

Erfahrbarer Atem Middendorf©
https://www.erfahrbarer-atem.de/

Anleitung zum Feuermachen:
https://www.bergzeit.de/magazin/feuer-machen-anleitung-sieben-schritte/

Grüntee: Die Verbraucherzentrale Nordrhein-Westfahlen weist in einem Bericht vom September 2022 darauf hin, dass dieser Grüntee mit Aluminium und Blei belastet sein kann:
https://www.verbraucherzentrale.nrw/wissen/lebensmittel/kennzeichnung-und-inhaltsstoffe/matcha-gesundheit-im-gruenen-pulver-17797

Website von Ursus Wehrli mit dem Thema „Kunst aufräumen“:
https://www.kunstaufraeumen.ch/de/

Erste Hilfe bei psychischen Problemen: Schweiz:
https://www.ensa.swiss

Erste Hilfe bei psychischen Problemen: Deutschland:
https://www.mhfa-ersthelfer.de

Erste Hilfe bei psychischen Problemen: Österreich:
https://www.erstehilfefuerdieseele.at/

Kurse in Hygiene: Schweiz:
https://www.bildungsangebote.curaviva.ch/de/50_kurse/default.htm?periodeid=-1&datum_von=&datum_bis=&srchtypid=&stichwort=&do_search=Suchen&igrpid=2 → Stichwort „Hygiene“ eingeben

Kurse in Hygiene Deutschland:
https://www.dekra-akademie.de/weiterbildung/grundlagen-hygiene

Kurse in Hygiene Österreich:
https://www.tuv-akademie.at/kursprogramm/lebensmittelsicherheit-hygiene/

Onlinekarten und -Geodaten der Schweiz:
https://www.swisstopo.admin.ch/de/karten-daten-online/karten-geodaten-online.html

Vorlagen, grafische Elemente:
https://www.canva.com

Referenzen

Alle Internetadressen waren am 10. Oktober 2023 aktuell. Für den Inhalt und die Gültigkeit der Adressen wird keine Haftung übernommen.

1 Siehe Wikipedia, Viriditas

2 C. G. Arvay, Biophilia, S. 17

3 https://www.researchgate.net/publication/17043718_View_Through_a_Window_May_Influence_Recovery_from_Surgery

4 Psychologisches Institut der Zürcher Hochschule für Angewandte Wissenschaften ZHAW

5 https://www.wald.de/waldwissen/der-wald/

6 https://www.pnas.org/doi/full/10.1073/pnas.1600324113
(2016) Immunization with a heat-killed preparation of the environmental bacterium Mycobacterium vaccae promotes stress resilience in mice

7 https://www.nabu.de/tiere-und-pflanzen/voegel/vogelkunde/voegel-bestimmen/20663.html

8 https://www.birdlife.ch/de/content/poster-vogelzug

9 https://www.youtube.com/watch?v=vNRZGuY3J6U

10 https://anti-stress-team.de/blog/emotion/auswirkungen-stress/

[11] https://www.geo.de/wissen/gesundheit/20925-rtkl-permanente-anspannung-wie-sich-dauerstress-auf-unseren-koerper-auswirkt

[12] https://www.arbeitsmedizin.ch/fileadmin/data/downloads/Burnout__Leitfaden.pdf

[13] https://www.msdmanuals.com/de/profi/psychische-störungen/angst-und-stressbezogene-erkrankungen/posttraumatische-belastungsstörung-ptbs

[14] Vortrag von Prof. R. Kalisch, ISZM, vom 10.9.2021

[15] Matthias Antonius Brüstle; PsyCon.li, Skript Resilienz, Ostschweizer Forum für Psychische Gesundheit in Liechtenstein

[16] https://ofpg.ch/projekte/10-plus-1-impulse-fuer-psychische-gesundheit

[17] https://www.wie-gehts-dir.ch/assets/images/contentImages/wie-gehts-dir-Studie-sotomo.pdf

[18] Kontemplation ist ein Begriff aus der Philosophie und bedeutet so viel wie betrachten. Es geht darum, sich auf etwas zu konzentrieren und alle anderen Gedanken und Einflüsse auszublenden. Das kann zum Beispiel durch Meditation, Yoga oder eben durch Waldbaden erreicht werden. Dabei kann es gelingen, innerlich ruhig und entspannt zu werden und eine tiefere Verbindung mit sich selbst und der einem umgebenden Welt zu spüren.

[19] https://www.wordreference.com/ende/sharing

[20] https://ismz.ch/die-alba-emoting-methode/

[21] https://www.researchgate.net/publication/348861578_beauty_parlor_syndrome_rare_but_real_emerging_threat_to_feminine_nature

[22] Werbespruch einer Schweizer Werbeagentur für den Smart von Mercedes Benz. Der Slogan kam 1997 auf den Markt und hält sich bis heute.

[23] https://www.geo.de/natur/tierwelt/496-rtkl-europaeischer-aal-die-beste-nase-im-tierreich#:~:text=Diese%20F%C3%A4higkeit%20erm%C3%B6glicht%20die%20besondere,W%C3%BCrmer%20-oder%20Insektenlarven%20zielsicher%20anzupeilen

[24] https://www.verbraucherzentrale.nrw/wissen/lebensmittel/kennzeichnung-und-inhaltsstoffe/matcha-gesundheit-im-gruenen-pulver-17797

[25] http://wonderwerkcave.com

[26] https://www.admin.ch/opc/de/classified-compilation/19860391/

[27] https://www.faire-werbung.ch/dokumentation/
Dokument ab S. 7

Bildnachweis

Zoë D. Lorek: S. 20 Eicheln, S. 61 Bank am Waldrand, S. 67 Nahaufnahme Moos am Baum, S. 74 Nahaufnahme Moos, S. 104 Weg entlang Waldrand, S. 130 Haselblätter in Reihe, S. 143 mit Blättern gestalteter Farbverlauf, S. 147 im Farbverlauf arrangierte Fundgegenstände, S. 175 Eintagsfliege, S. 188 Lindenbaum, S. 196 „Waldhandy", S. 210 Teeschalen, S. 213 schwarze Schnecke, S. 220 Maikäfer, S. 231 Aronstab, S. 251 Wasserspiegelung, S. 256 Durchblick zum Moos, S. 267 Blick auf einen Teich, S. 271 Ode an den Wald, Cover hinten: Moos

Ingrid Essig: S. 24 Wurzeln, S. 38 Blatt einer Echten Schmerwurz, S. 233 Fliegenpilz

Tom Schneider: Cover vorne: Fotomontage, S. 48 frischer Trieb einer Weisstanne, S. 137 Star, S. 150 Rehbock

Nadia Galli: S. 15 Porträtfoto von Zoë D. Lorek, S. 26 Zoë D. Lorek betrachtet ein Blatt, Cover hinten: Porträtfoto von Zoë D. Lorek

Canva: S. 93 Ameisen auf Pilz, S. 158 barfuß gehen, S. 216 Feuerschale mit brennendem Feuer

Pixabay: S. 235 Spinnennetz mit Wassertropfen

Adobe Stock: Cover vorne

Gayman Peter: S. 181 Abdruck mit freundlicher Genehmigung

Literaturverzeichnis

Arvay, C. G. (2018). *Der Biophilia-Effekt, Heilung aus dem Wald.* (5. Auflage). Berlin: Ullstein.

Benson, H., **Klipper**, M. Z. (2000). *The Relaxation Response.* New York, NY: Quill.

Beute, F. und **van den Berg**, A. (2019). *Seeing the forest through the trees.* Contemporary and future avenues of research. In: Kotte, D., Qing, L., Shin, W.S. und Michalsen, A. (Hrsg.). International Handbook of Forest Therapy. Newcastle upon Tyne: Cambridge Scholars Publishing, S. 208–219.

Buxton, R. T., **Pearson**, A. L., **Allou**, C., **Fristrup**, K. und **Wittemyer**, G. (2021). *A synthesis of health benefits of natural sounds and their distribution in national parks* [online]. In: Proceedings of the National Academy of Sciences of the United States of America, 118(14), S. 1–6.

Choi, H., **Jeon**, Y.-H., Han, J.-W., **Moon**, J., **Kim**, S.-Y. und **Woo**, J.-M. (2022). *The Effects of a Forest Therapy on Work-Related Stress for Employees in the Manufacturing Industry: Randomized Control Study* [online]. In: Global Advances in Health and Medicine, 11, S. 1–10.

De Jong, P., **Berg**, I. K., (1998). *Lösungen (er-)finden. Das Werkstattbuch der lösungsorientierten Kurztherapie.* In: Jürgen Hargens (Hrsg.), *systemische Studien* (Band 17). Dortmund: verlag modernes lernen.

De Shazer, St., (1999). *Der Dreh. Überraschende Wendungen und Lösungen in der Kurzzeittherapie.* (6. Auflage). Heidelberg: Carl-Auer-Verlag.

Dorsch, F. (Hrsg.) (2017). *Lexikon der Psychologie.* (18. Auflage). Bern: Hogrefe.

Föhn, M. (2022). *Waldbaden und Waldtherapie als innovative Ansätze mit gesundheitsförderndem Potenzial* [online]. In: Schweizerische Zeitschrift für Forstwesen, 173(1), S. 4–9.

Fröhlich, W. D. (2017). *Wörterbuch Psychologie.* (5. Auflage). München: dtv.

Hansen, M. M., **Jones**, R. und **Tocchini**, K. (2017). *Shinrinyoku (Forest Bathing) and Nature Therapy: A State-of-the-Art Review* [online]. In: International Journal of Environmental Research and Public Health, 14(8).

Havener, Th., **Spitzbarth**, M., (2010). *Denken Sie nicht an einen blauen Elefanten! Die Macht der Gedanken.* (14. Auflage). Hamburg: Rowohlt.

Holler, I. (2016). *Trainingsbuch Gewaltfreie Kommunikation. Abwechslungsreiche Übungen für Selbststudium, Seminare und Übungsgruppen.* (8. Auflage). Paderborn: Junfermann Verlag.

Huppertz, M., **Schatanek**, V. (2021). *Achtsamkeit in der Natur. 101 naturbezogene Achtsamkeitsübungen und theoretische Grundlagen.* (2. Auflage). Paderborn: Junfermann Verlag.

Ihlow, C. und **Lamminger**, S. (2020). *Modellprojekt: Waldmedizin zur Prävention und Therapie bei Burn-out.* In: Zeitschrift für Komplementärmedizin, 12(2), S. 18–22.

Kabat-Zinn, J. (2013). *Gesund durch Meditation. Das vollständige Grundlagenwerk zu MBSR.* München: O. W. Barth.

Kabat-Zinn, J. (2019) *Im Alltag die Ruhe finden. Meditationen für ein gelassenes Leben.* München: Droemer Knaur.

Karim, A., **Khalil**, R. und **Schmitt**, M. (2020). *Wald reloaded – Die Neuentdeckung des Waldes aus gesundheitspsychologischer Sicht.* In: Zeitschrift für Komplementärmedizin, 12(2), S. 24–30.

Kavanaugh, J., **Hardison**, M. E., **Rogers**, H. H., **White**, C. und **Gross**, J. (2022). *Assessing the Impact of a Shinrin-Yoku (Forest Bathing) Intervention on Physician/ Healthcare Professional Burnout: A Randomized, Controlled Trial* [online]. In: International Journal of Environmental Research and Public Health, 19(21).

Kotte, D., **Li**, Q., **Shin**, W. S., **Michalsen**, A. (Hrsg.) (2019). *International Handbook of Forest Therapy* [online]. Newcastle upon Tyne: Cambridge Scholars Publishing.

Kunz-Bircher, R; (1978). *Gesund mit Bircher-Benner.* Bern: Hallwag.

Levine, P. A. (2011). *Sprache ohne Worte. Wie unser Körper Trauma verarbeitet und uns in die innere Balance zurückführt.* (6. Auflage). München: Kösel.

Li, Q. (2018). *Die wertvolle Medizin des Waldes. Wie die Natur Körper und Geist stärkt.* Reinbeck bei Hamburg: Rowohlt Polaris.

Li, Q. (2019). *Introduction of Forest Medicine.* Forest Medicine as an important field of research. In: Kotte, D., Li, Q., Shin, W. S. und Michalsen, A. (Hrsg.). International Handbook of Forest Therapy. Newcastle upon Tyne: Cambridge Scholars Publishing, S. 62–165.

Li, Q. (2022). *Effects of forest environment (Shinrin-Yoku/Forest bathing) on health promotion and disease prevention – the Establishment of „Forest Medicine"* [online]. In: Environmental Health and Preventive Medicine, 27, S. 43.

Mancuso, S., **Viola**, A. (2015). *Die Intelligenz der Pflanzen.* München: Kunstmann Verlag.

Mayer, R., (1997). *Multimedia Learning: Are we asking the right questions?* [online]. In: Educational Psychologist, 32:1, 1–19.

Medvedev, O., **Shepherd**, D. und **Hautus**, M. J. (2015). *The restorative potential of soundscapes: A physiological investigation* [online]. In: Applied Acoustics, 96, S. 20–26.

Michalsen, A. (2019). *Preface.* In: **Kotte**, D., **Li**, Q., **Shin**, W. S. und **Michalsen**, A. (Hrsg.). International Handbook of Forest Therapy. Newcastle upon Tyne: Cambridge Scholars Publishing, S. xxiii–xxv.

Myazaki, Y. (2018). *Shinrin Yoku, Heilsames Waldbaden. Die japanische Therapie für innere Ruhe, erholsamen Schlaf und ein starkes Immunsystem.* (1. Auflage). München: Irisiana Verlag.

Middendorf, I. (2009). *Der erfahrbare Atem.* (6. Auflage). Paderborn: Junfermann Verlag.

Nietzsche, F. W. (2016). *Fröhliche Wissenschaft. La gaya scienza.* Berlin: Berliner Ausgabe.

Olderdissen, C. (2021). *Genderleicht. Wie Sprache für alle elegant gelingt.* Berlin: Dudenverlag.

Petzold, H.G. (1995a). *Weggeleit, Schutzschild und kokreative Gestaltung von Lebenswelt - Integrative Arbeit mit protektiven Prozessen und sozioökologischen Modellierungen in einer entwicklungsorientierten Kindertherapie.* Online: https://www.fpi-publikation.de/textarchiv-petzold/

Petzold, H. (1997). *Das Ressourcenkonzept in der sozial-interventiven Praxeologie und Systemberatung. Zeitschrift für vergleichende Psychotherapie und Methodenintegration, Themenschwerpunkt Ressourcen in Organisationen, 23. Jg., 4 435–471.* Paderborn: Junfermann Verlag.

Polz-Watzenig, A. (2020). *Die heilsame Wirkung des Waldes in der Integrativen Therapie* [online]. Wiesbaden: Springer Fachmedien Wiesbaden GmbH.

Reber, S. O., **Siebler**, P. H., **Donner**, N. C., **Lowry**, C.A. (2016). *Immunization with a heat-killed preparation of the environmental bacterium Mycobacterium vaccae promotes stress resilience in mice* [online]. In: PNAS, Neuroscience.

Rosa, H. (2015). *Beschleunigung und Entfremdung. Entwurf einer kritischen Theorie spätmoderner Zeitlichkeit.* (5. Auflage). Berlin: Suhrkamp.

Rosenberg, M. B. (2001). *Gewaltfreie Kommunikation. Eine Sprache des Lebens.* (12. Auflage). Paderborn: Junfermann Verlag.

Sakamoto, M. (2019). *Eintauchen in den Wald. Mit Waldgängen gelassen und glücklich werden.* (1. Auflage). München: hanserblau.

Schuh, A., **Immich**, G. (2019). *Waldtherapie - das Potential des Waldes für Ihre Gesundheit.* Berlin: Springer.

Schuler, D., **Tuch**, A. & **Peter**, C. (2020). *Psychische Gesundheit in der Schweiz.* Monitoring 2020. (Obsan Bericht 15/2020). Neuchâtel: Schweizerisches Gesundheitsobservatorium.

Siah, C. J. R., **Goh**, Y. S., **Lee**, J., **Poon**, S. N., **Ow Yong**, J. Q. Y. und **Tam**, W.-S. W. (2023). *The effects of forest bathing on psychological well-being: A systematic review and meta-analysis* [online]. In: International Journal of Mental Health Nursing.

Stier-Jarmer, M., **Throner**, V., **Kirschneck**, M., **Immich**, G., **Frisch**, D. und **Schuh**, A. (2021). *The Psychological and Physical Effects of Forests on Human Health: A Systematic Review of Systematic Reviews and Meta-Analyses* [online]. In: International Journal of Environmental Research and Public Health, 18(4).

Treleaven, D. (2021). *Traumasensitive Achtsamkeit. Posttraumatischen Stress erkennen und vermindern. Sicherheit und Stabilität vermitteln. Mit 36 konkreten Modifikationen für die Praxis.* (2. Auflage). Freiburg i. B.: Arbor Verlag.

Waadt, M., **Acker**, J. (2018). *Das Selbsthilfebuch gegen Burnout. Mit Akzeptanz und Achtsamkeit den Teufelskreis durchbrechen.* (2. Auflage). Bern: Hogrefe.

Wehrli, U. (2002). *Kunst aufräumen.* (28. Auflage). Königstein: Kein & Aber.

Wohlleben, P. (2019). *Das geheime Band zwischen Mensch und Natur. Erstaunliche Erkenntnisse über die 7 Sinne des Menschen, den Herzschlag der Bäume und die Frage, ob Pflanzen ein Bewusstsein haben.* Kiel: Ludwig.

FSC®
www.fsc.org
MIX
Papier | Fördert
gute Waldnutzung
FSC® C083411

Zeitfracht Medien GmbH
Ferdinand-Jühlke-Straße 7
99095 Erfurt, Deutschland
produktsicherheit@kolibri360.de